农业转移人口
相对贫困治理研究

喻 燕 著

上海交通大学出版社
SHANGHAI JIAO TONG UNIVERSITY PRESS

内容提要

农业转移人口的城市融入面临住房、健康、教育、就业等多个维度贫困,农业转移人口成为"相对贫困"治理的主要对象。本书首先科学定义农业转移人口"相对贫困"的内涵,构建"相对贫困"识别多维指数,精准定位"相对贫困"人群。分析农业转移人口"相对贫困"产生的原因,揭示出"相对贫困"致贫机理并进行"相对贫困"测度与实证研究。最后从治理目标、治理策略、治理结构等方面构建"相对贫困"治理体系,提出"相对贫困"治理长效机制。本书适合城市管理、政府管理、基层社会管理人员及高校科研、师生阅读。

图书在版编目(CIP)数据

农业转移人口相对贫困治理研究 / 喻燕著 . —上海:
上海交通大学出版社,2023.12
ISBN 978-7-313-30067-6

Ⅰ.①农… Ⅱ.①喻… Ⅲ.①农业人口—城市化—贫困问题—研究—中国 Ⅳ.① D422.64

中国国家版本馆 CIP 数据核字〔2024〕第 020226 号

农业转移人口相对贫困治理研究
NONGYE ZHUANYI RENKOU XIANGDUI PINKUN ZHILI YANJIU

著　　者:喻　燕

出版发行:上海交通大学出版社　　　　　地　　址:上海市番禺路 951 号

邮政编码:200030　　　　　　　　　　　电　　话:021-64071208

印　　制:上海万卷印刷股份有限公司　　经　　销:全国新华书店

开　　本:787mm×1092mm　1/16　　　　印　　张:16.75

字　　数:310 千字

版　　次:2023 年 12 月第 1 版　　　　　印　　次:2023 年 12 月第 1 次印刷

书　　号:ISBN 978-7-313-30067-6

定　　价:68.00 元

前　言

　　缩小城乡居民收入差距、消除贫困、实现共同富裕是社会主义的本质要求。自党的十八大以来，在以习近平同志为核心的党中央引领下，我国绝对贫困问题得到历史性消除。2020年以后，中国社会的发展重心转向了缓解相对贫困和实现共同富裕的新阶段，我们正面临缩小收入差距、城乡差距、区域差距三大挑战。在这一新发展阶段中，治理相对贫困与实现共同富裕是相辅相成、相互促进的。治理相对贫困是实现共同富裕的重要环节与关键手段，共同富裕的实现则是缓解相对贫困的最终目标和愿景。在迈向共同富裕的征程中，我们的目标是全面提升人民的生活水平，努力实现社会公平正义，并促进人的全面发展。

　　农业转移人口，作为中国城乡二元结构中一个独特而重要的群体，在推动社会经济均衡发展中发挥着关键作用。然而，由于城乡劳动力市场的分割，他们在教育水平、经济资本和社会资源等方面相对处于劣势，在城市生活中面临着住房、健康、教育、就业、市民权利等多维度问题。近年，农业转移人口的相对贫困问题得到学术界与政府的高度重视，学术界深入探讨了问题的成因、特点和解决策略等，为政策制定提供了理论支撑。政府也采取了积极行动，从户籍制度改革、教育机会均等化、就业服务优化、社会保障体系完善等多个维度出台了一系列政策措施。这些政策的实施，有效改善了农业转移人口的生活条件，提高了他们的社会地位，增强了他们的社会融入感和幸福感。

　　习近平总书记指出，进城农民工是中等收入群体的重要来源，要深化户籍制度改革，解决好农业转移人口随迁子女教育等问题，让他们安心进城，稳定就业。农业转移人口作为潜在的中等收入群体，其收入水平的提升对于缓解收入分配不均、缩小城乡及区域发展差距具有关键性影响。因此，深入研究农业转移人口的贫困问题，并探索有效的治理策略，对于贯彻以人民为中心的的发展理念，推动以人为本的新型城镇化战略具有重要的理论与实践价值。

本书基于中国脱贫攻坚的实践经验及相关国际理念，将农业转移人口的相对贫困及共同富裕问题作为研究的重点。书中通过一系列严谨的理论与实证研究，深入剖析了农业转移人口相对贫困的根源、识别与监测方法、与幸福感的密切联系，以及与共同富裕目标的内在联系。研究目标是构建农业转移人口相对贫困长效治理机制，以有效地提升农业转移人口的幸福感，帮助他们实现中等收入群体的跃升，进而为推动社会的共同富裕贡献力量。

本书的研究成果不仅为学术界深化对农业转移人口相对贫困问题的认识，探索有效的治理策略提供了创新的思路和方法，也为政策制定和社会实践提供了有益的参考和指导。

本书的内容广泛，涉及贫困治理、新型城镇化、社会福利、农民工公共政策等多个领域，因此非常适合从事这些领域的研究人员、管理人员以及高校师生阅读。书中的丰富案例、深入分析和政策建议，将为他们提供宝贵的知识和启示，有助于他们在相关领域的研究和实践中取得更好的成果。

目 录

绪 论

第一节 研究背景与意义

一、研究背景

贫困兼具相对性和绝对性的复合性，摆脱贫困是困扰全球发展和治理的突出难题。缩小城乡居民收入差距、消除贫困、实现共同富裕是社会主义的本质要求。党的十八大以来，在以习近平同志为核心的党中央引领下，经过八年持续奋斗，我国脱贫攻坚战取得全面胜利，绝对贫困问题得到历史性消除。2020 年以后，中国进入缓解相对贫困，实现共同富裕阶段，相对贫困治理是实现共同富裕的重要基础和内在要求。缓解发展不平衡、不充分的相对贫困成为实现城乡居民共同富裕的重要政策导向。[①]

2022 年，中国常住人口城镇化率达到 65.22%，农业转移人口达到 2.86 亿人。农业转移人口已成为推动中国经济发展和社会变革的重要力量。由于城乡二元劳动力市场分割，国家经济发展中追求效率及产业结构调整等外部负效应，相比城镇户籍居民，农业转移人口对城镇经济社会发展成果分享较少。农业转移人口作为我国城乡二元社会结构的特殊群体，他们在养老、健康、住房、教育等方面都游离于城镇基本公共服务体系之外，面临就业、社会保障、社会权利等多个维度贫困，成为城镇相对贫困治理的重要对象。

农民工是中等收入群体的重要来源，[②]农业转移人口相对贫困治理，是中国迈向共

---

① 王大哲，朱红根，钱龙. 基本公共服务均等化能缓解农民工相对贫困吗？［J］. 中国农村经济，2022（8）：16-34.

② 习近平. 扎实推动共同富裕［J］. 求是，2021（20）：4-8.

同富裕过程中不可或缺的一环。研究农业转移人口相对贫困治理问题，对于坚持以人民为中心的发展理念，推进以人为核心的新型城镇化、促进共同富裕均具有重要的理论意义与实践意义。

二、研究意义

贫困始终是增长与发展理论研究的主要内容，对贫困问题的关注是世界各国社会政策研究的起点与重点内容。[①] 贫困治理是现代国家治理的重要内容，是习近平总书记全球治理观的重要组成部分。中国脱贫攻坚战的成功实践在绝对贫困治理领域形成了丰富的理论成果，塑造了中国特色社会主义贫困治理理论话语体系。2020 年以来"相对贫困""多维贫困""长效机制""防止返贫"成为贫困研究领域探讨的热点方向。

本书在总结中国脱贫攻坚经验与借鉴国际相对贫困治理经验基础上，以农业转移人口相对贫困为研究对象，系统开展农业转移人口相对贫困致贫机理、相对贫困识别与监测、相对贫困与幸福感、相对贫困与共同富裕等理论与实证研究，探索建立农业转移人口相对贫困治理机制，以提升农业转移人口幸福感，推动其迈入中等收入群体，实现共同富裕。研究成果对于突破社会阶层和贫困治理研究的范式具有参考价值，将丰富社会排斥理论、城市新贫困治理理论、益贫式经济增长等相关理论、推动发展中国家相对贫困治理理论发展。同时，创新相对贫困多维识别与时空测量的方法体系，拓展贫困问题的研究方法。

本研究成果为地方政府精准瞄定"相对贫困"人口，科学制定农业转移人口市民化政策提供重要启示。同时，为研究人员后续开展农业转移人口相对贫困相关研究提供可借鉴的理论框架和研究方法。

三、相关概念

"农民工"一词独具中国特色，是中国经济社会转型的历史产物。1955 年，《关于城乡划分标准的规定》中提出将"农业人口"与"非农业人口"作为城乡人口统计标准。20 世纪 80 年代初，"农民工"一词最早出现在政府工作通讯中。2004 年的中央一号文件《关于促进农民增加收入若干政策的意见》首次将农民工表述为"产业工人的

---

① 张新文. 我国农村反贫困战略中的社会政策转型研究：发展型社会政策的视角［J］. 公共管理学报，2010（4）：93-99.

重要组成部分"。2006 年，《国务院关于解决农民工问题的若干意见》将农民工表述为，农民工是我国改革开放和工业化、城镇化进程中涌现的一支新型劳动大军。他们户籍仍在农村，主要从事非农产业，有的在农闲季节外出务工、亦工亦农，流动性强，有的长期在城市就业，已成为产业工人的重要组成部分。2010 年的中央一号文件《关于加大统筹城乡发展力度进一步夯实农业农村发展基础的若干意见》首次提出"新生代农民工"概念。以 1980 年为界，1980 年以前出生为"老一代农民工"，1980 年及以后出生的为"新生代农民工"。[①] 2012 年，党的十八大报告首次用"农业转移人口"取代"农民工"，提出推进农业转移人口市民化。

　　学术界对于农民工问题研究形成移民范式、城市化范式、阶级形成范式及劳动体制四种范式。[②] 姚德超（2018）定义农业转移人口即从农村农业劳动力中转移出来进入城镇从事非农业劳动的人口。[③] 张车伟等（2022）定义农民工就是主要从事非农工作的农民，他们主要在城市工作和生活，仍然保留着农村户籍和权益，同时又无法享受和城市居民一样的公共服务。[④]

　　本研究中的"农民工"与"农业转移人口"属同一概念，且与国家统计局《农民工监测调查报告》中"农民工"界定保持一致，即户籍仍在农村，本地从事非农产业或外出从业 6 个月及以上的劳动者。本地农民工是指在户籍所在乡镇地域以内从业的农民工。外出农民工是指在户籍所在乡镇地域外从业的农民工。进城农民工是指年末居住在城镇地域内的农民工。

第二节　研究动态

一、农村劳动力迁移相关研究

（一）基于推拉理论（Push-Pull Theory）的研究

　　农村劳动力转移指劳动力在农业内部重新配置和农业中的剩余劳动力从农业中分离出来，流向非农产业部门的过程。农业剩余劳动力的转移，是生产力发展的必然

　　① 李培林，田丰. 中国农民工社会融入的代际比较 [J]. 社会，2012，32（5）：1-24.
　　② 徐法寅. 中国农民工研究的四种范式及评析：作为移民、准市民、工人和劳动者的农民工 [J]. 南方人口，2015，30（2）：31-42.
　　③ 姚德超. 共生视域下农业转移人口市民化问题治理研究 [M]. 北京：中国社会科学出版社，2018：26.
　　④ 张车伟，赵文，李冰冰. 农民工现象及其经济学逻辑 [J]. 经济研究，2022，57（3）：9-20.

产物。农村人口向城镇转移是世界各国在传统农业社会向工业社会转型发展中面临的共性问题。国外学者对移民问题研究的焦点是人口迁移（人口流动）及移民融入问题，并产生了预期收入理论（理性选择理论）、二元结构理论（the Dual Sector-Model Theory）、推拉理论、双重劳动力市场理论（the Dual Labormarket Theory）、移民网络理论（Migration Network Theory）、移民系统理论（the Migration Systems Theory）及世界体系理论（World Systems Theory）等经典理论。

Tiebout（1956）首次将公共服务作为对人口迁移的"拉引"因素进行研究，提出公共品竞争与人口自由流动的"用脚投票理论"，即各个辖区的税负与公共品种类存在差异，人口迁入是权衡税负和公共服务后选择的结果。[①] Bogue（1957）提出的推拉理论，认为人口流动受促进人口流动的推力与阻碍人口流动的阻力影响，迁移的发生是迁出地的推力因素与迁入地的拉力因素相互作用的结果。[②] Everett S Lee（1966）强调推拉模型的影响因素包括流入地因素、流出地因素、流动过程的便捷程度及个体因素等4类。[③] Oates（1969）指出地方公共服务水平会影响居民的居住地选择，人口向公共服务供给与税收组合具有吸引力的地区聚集，引起房价上涨。[④] Cebula 和 Nair-Reichert（2012）研究表明，医疗和教育水平、公共基础设施程度等公共服务因素影响人口的迁移居住地的选择。[⑤]

根据"推拉"理论，中国影响农村劳动力迁移意愿的因素分为迁入地因素、迁出地因素、个体特征因素、经济因素、体制因素等。

（1）迁入地因素。迁入地可以提高农业转移人口个人或家庭效用水平的因素。如，受雇单位环境与所有制形式、稳定的就业合同、优质教育投资、完善的社会保险、经济发展、产业结构、外商投资比重、地区收入水平、迁移成本、住房成本等。迁入地地方公共福利水平也是影响劳动力迁移决策的重要"拉力"。汤韵，梁若冰（2009）研究证明 Tiebout 理论对我国人口迁移的拉力作用存在时间差异。2000 年之前，

① Tiebout C M. A Pure Theory of Local Expenditure [J]. Journal of Political Economy, 1956（5）：416–424.

② Bogue D J. Components of Population Change 1940–50: Estimates of Net Migration and Natural Increase for Each Standard Metropolitan Area and State Economic Area [D]. Ohio: Miami University, 1957.

③ Lee Everett S. A Theory of Migration [J]. Demography, 1966, 3（1）：47–57.

④ Oates W E. The Effects of Property Taxes and Local Public Spending on Property Values: An Empirical Study of Tax Capitalization and the Tiebout Hypothesis [J]. Journal of Political Economy, 1969, 77（6）：957–971.

⑤ Cebula R J, Nair-Reichert U.Migration and Public Policies: A Further Empirical Analysis [J]. Journal of Economics and Finance, 2012, 36（1）：115–126.

地方公共支出差异对居民迁移影响作用不显著，而在 2000 年之后有显著影响。[①] 夏怡然，陆铭（2015）研究发现基础教育与医疗等公共服务是劳动力迁移重要考量的指标，长期流动的劳动力更偏向选择公共服务较好的城市。[②] 贾婷月（2018）发现地区财政公共安全、社会保障、教育、医疗卫生、环境保护、交通运输及科技文化支出占GDP 的比重越高，对技能劳动力引力作用更为显著。[③] 李勇辉等（2019）证明保障性住房可以减少由于子女随迁所导致的流动人口家庭退出劳动力市场和房租增长的负面影响，提高流动人口子女随迁的可能性。[④] 城乡社保一体化与人口迁移课题组（2021）证明城乡社保融合通过降低生活成本、提升收入水平显著促进了乡　城人口迁移，其中社保能否随户口迁移是重要因素。[⑤] 赵海涛（2021）指出迁移影响到劳动者收入、就业机会、就业质量以及包含社会保障在内的公共服务获得，农业转移人口会基于公共服务供给而选择就业城市。[⑥] 梅建明，刘丰睿（2023）证明公共服务综合水平、教育投入、医疗卫生投入对本地农业转移人口空间集聚规模具有显著的促进作用。[⑦]

（2）迁出地因素。迁出地降低农业转移人口个人或家庭效用水平的生存环境及资源因素，如政治、宗教、民族冲突、人口过剩、城乡收入差距、就业机会等。史桂芬，李梅（2021）指出影响劳动力转移的农村推力因素有农业机械化、农业补贴、土地流转等。[⑧] 孙世会（2021）认为农业人口向城镇转移的动力在于农村生活质量差、缺乏发展机会，城镇打工收入高于务农收入、他人的示范效应以及后代教育机会等因素。[⑨]

---

① 汤韵，梁若冰. 中国省际居民迁移与地方公共支出——基于引力模型的经验研究 [J]. 财经研究，2009，35（11）：16-25.

② 夏怡然，陆铭. 城市间的"孟母三迁"——公共服务影响劳动力流向的经验研究 [J]. 管理世界，2015（10）：78-90.

③ 贾婷月. 基本公共服务支出与城镇化地区差距——基于劳动力流动的视角 [J]. 上海经济，2018，280（1）：42-55.

④ 李勇辉，李小琴，沈波澜. 安居才能团聚？——保障性住房对流动人口家庭化迁移的推动效应研究 [J]. 财经研究，2019，45（12）：32-45.

⑤ 城乡社保一体化与人口迁移课题组. 城乡社保融合如何影响人口迁移？——基于全国 9 省市人口迁移数据的实证分析 [J]. 公共财政研究，2021，38（2）：18-38.

⑥ 赵海涛. 农业转移人口跨城市职业流动与公共服务获取研究——基于人力资本投资的视角 [J]. 中国经济问题，2021（6）：61-74.

⑦ 梅建明，刘丰睿. 农业转移人口空间集聚格局与机制 [J]. 华南农业大学学报（社会科学版），2023，22（1）：46-58.

⑧ 史桂芬，李梅. 农业现代化、劳动力转移与城乡二元经济结构 [J]. 东北农业大学学报（社会科学版），2021，19（3）：1-11+105.

⑨ 孙世会. 农业转移人口就业质量及其提升对策 [J]. 理论学刊，2021（4）：97-10.

（3）个体特征因素：劳动力年龄、性别、文化程度、职位、收入、婚姻状况及家庭状况等社会人口学特征。

（4）体制因素：农村土地制度、户籍、劳动力市场制度、子女教育、社会保障和公共服务水平差异、教育培训制度等。

（5）其他因素：文化差异、自然因素、流动人口群体内部的代际分化、自购房屋、城市间居民非户籍福利差异[①]、城市级别、地理距离等因素。

（二）基于预期收入理论（Expected Income Theory）的研究

新古典经济学从个体理性选择的角度来解释劳动力的迁移行为，迁移决策取决于迁移成本和收益的比较结果。Schultz（1961）提出"投资—利润"理论认为迁移行为是综合考虑迁移过程中的成本、投资、代价及利润后的决策。[②] Todaro（1969）提出农村—城市人口迁移模型，认为人口流动取决于由城乡实际收入差距与迁入后在城市找到工作的概率决定的城乡预期收入差距，差距越大，农村人口迁移动机越强，迁移人口越多。[③] Bhning（1984）认为，新移民因工作机会与较高的收入预期而迁移，当工作与生活稳定后，他们会选择在流入地定居最终选择制度性身份的转换以争取应有的合法权利和身份地位。[④] Ravenstien（1989）在《人口迁移规律》（*The Laws of Migration*）中将英国工业革命以来人口迁移特征总结为：迁移与距离（人口迁移行为与距离呈负相关关系）；分阶段迁移（人口迁移行为具有阶段与分级递进特征）；迁移流与逆迁移流（在大规模的人口迁移中，逆迁移流同时存在，规模较小但对主迁移流产生反向补偿性迁移）。迁移存在城乡差别（主要由农村人口迁向城市）；迁移性格差别（迁移人口以女性较多）；受歧视、受压迫、沉重的税赋、恶劣的气候环境等因素都可促使人口迁移，其中经济因素是最重要因素。[⑤]

新迁移经济学理论（The New Economics of Labor Migration）在理性选择的基础上增加了用社会地位解释迁移和定居的行为，认为个体的迁移决策是基于家庭或整个家族而非迁移者本身做出的，家庭经过权衡利弊后做出部分家庭成员外迁的决策是为了

---

① 江立华. 改革开放四十年来的人口流动与农业转移人口市民化［J］. 社会发展研究，2018（2）：22–40.

② Schultz Theodore W. Investment in Human Capital［J］. The American Economic Review, 1961, 51（1）：1–17.

③ Todaro Michael P. A Model of Labor Migration and Urban Unempolyment in Less Developed Counties［J］. American Economic Review, 1969, 59：138–148.

④ Bhning W R. Studies in International Labor Migration［M］. UK：Palgrave Macmillan, 1984：71–77.

⑤ 朱群芳. 人口、资源与环境经济学概论［M］. 北京：清华大学出版社，2013：54.

减少整个家庭在迁出国的相对剥夺感。[①] 如果迁移者的迁移行为并非永久迁移，回流则是必然结果。跨境劳动力为了增加个人或家庭经济实力而流入发达国家，[②] 但非永久性迁移，他们的情感归属和社会网络仍以迁出国为主。[③]

家庭策略理论将家庭作为分析单位并认为迁移行为是家庭增加收入和降低风险的选择。农民工的迁移行为与家庭结构、社会背景及社区状况相关。[④] 永久迁移意愿理论的基本假设是农民工具有"将家庭成员带到城市并在城市定居的意愿"。举家迁移有助于保持家庭完整性，合理配置家庭资源、形成稳定和睦的家庭关系，更好地适应城市生活。[⑤]

（三）基于二元结构理论的研究

1954 年，英国经济学家刘易斯（W.A.Lewis）在《劳动无限供给条件下的经济发展》中提出"两个部门结构发展模型"的概念，揭示出发展中国家并存着农业和城市现代工业两种经济体系，传统部门中劳动生产率很低甚至接近于零，比较利益促使劳动力由农业部门向城市工业部门流动。1957 年，缪尔达尔在《经济理论和不发达地区》中提出"回波效应"（Backwash Effects）和"扩散效应"（Spread Effects）两个概念。"回波效应"是指劳动力、资本、信息、技术等要素具有趋利性，在剪刀差的驱动下，劳动力从低收益地区流向高收益地区，区域间发展差距扩大。"扩散效应"是指任何一个地区的自然资源、劳动力、土地空间等都具有稀缺性和有限性，当投资主体数量和经济水平达到一定程度后，便会引起交通拥堵、房价高企、社会排斥、债务危机、用地受限等经济社会问题，生产要素出于成本考量和宏观政策安排开始向周边地区扩散，平抑区域之间的发展差距。"回波效应"出现的时间和影响力度通常会先于或大于"扩散效应"。因此，经济呈现空间"二元经济"结构的特征。"二元经济"理论论证了劳动力转移的动力与过程，强调农民的流失决策纯粹是基于城乡差距所引起的经

① Massey S D, Arango J, Hugo G, et al. Theories of International Migration: A Review and Appraisal [J]. Population and Development Review, 1993, 19（3）: 431-466.

② Massey S D, Arango J, Hugo G, et al. Theories of International Migration: A Review and Appraisal [J]. Population and Development Review, 1993, 19（3）: 431-466.

③ Piore M J. Birds of Passage: Migrant Labor and Industrial Society [M]. Cambridge: Cambridge University Press, 1979.

④ 徐法寅. 中国农民工研究的四种范式及评析——作为移民、准市民、工人和劳动者的农民工 [J]. 南方人口，2015，30（2）: 31-42.

⑤ 殷俊，周翠俭. 住房公积金、城市定居与农民工幸福感 [J]. 西安财经大学学报，2020（3）: 1-9.

济利益差异。①"二元经济"的固化与僵化，造成发展中国家大量的零值劳动力人口面临"隐蔽失业"而成为相对贫困人口，国家陷入持续贫困。

二元劳动力市场理论指出经济发展水平高区域拥有高级劳动力市场，劳动力的人均教育年限与技术熟练水平都相对较高，工资水平与福利待遇相对较好。

一般由本地人口主导高级劳动力市场，而需迁入的劳动力大部分集聚在低级劳动力市场。

二、农民工回流问题研究

农民工回流的研究集中在概念界定与群体特征、现象发生与演进趋势、回流动因及影响因素、回流效应与多重影响、身份认同与再社会化、职业选择与未来发展等维度，②重点关注回流群体特征、回流动因、职业选择、社会适应状况、社会影响等方面内容。③

（一）回流的原因

农民工回流受到务工城市"推力"与家乡发展"拉力"共同驱动。农民工的"早退"是其平衡收入因素与非收入因素的一种幸福决策行为。④

（1）家庭原因。东梅（2010）研究结果表明，留守儿童学习成绩、家庭孩子数量、耕地面积及父母个人特征均是影响父母回流决策的主要因素。⑤李放，赵晶晶（2018）研究表明，回流子女提供的经济支持、生活照料及情感慰藉对其父母的心理状况和生活满意度均有改善，但对经济状况无明显影响。⑥谢永飞等（2022）研究发现，流出地的"家"和"业"共同形塑青年农民工的回流意愿。⑦梅兴文，冯譞（2023）指出留守老人健康水平下降是导致农民工返乡的重要原因，农民工返乡提供

---

① 姚德超. 共生视域下农业转移人口市民化问题治理研究 [M]. 北京：中国社会科学出版社，2018.

② 刘玉侠，张剑宇. 对回流农民工的多维审视：基于现有研究分析 [J]. 河北学刊，2023，43（5）：160-168.

③ 刘玉侠，张剑宇. 对回流农民工的多维审视：基于现有研究分析 [J]. 河北学刊，2023，43（5）：160-168.

④ 周世军，童馨乐，邰伦腾. 农民工的"平凡世界"与幸福感——兼对"Easterlin 悖论"的一个验证 [J]. 中央财经大学学报，2017（3）：68-78.

⑤ 东梅. 农村留守儿童学习成绩对其父母回流决策的影响 [J]. 人口与经济，2010（1）：79-84.

⑥ 李放，赵晶晶. 农民工回流能改善其父母的生活质量吗？[J]. 中国农村观察，2018（3）：75-90.

⑦ 谢永飞，梁波，林莉华. "家""业"可否兼得：青年农民工回流意愿研究 [J]. 热带地理，2022，42（8）：1288-1300.

家务支持和精神支持可以显著改善农村老年人的身心健康。[①] 王兴周等（2022）发现，新生代农民工返乡创业刚性驱动来自抚养孩子、赡养父母、家庭团聚等家庭责任伦理，家庭驱动比创业驱动的返乡创业更有发展韧性。[②]

（2）国家政策拉力。党的十八大以来，中央鼓励各地发展县域经济，促进农村劳动力就地就近转移就业创业并出台了一系列支持农民工返乡创业的扶持政策。在项目补助、贷款支持、定向减税和普遍性降费政策、工商登记、信息咨询、土地承包权等方面向返乡创业人员提供支持。精准扶贫和乡村振兴等战略实施，农村基础设施和公共服务体系不断健全，家乡旅游业的发展、电子商务发展[③]、农村土地制度改革、家庭生命周期的演进等成为促进农村劳动力回流的重要力量。陈细娣（2021）指出国家政策牵引、中西部地区经济发展水平增强、高龄农民工难以适应东部产业结构升级、农民工群体自主理性行为是农民工回流的主要原因。[④] 刘洪等（2022）研究证明国家的经济发展趋势、城乡发展规划以及"三农"政策影响农民工的整体流向和流动结构。[⑤] 史苏（2020）认为新生代农民工返乡创业的内在动因是对美好生活向往的初心与回馈家乡的情怀，乡村振兴战略是外在推动力。[⑥]

（3）务工城市的推力。李向荣（2017）研究发现，务工城市提供的子女教育、社会福利、住房保障以及就业服务等对农民工回流产生了"阻滞"效应。[⑦] 李海涛等（2023）研究发现，工资收入、拥有自住房、居住环境及行为融入对农民工回流具有显著的阻碍效应。[⑧]

（二）回流对社会的影响

农民工返乡创业既是他们实现自身价值和提升家庭福祉的理性选择，也是传承中

① 梅兴文，冯讓. 代际支持与农村老年人健康水平——基于返乡农民工家庭的研究 [J]. 人口与发展，2023，29（4）：122-137.

② 王兴周，庞嘉楠，李岩崇. 家庭责任伦理与新生代农民工返乡创业 [J]. 青年探索，2022（6）：85-97.

③ 易法敏，王修梅. 数字时代农民工的城乡迁移 [J]. 华南农业大学学报（社会科学版），2023，22（3）：32-44.

④ 陈细娣. 我国农民工回流的历史发展、变动趋势及保障路径——基于 2010—2019 年全国农民工监测数据的分析 [J]. 天津农业科学，2021，27（6）：62-68.

⑤ 刘洪，高跃伟，刘浩. 乡村振兴视域下农民工回流意愿测度：以云贵川为例 [J]. 统计与决策，2022，38（13）：93-98.

⑥ 史苏. 新生代农民工返乡创业的价值依归 [J]. 人民论坛，2020（14）：82-83.

⑦ 李向荣. 资源禀赋、公共服务与农民工的回流研究 [J]. 华东经济管理，2017，31（6）：38-44.

⑧ 李海涛，萧烽，陈政. 城市务工经历对农民工回流意愿的影响——基于湘、黔、浙三省 837 户农民工家庭的实证分析 [J]. 经济地理，2023（9）：1-10.

华民族认同的达则兼济天下的文化的表现形式。贺小丹等（2021）研究发现农民工返乡为家乡非农产业注入了人力资本等要素，促进了农村土地流转，优化了土地资源配置。[①] 罗必良（2021）认为农民工回流给家乡带来了劳动力、资金和技术，为以县城为载体的农村城镇化，开放村庄激活潜能全面推进乡村振兴，提供了新契机。[②] 王轶，刘蕾（2022）研究发现：农民工返乡创业是实现农民增收和缩小区域间农民收入差距，促进农民农村共同富裕的关键。[③] 肖剑，罗必良（2023）研究结果表明，一方面，农民工回流通过提升信息获取能力、风险承担能力，以及借助农地转入和农机采纳等路径实现专业化经营的转变。[④] 另一方面，农民工持续回流将造成劳动力市场的空间错配，机器替代、劳动降级及农民工群体收入增长停滞。因此，应该加强回流人口的资本、技术配套工作，形成城乡生产、生活融合发展的动力机制。

三、不同类别农民工问题研究

（一）女性农民工问题

女性农民工问题的研究集中在以下几个方面。

（1）性别与劳动市场。关注女性农民在劳动市场中的就业机会、工资待遇和职业选择等问题。Wang 等（2018）证明由于歧视性工资政策和工作内工资差别，女性农民工处于持久性收入劣势，收入劣势高于性别与户口劣势。[⑤] 陈爱丽，王小林（2021）指出为女性创造更有利于实现体面就业和持续就业的条件，减少劳动力市场的性别不平等。[⑥]

（2）家庭与子女抚养。研究女性农民工的婚姻状况、家庭责任、子女教育及与家庭的联系与互动。喻开志等（2022）研究结果表明，女性农民工的劳动参与概率和周工作时间因子女随迁而降低，幼儿园等机构提供的外源性子女照料的效果好于隔代

---

① 贺小丹，董敏凯，周亚虹. 乡村振兴背景下农民工回流与农村资源配置——基于农民工返乡后行为的微观分析 [J]. 财经研究，2021，47（2）：19-33.

② 罗必良. 开放村庄：在城乡融合中推进乡村振兴 [J]. 南方经济，2021（8）：8-11.

③ 王轶，刘蕾. 农民工返乡创业何以促进农民农村共同富裕 [J]. 中国农村经济，2022（9）：44-62.

④ 肖剑，罗必良. 中国农业现代化的重要议题：谁来改造传统农业？——来自农民工回流对农业专业化经营影响的证据 [J]. 改革，2023（8）：82-100.

⑤ Yixuan Wang, Cheng Cheng, Yanjie Bian. More than double jeopardy: An intersectional analysis of persistent income disadvantages of Chinese female migrant workers [J]. Asian Journal of Women's Studies, 2018, 24（2）: 55-72.

⑥ 陈爱丽，王小林. 中国城乡居民多维就业脆弱性测度与分析 [J]. 劳动经济研究，2021，9（6）：19-39.

照料。[①]

（3）健康与社会保障。研究女性农民工的身体健康风险、心理健康问题及社会保障覆盖的情况等。陈婷婷（2017）指出认知性社会资本与结构性社会资本在一定程度上更能够增进新生代女性农民工的健康水平。[②] 王健俊等（2018）指出受到权益保障缺失、性别户籍双重歧视、城市融入困难、人际关系差等因素影响，女性农民工处于心理压力过大的状态，教育和收入的提高会降低其心理压力程度。[③]

（4）社会认同与权益保护。研究女性农民工在城市中的社会地位、身份认同和社会资本的积累，以及她们在劳动权益保护和维权方面的挑战与机会。李旻，王秋兵（2017）指出已婚女性农民工的职业流动频率不高、职业流动质量不高，向上流动较少；职业选择上处于劣势，多是被动流动。[④]

（5）性别与社会变革。研究性别角色对于女性农民工的影响及她们对于社会变革的影响和作用。陈莹骄（2023）指出隔代抚育支撑了新老两代农民工母亲的城乡流动。持续性的女性务工潮在削弱父权的同时强化了抚育的父系偏重，情感机制取代权力机制成为维系代际团结的新机制。[⑤]

（二）老年农民工问题

老年农民工问题的研究集中在以下几个方面。

（1）社会保障与养老保障。研究老年农民工面临的健康风险、医疗资源获取困难和医疗费用负担等；退休后的生活状况、养老金待遇和养老服务需求等。朱慧劼（2017）指出老年农民工面临逐渐衰退的身体机能、较大的工作强度和劳动保障的缺失等社会保障问题。[⑥] 金杰克等（2023）研究发现，老年农民工长期居留意愿受到是否建立居民健康档案、是否拥有本地医保、家庭经济条件及自身健康状况影响。[⑦]

① 喻开志，王裕瑞，邹红. 迁而不工：子女随迁与女性农民工劳动供给［J］. 统计研究，2022，39（2）：64-797.

② 陈婷婷. 社会资本视阈下新生代女性农民工的身心健康——基于全国调查数据［J］. 中共福建省委党校学报，2017（2）：103-108.

③ 王健俊，玉琦彤，常宇星. 女性农民工压力来源及其区域异质性研究——基于我国东部 10 省市的微观调查［J］. 调研世界，2018（7）：26-34.

④ 李旻，王秋兵. 已婚女性农民工的职业流动与收入效应——基于辽宁省的实证分析［J］. 华中农业大学学报（社会科学版），2017（5）：79-86+147.

⑤ 陈莹骄. 婆代母职：女性农民工的抚育职责及生命历程重置［J］. 求索，2023（3）：179-187.

⑥ 朱慧劼. 老年农民工的健康、工作和社会保障状况［J］. 南方人口，2017，32（6）：25-33.

⑦ 金杰克，俞林伟，吕一军. 健康资源对老年农民工长期居留意愿的影响［J］. 中国卫生事业管理，2023，40（4）：316-320.

（2）退休规划与心理健康。研究老年农民工的退休规划和心理健康问题以及相关政策对于他们的支持和帮助。杨舸（2020）研究发现：老年农民工在"生命周期论"和"历史决定论"之间寻找平衡，乡土社会所具有的社会关系格局和"落叶归根"情结，对其永久返乡有强烈的吸引力。①

（3）社会参与和教育培训。研究老年农民工在城市中的社会参与机会、志愿服务和教育培训需求及相关制度建设。

（4）跨代关系与家庭支持。研究老年农民工与家庭的沟通，经济支持和精神支持，与子女、家庭的关系和互动及政策支持和保障。李放等（2019）发现老年农民工返乡后因得到子女照料，亲子关系更加亲密而提升生活满意度，但个人收入大幅减少、养老保险制度的缺陷等因素降低其生活满意度。②喻开志等（2022）认为隔代照料加重了老年照料压力，不利于老人健康。③

（三）新生代农民工问题

新生代农民工问题的研究集中在以下几个方面。

（1）生活条件与社会融入。夏柱智（2020）指出代际分工塑造了"接力式进城"的城镇化模式，在新生代农民工的进城购房、隔代抚养和自主养老三个层面扮演着重要的代际支持功能。④周贤润（2021）指出新生代农民工的身份依然没有定性的归属，消费认同是其重新定义自我存在与主体建构的能动体现。⑤董敬畏（2022）研究发现新生代农民工运用数字技术链接城乡资源，在城市中依托原有关系网络生成网络圈层，体现着其城市融入的现实意愿。⑥郑晓冬等（2022）研究发现：儿童期的留守经历提高了新生代农民工的抑郁程度与工作流动性，降低了其城市融入水平。⑦张笑秋（2022）分析发现：个体的知识、经验、健康与能力对新生代农民工市民化存在显著

---

① 杨舸. 留城务工或永久返乡：人力资本、社会资本对老年农民工抉择的影响 [J]. 江西社会科学，2020，4（2）：230-273.
② 李放，宗晓菲，沈苏燕. 老年回流农民工的生活变化及对生活满意度的影响研究 [J]. 贵州省党校学报，2019（1）：86-94.
③ 喻开志，王裕韬，邹红. 迁而不工：子女随迁与女性农民工劳动供给 [J]. 统计研究，2022，39（2）：64-797.
④ 夏柱智. 新生代农民工市民化的社会机制研究 [J]. 当代青年研究，2020（1）：122-12.
⑤ 周贤润. 新生代农民工的消费认同与主体建构 [J]. 北京社会科学，2021（9）：121-128.
⑥ 董敬畏. 新生代农民工的网络圈层与权利承认 [J]. 中州学刊，2022（10）：61-68.
⑦ 郑晓冬，刘剑波，沈政，等. 儿童期留守经历对新生代农民工城市融入的影响 [J]. 社会学评论，2022，10（2）：165-185.

正向影响。政府、家庭、务工单位与个体合力是提升其市民化水平的重要途径。[①]王欧（2022）研究发现，家庭化使新生代农民工无法脱离乡土文明的刻蚀，他们必须直面劳动力再生产问题，承担家庭绵续与发展责任。[②]王天夫，王欧（2022）研究发现新生代农民工中的大龄单身男工成了一种脱离家庭合作的个体家庭及潜在的城市新困境群体。[③]

（2）职业选择和就业质量。郭庆（2020）研究表明，由于学历低、年龄小、不在婚（包括未婚、离婚、丧偶）、务工年限短、所在企业规模较小等原因，新生代农民工就业质量具有总体水平低、内部不平衡的发展特点。[④]李泽媛等（2021）从职业和工作安全、健康与福利、职业和技能发展、工作和生活和谐、就业满意度五个方面展开新生代农民工就业质量分析，发现我国东部地区就业质量最高，西部地区次之，中部地区最低。[⑤]

（3）社会保障和权益保护。张红霞，江立华（2022）指出新一轮户籍制度改革在促进新生代农民工户籍城镇化方面效果不明显，户籍改革难以彻底改变户籍对城乡二元结构的嵌入惯性。[⑥]李玲玲等（2023）提出宅基地资格权是认定新生代农民工能否享有宅基地权益的核心要素，应该界定资格权多元认定标准、实现形式，退出机制。[⑦]

（4）政策支持和创业机会。李长生，黄季焜（2020）提出促进新生代农民工创业要改善融资环境并实施科学的信贷政策瞄准机制。[⑧]周大鸣（2021）指出互联网时代的新生代农民工与他们的前辈有着截然不同的社会环境。互联网时代促进农民工就业

① 张笑秋. 新生代农民工人力资本与市民化研究——以新人力资本理论为视角［J］. 学海，2022（4）：13-19.

② 王欧. 家庭化与新生代农民工生活方式转型［J］. 社会学研究，2022，37（1）：68-89，227-228.

③ 王天夫，王欧. "疏离型"代际关系与新生代农民工家庭结构转型——以新生代大龄单身男工为例［J］. 华东师范大学学报（哲学社会科学版），2022，54（1）：95-107，174.

④ 郭庆. 社会融入与新生代农民工就业质量差异［J］. 华南农业大学学报（社会科学版），2020，19（4）：56-66.

⑤ 李泽媛，郑军，张务伟. 新生代农民工就业质量的区域差异［J］. 当代青年研究，2021（6）：100-107.

⑥ 张红霞，江立华. 制度与实践的错位：新生代农民工户籍城镇化的路径［J］. 理论月刊，2022（11）：111-118.

⑦ 李玲玲，周宗熙，崔彩贤. 新生代农民工宅基地资格权保障的法理逻辑与优化路径［J］. 西北农林科技大学学报（社会科学版），2023，23（1）：77-85.

⑧ 李长生，黄季焜. 信贷约束和新生代农民工创业［J］. 农业技术经济，2020（1）：4-16.

的最重要需求是加强农民工培训。① 谢棋君，林志聪（2023）从城乡融合发展政策、流入地城市政府保障性政策、流出地乡村政府福利性政策三方面提出强化新生代农民工城乡互动的路径。② 金峰，李国正（2023）建议通过高等院校继续教育管理模式、优化继续教育专业课程设置等途径充分提升新生代农民工就业能力。③

（四）农民工子女问题

由于收入分配不完善和基本公共服务不均等，造成农村转移人口家庭化无法完全实现，产生留守儿童、留守妇女和留守老人等社会问题，严重制约家庭和谐发展。农民工子女分为随迁儿童、留守儿童、回流儿童三种情况。

1. 留守儿童

留守儿童是指由于父母或监护人的长期外出工作而被留在原居住地独自生活或与其他亲属生活的儿童。留守儿童问题的研究聚焦以下几个方面。

（1）父母缺席与隔代抚育模式。父母缺席会对留守儿童产生时间性"累积效应"和数量性"累积效应"。④ 留守儿童没有得到足够的家庭情感支持，亲子依恋逐渐疏离化，易出现焦虑、自卑、被边缘化等情感枯竭状态以及消极情感。由于父母缺席导致家庭风险因素累加，对其情绪、行为、人际关系产生代际传递现象。⑤ 隔代抚育模式对其人际交往社会化以及情绪社会化具有显著的影响，不利于农村留守儿童社会化的发展。⑥

（2）心理健康与犯罪问题。留守儿童由于父母监护缺位、成长环境复杂、个体自律性较低等原因，产生了诸多心理健康问题（如情感障碍、自尊心低下、孤独感、抑郁和焦虑等）。⑦ 由于家庭关爱缺失、学校教育不完整、社会制度不健全、个人价值观

---

① 周大鸣. 互联网时代的新生代农民工研究［J］. 社会科学家，2021（10）：9-14.

② 谢棋君，林志聪. 融入城市与回归乡村：新生代农民工发展路向探索——基于乡村振兴战略视域［J］. 农业经济，2023（2）：76-79.

③ 金峰，李国正. 高校继续教育提升新生代农民工就业能力的路径优化研究［J］. 中国高等教育，2023（12）：54-56.

④ 陈美玲，韦雪艳. 父母缺席对留守儿童的"累积效应"［J］. 教育评论，2022（7）：105-109.

⑤ 孟亚男，张璨. 父母情感陪伴缺位对留守儿童的影响——基于留守表述的情感社会学分析［J］. 少年儿童研究，2022（8）：16-24.

⑥ 江采玉，贾勇宏. 隔代抚育对农村留守儿童社会化的影响研究——基于中国教育追踪调查2013—2014学年基线数据［J］. 云南农业大学学报（社会科学），2022，16（6）：28-35.

⑦ 汪义贵，徐生梅. 中国农村留守儿童心理健康研究述评（2004—2022）［J］. 陕西学前师范学院学报，2022，38（11）：111-119.

念扭曲引起犯罪问题。① 留守儿童社会工作应以儿童最佳利益为出发点，激发儿童自身潜能，树立自信心，促进儿童全面健康发展和提升社会适应能力。②

（3）教育状况。我国经济、社会以及城乡发展的不平衡，留守儿童教育及治理面临多重困境。必须整合各种社会资源，形成一个政府主导、部门联动、学校主抓、家庭尽责、社会参与、儿童为本的留守儿童教育支持体系。③

（4）社交支持政策。需要积极构建留守儿童社会适应促进理论体系、加强留守儿童社会适应促进方案的系统性、可操作性；充分利用数字技术，建立健全留守儿童社会和教育保证制度。④ 依托政府主导，借助社工模式，建构社会支持网络，实施多方参与支持，以促进留守儿童健康成长。⑤

2.随迁儿童问题

随迁儿童由于父母（抚养人）因工作、迁移等原因而导致儿童在外地与父母迁居的情况。随迁儿童问题的研究聚焦以下几个方面。

（1）教育问题。研究随迁儿童的教育问题，包括学校适应性、学业表现、语言障碍和跨文化适应能力等方面。洪赛宇等（2021）证明在小学阶段，随迁儿童与本地儿童学业成绩差异受到家庭背景、学校条件和个体非认知因素影响，学校条件对随迁儿童学业成绩的影响更大。⑥ 李晓琳（2022）指出需要优化户籍制度、财政事权与支出责任划分、入学政策、异地高考等政策，以确保农民工子女在人口集中流入的大城市中获得公平教育资源。⑦ 候玉娜（2022）研究发现异地入学条件、就读补贴、升学政策对激励随迁子女的长期教育理想和短期升学意愿均有一定的影响。⑧

---

① 吴伟. 社会控制理论视角下农村留守儿童犯罪研究［J］. 河北公安警察职业学院学报，2022，22（3）：30–33.

② 王泽云. 农村留守儿童心理问题的社会工作干预策略［J］. 黑龙江人力资源和社会保障，2022（10）：40–42.

③ 周爱民，王亚. 留守儿童教育公平问题及其治理对策［J］. 湖南社会科学，2021（3）：146–154.

④ 刘文，于增艳，林丹华. 新时代背景下留守儿童社会适应促进：特点、挑战与应对［J］. 苏州大学学报（教育科学版），2021，9（4）：29–36.

⑤ 卢利亚. 农村留守儿童社会支持网络模式研究［J］. 湖南师范大学社会科学学报，2012，41（6）：83–87.

⑥ 洪赛宇，姚继军，周世科. 小学阶段本地儿童与随迁儿童学业成绩影响因素的分析——基于 Shapley 值的分解［J］. 基础教育，2021，18（3）：78–88.

⑦ 李晓琳. 进一步完善农民工随迁子女教育政策——基于对46个地级及以上城市的问卷调查［J］. 宏观经济管理，2022（6）：38–45.

⑧ 候玉娜. 农民工子女的"城市教育梦"何以可能？——流入地教育政策对随迁子女教育期望的影响研究［J］. 华中师范大学学报（人文社会科学版），2022，61（3）：177–188.

（2）跨文化适应。研究随迁儿童的跨文化适应问题，包括语言和文化差异、身份认同、社交关系和心理健康等方面。李亚培，于海波（2021）发现生活在"城中村"的随迁儿童会经历从单一的原生村落文化向城中村混合文化过渡的适应过程（存在语言、规则、学业、心理以及人际交往等文化适应现象）且受到学校教育、家庭资本、社区支持以及个体需求和能力水平等因素的影响。[①]

（3）家庭关系。研究随迁儿童与父母或抚养人之间的关系，以及这种迁移对家庭关系的影响。马玲玲等（2021）研究结果表明：父亲、母亲温暖与随迁儿童外化问题行为之间存在负向的交叉滞后效应，父亲行为控制能够正向预测随迁儿童内化、外化问题行为。[②] 何志鹏等（2021）研究发现子女随迁显著增加了农民工的脂肪与蛋白质的摄入量，促进农民工发展型及享受型消费，有利于推动农民工城市消费升级。[③]

（4）社会融入。研究随迁儿童的社会融入问题，包括社区参与、社交网络和机会不均等方面。韩嘉玲，余家庆（2023）研究发现，漂泊的童年经历对农民工子女心态具有影响，并作用于他们成年后的家庭亲子实践与城市流动决策。[④] 曾起艳等（2021）采用教育增值模型实证分析发现，随迁显著促进随迁儿童认知能力的提升，且对受教育程度较低的农民工家庭子女的认知能力提升效应更明显。[⑤] 王春凯，石智雷（2021）研究发现，城市社会保护（政府保护、企业保护和家庭保护三位一体）能显著提高农民工子女随迁的概率。农民工收入水平、受教育程度、社会资本积累以及社会保护对子女随迁的促进作用明显。[⑥]

（5）健康问题。研究随迁儿童的身体健康和心理健康问题。吴朱艳等（2020）研究上海市随迁儿童体格（身高、体重、BMI）与其城市居住时间的关系，发现随迁儿

① 李亚培，于海波. "城中村校"随迁儿童文化适应的困境分析与超越——基于赣北地区南郊小学的个案研究 [J]. 教育学术月刊，2021（2）：70-78.

② 马玲玲，余鸿燕，范为桥，等. 父母教养方式与随迁儿童问题行为关系的交叉滞后分析 [J]. 心理与行为研究，2021，19（3）：334-340.

③ 何志鹏，余康，李雷. 子女随迁与农民工城市消费——基于身份认同的中介分析 [J]. 调研世界，2021（2）：29-37.

④ 韩嘉玲，余家庆. 流动的童年：对农民工子女二十年后的回访研究 [J]. 民族教育研究，2023（2）：1-13.

⑤ 曾起艳，王宇婷，何志鹏. 随迁对农民工子女的认知能力提升效应及其差异 [J]. 湖南农业大学学报（社会科学版），2021，22（6）：46-55.

⑥ 王春凯，石智雷. 城市社会保护对农民工子女随迁的影响研究 [J]. 农业技术经济，2021（05）：63-76.

童身高、体重、BMI 等指标与城市居住时间呈正相关。[①] 睡眠不足、视屏时间、运动频率与肥胖呈正相关，预防和控制随迁儿童肥胖时，应保证充足的睡眠时间。[②]

此外，部分学者也关注了回流儿童（因入学受限制不得不返回老家就读的农民工子女）如何融入乡村的教育环境之中的问题。韩嘉玲，余家庆（2020）指出因教学资源差异、城乡环境变迁和家庭照顾缺位等因素，回流儿童面临困境。[③] 乔世延等（2021）研究发现，回流对农村儿童的学习态度、学习环境与学习成效等均有显著的负向影响，但并未削弱其学习动机。[④] 赵雅乐等（2022）发现由于缺乏相关的政策支持，回流儿童的生活适应度较差，学业成绩较好但教育满意度较低，心理认同感较低，当地居民与回流儿童存在"双向排斥"等问题。[⑤] 艾瑞雪，周兴国（2023）提出需要关注回流儿童的生活世界，重视其自我体验，施以平等对话式的教育活动，促进师生主体性的交互。[⑥]

四、研究评述

国内外流动迁移人口贫困方面的研究主要聚焦于人口流动与贫困之间关系，城市中流动人口生存状况两方面。[⑦] 19 世纪末开始，国外学术界围绕贫困概念、贫困标准、贫困测度的方法、反贫困策略开展诸多研究，由静态贫困测量方法逐步转向动态贫困代际传递研究，注重传递程度的测算与传递路径分析。

20 世纪 80 年代中期，中国学术界开始对农业转移人口问题进行研究。学者们运用社会排斥理论、生命历程理论、代际收入流动性理论、贫困代际传递的阻断理论等理论从人文科学、社会科学、发展与教育心理学、教育政策学等多角度研究农业转移

① 吴朱艳，苏凡，卢金逸. 上海市随迁儿童体格与城市居住时间的相关性分析 [J]. 九江学院学报（自然科学版），2020，35（4）：118–121.

② 杨茂林，娄瑜，龚玲，等. 上海市随迁儿童生活方式与肥胖的相关性 [J]. 中国学校卫生，2019，40（9）：1363–1365.

③ 韩嘉玲，余家庆. 离城不回乡与回流不返乡——新型城镇化背景下新生代农民工家庭的子女教育抉择 [J]. 北京社会科学，2020（6）：4–13.

④ 乔世延，吴彦芳，邓锐坚. 随迁子女回流对学习适应的影响研究 [J]. 青少年研究与实践，2021，36（4）：29–36.

⑤ 赵雅乐，赵薇，朱政肖文，等. 全面推进乡村振兴背景下"回流儿童"的发展困境及破解 [J]. 少年儿童研究，2022（3）：18–25+17.

⑥ 艾瑞雪，周兴国. 回流儿童教育融入的困境与出路——基于现象学案例分析的视角 [J]. 西昌学院学报（社会科学版），2023，35（3）：122–128.

⑦ 朱晓，秦敏. 城市流动人口相对贫困及其影响因素 [J]. 华南农业大学学报（社会科学版），2020，19（3）：115–129.

人口的权益保护与改善、流动与城市化、消费与生活方式、教育与技能培训、社会认同与融入等方面形成系列研究成果。

（1）权益保护与改善。研究农民工劳动权益保护、工资支付、劳动条件和社会保障等问题。关注劳动合同执行、工资支付违法行为、养老保险和医疗保险等社会保障制度的落实情况，以及工会组织和维权机制的作用。

（2）流动与城市化。研究农民工的流动性和城市化过程，探讨他们在城市就业、居住和融入城市社会的问题。关注农民工体制内外的城市化路径和机遇差异，以及流动方式对家庭、儿童教育、社会保障等方面的影响。

（3）消费与生活方式。研究农民工消费行为、生活质量和社交网络等问题。关注农民工收入水平、消费习惯、家庭储蓄和债务情况，以及他们在城市中的社交和支持网络。

（4）教育与技能培训。研究农民工子女的教育问题，包括入学机会、学业成绩和高等教育机会的差异。关注农民工技能培训和职业发展机会，以提高他们在城市劳动市场的竞争力和收入水平。

（5）社会认同与融入。研究农民工对城市生活的认同感、社会地位和社会资本的积累。关注农民工在城市社会中的参与程度、政治参与和社会交往。

20世纪90年代末，国内学者开始关注农业转移人口（农民工）贫困问题，围绕贫困的测度、影响因素、空间格局、发生机制、减贫措施及脱贫效果等开展了大量研究。鲜有研究在共同富裕目标下，对农业转移人口相对贫困识别、测度及治理进行多维度测度及代际研究。

第三节　研究理论基础

一、贫困治理理论

（一）贫困的内涵与分类

1. 贫困的内涵

贫困涉及政治、经济、历史文化等多方面，关于贫困的概念还没有一个全球统一的定义和标准。人类对贫困概念的认识随着社会的发展不断演进，经济学、发展学、社会学、政治学等从不同学科视角做出贫困内涵诠释，[①] 呈现出由单维贫困到多维贫困，从数量贫困到质量贫困、从绝对到相对的发展。Townsend（1979）认为贫困是个人、家庭、社会组织因获得饮食、住房、娱乐和参与社会活动等方面的资源不足难以达到平均生活水平，从而被排斥在正常生活方式和社会活动之外的一种生存状态。当个人、家庭和群体缺乏足够的资源来获得他们所属社会的饮食类型、参加社会公认的活动或拥有得到广泛认可的生活条件和便利设施时，就处于贫困之中。[②] Sen（1979）指出人类贫困是多维贫困，不仅包括收入贫困，饮水、卫生设施、住房条件等客观指标方面的贫困，同时包括对享有社会基本福利主观感受的贫困。[③]

世界银行在《1981年世界发展报告》中指出，当某些人、某些家庭或某些群体没有足够的资源去获取社会公认的、一般都能享受到的饮食、生活条件、舒适和参加某些活动的机会，就是处于贫困状态。联合国开发计划署（UNDP）在《1997年人类发展报告》中指出，贫困是人们在健康、居住、参与、寿命、知识、个人安全和环境等方面得不到满足而限制了人的选择。世界银行在《2000—2001年世界发展报告》中指出，贫困除了物质上的匮乏、低水平的教育和健康之外，还包括风险和面临风险时的脆弱性，以及不能表达自身的需求和缺乏影响力。世界银行（2003）认为，贫困是人们想逃避的一种生存状态，贫困意味着饥饿、缺医少药、失业、无上学机会以及权利和自由的丧失。国际劳工组织指出：当个人或家庭的生活水平（根据收入或消费而言）低于某个标准，则视为贫困。[④] 后续研究，学者将基本生存需求内容从生理需求扩展到人的基本需求，增加了教育、文化设施、公共环境卫生等社会保障内容。

2. 贫困的分类

（1）狭义贫困与广义贫困。狭义贫困主要是缺乏维持满足基本生存需要或相对于社会平均水准所需要的最低（食品、住房、衣服及医疗）生活标准。广义贫困除了包含不能满足基本生存需要外，还包括满足社会，文化、环境等方面的需要。

（2）长期贫困与暂时贫困。根据贫困持续时间分为长期贫困与暂时贫困。世界银行在《1990年世界发展报告》中指出，长期贫困是指有些人口长期处于贫困状态（至

① 汪三贵，刘明月. 从绝对贫困到相对贫困：理论关系、战略转变与政策重点［J］. 华南师范大学学报（社会科学版），2020（6）：18-29+189.

② Townsend, P. Poverty in the United Kingdom［M］. Harmondsworth: Penguin Books, 1979.

③ Sen A. Issues in the measurement of poverty［J］. The Scandinavian Journal of Economics, 1979, 81（2）：285-307.

④ 李秉勤，房莉杰. 反贫困前沿理论与创新实践［M］. 北京：社会科学文献出版社，2019：27-28.

少持续 5 年），虽经扶助也难以脱贫的状态；暂时贫困指一定时期（通常 5 年）内入贫与脱贫现象。[①] 增加人力资本和物质资本可缓解长期贫困，而收入稳定计划与社会保险是缓解暂时贫困的有效措施。

（3）群体贫困与个体贫困。群体贫困是指一群人或一批家庭沦为贫困，如"贫困群体""特殊贫困群体"。个体贫困是指一个人或家庭沦为贫困。[②]

（4）区域贫困与个体贫困。个体贫困是区域贫困在现实社会中的表现对象，区域贫困则是个体贫困发展演化的空间载体，两者相互联系、相互影响。科学减贫需要协同推进区域性贫困和个体性贫困的减缓。

（5）单维贫困与多维贫困。单维贫困一般指收入贫困，即依据单一的收入或消费标准对贫困进行识别。多维贫困，人类贫困是多维贫困，不仅包括收入贫困、饮水、卫生设施、住房条件等客观指标方面的贫困，还包括对享有社会基本福利主观感受的贫困，如果个人或家庭缺少这些功能或者其中的某一项，那就意味着处于贫困状态。[③] 收入贫困和多维贫困之间具有一定的吻合度，随着个体收入的提高，其非货币维度的福利水平也会相应增加。

（6）权利贫困与能力贫困。1981 年，阿马蒂亚·森在《贫困与饥荒——论权利与剥夺》中首次以权利贫困来分析贫困与饥荒的产生。他认为严重饥荒发生的根源是底层人群没有获得充分的食物权利，而非直接涉及物质的食物供应链问题。一个人支配食物的能力或他支配任何一种他希望获得或拥有东西的能力，都取决于他在社会中的所有权和使用权的权利关系。权利贫困是贫困的核心，物质贫困只不过是贫困的具体表象。经济的衰退与物质的贫乏并非贫困产生的全部原因，即使在"食物生产富足"时期，依然可能因为享受分配的权利不均而引发严重的"饥荒"问题，经济的繁荣甚至有可能成为贫困问题的诱因。权利贫困是指人们的政治、经济、社会和文化等权利遭到排斥和剥夺，缺乏平等参政议政、公平竞争、公平接受教育等应有的权利，从而在社会政治经济生活中处于劣势地位，容易陷入贫困境地的情况。[④] 权利贫困是限制人们获取各种自由的根源，摆脱贫困，需要保证全体居民取得平等的权利，获取自

---

① 1990 年世界发展报告［M］. 北京：中国财政经济出版社，1990：71-76.

② 刘祖云. 贫困梯度蜕变、梯度呈现与创新贫困治理——基于社会现代化视角的理论探讨与现实解读［J］. 武汉大学学报（哲学社会科学版），2020，73（4）：154-161.

③ SEN A. Issues in the measurement of poverty［J］. The Scandinavian Journal of Economics，1979，81（2）：285-307.

④ 王雨林. 对农民工权利贫困问题的研究［J］. 青年研究，2004（9）：1-7.

由，自由是发展的首要目的也是促进发展的手段。根据权利贫困定义，基本权利通常是指农民工群体对应的经济层面、政治层面发展权利。

舒尔茨（1990）等学者提出"能力贫困"假说，认为赋予人们权利是重要的，但是基本可行能力被剥夺将无法行使被赋予的权利。可行能力的剥夺表现为人力资本缺乏、健康状况低下、劳动力自由流动受阻等。[①] 1999 年，阿马蒂亚·森在《以自由看待发展》中把发展看成扩展人们享有的真实自由的过程，提出了"可行能力贫困（Capabilities Poverty）"概念，强调从人们实际能够把握的实质性自由、机会或选择的生活角度来度量或透视贫困。[②] 基本可行能力由免受饥饿、疾病的功能，满足营养需求、接受教育、参与社区社会活动的功能等一系列功能构成。"可行能力"的缺乏是低收入者陷入更严重贫困的关键因素。[③] 经济条件、社会机会、透明性保证、防护性保障以及政治自由五种工具性自由对于扩展人的可行能力具有重要作用。[④]

（二）不同领域的贫困理论

1. 经济学领域的贫困理论

18 世纪，亚当·斯密在《国民财富的性质和原因的研究》中指出贫困是贫困主体对资金、劳动力及土地等生产要素不能有效配置而导致的效率低下，通过市场机制自动调节劳动力供求关系可以解除贫困。18 世纪末 19 世纪初，英国经济学家和人口学家马尔萨斯在《人口原理》中提出"人口剩余致贫论"，认为贫困是人口过度增长超过了生活资料的增长的必然结果，抑制人口的增长可从根本上解决贫困问题。马尔萨斯提出"贫困陷阱理论"，认为资本匮乏和投资不足是导致贫困陷阱产生的根本原因。强调地区经济由于某一种加强机制出现停滞或负增长而陷入低水平均衡。贫困陷阱的形成机制主要有物质资本或人力资本的临界门槛、制度失灵、邻里效应三类。[⑤]

1953 年，美国哥伦比亚大学教授讷克斯（Nurks）在《不发达国家的资本形成》一书中提出了贫困的恶性循环理论，认为一国的资本形成如果陷入相互抵消作用之中，就会出现"低收入－低购买力－投资引诱不足－低资本形成－低生产率－低产

① 舒尔茨. 论人力资本投资［M］. 北京：北京经济学院出版社，1990.

② 高功敬. 城市贫困家庭可持续生计——发展型社会政策视角［M］. 北京：社会科学文献出版社 2018：8.

③ 阿马蒂亚·森. 贫困与饥荒——论权利与剥夺［M］. 王宇，王文玉，译. 北京：商务印书馆，2001：20-25.

④ 程胜利. 经济全球化背景下的当代中国城市贫困问题研究［D］. 南开大学博士论文，2005.

⑤ 习明明，郭熙保. 贫困陷阱理论研究的最新进展［J］. 经济学动态，2012（3）：109-114.

出－低收入"的恶性循环，国家则很难实现发展和摆脱贫困。[①] 要打破"贫困的恶性循环"，就必须大力储蓄和投资，促进资本的形成。1956 年，美国经济学家纳尔逊（Nelson）提出"低水平均衡陷阱"理论，描述了人均国民收入增长缓慢的情况下人口增长与国民收入持久均衡状态，阐明了资本稀缺与经济发展的恶性互动关系。1957 年，缪尔达尔（Karl Gunnar Myrdal）提出"循环累积因果理论"，证明发展中国家因存在"低收入—低生活水平—低劳动力素质—低劳动生产率—低产出—低收入"的"循环累积因果关系"而陷入持续贫困状态，难以自拔。

2. 社会学领域的贫困理论

（1）社会排斥理论。从社会等级阶层角度，贫困问题的本质是不平等问题，就业状况、公共福利、政策与制度设计及社会排斥等社会要素对贫困具有放大效应。[②] 社会学从个人与家庭在社会中处于社会弱势（Social Disadvantage）角度，将贫困分为剥夺与社会排斥，其中相对贫困理论基于相对收入假说与相对剥夺理论。Duesenberry（1949）提出相对收入假说，认为家庭储蓄率随着家庭的相对收入地位变化，且"社会对比"是非对称的，人们往往低估"向下比较"、高估"向上比较"的重要性[③]。Runciman（1966）提出相对剥夺理论，指出人们将自己的处境与他人（某种参照系）相比而发现自己处于劣势时所产生的受剥夺感。[④] Peter Townsend（1979）在《英国的贫困：一项基于家庭资源与生活水平的调查》中提出"相对剥削"概念。[⑤] Mack和 Lansley（1985）认为当人们被迫接受缺乏社会约定俗成的必需品的现实时，即可视为被剥夺。[⑥] Townsend（1993）认为制度本身、制度缺失、制度和政策的失误或不当的政策导向都会形成不平等，导致贫困。[⑦] Saundres（2007）认为社会剥夺潜在假设是贫困是多维度的，不仅仅指低收入，还包括落实贫困人群的实际生活水平与经历。[⑧]

① 罗连发，吴成强，刘沛瑶. 提高脱贫质量的理论、政策与测算框架［J］. 宏观质量研究，2021，9（1）：1-14.

② 周扬，李寻欢，童春阳，等. 中国村域贫困地理格局及其分异机理［J］. 地理学报，2021，76（4）：903-920.

③ Duesenberry J S. Income, Saving and the Theory of Consumer Behavior［D］. Cambridge，Harvard University Press，1949.

④ Runciman W G. Relative Deprivation and Social Justice.［M］. London：Routledge and Kegan Paul，1966.

⑤ Peter Townsend, Poverty in the United Kingdom：A Survey of Household Resources and Standards of Living［J］. Berkeley and Los Angeles：University of California Press，1979，31.

⑥ Mack J, Lansley S. Poor Britian［M］. London：George Allen & Unwin，1985.

⑦ Peter Townsend. The International Analysis of Poverty［M］. New York：Havester Wheatsheaf，1993.

⑧ Saundre P, Naidoo Y, Griffiths M. Towards New Indicators of Disadvantage：Deprivation and Social Exclusion in Australia［R］. Sydney：Social Policy Research Centre，University of New South Wales，2007.

20 世纪 90 年代初，社会排斥理论加入了家庭脆弱性问题，发展到了权利贫困领域。相对于绝对贫穷研究，社会排斥理论对贫穷的解释开创了贫穷研究的新阶段。[①]联合国开发计划署将社会排斥定义为基本公民权利与社会权利得不到认同及在存在认同的地方缺乏获取实现这些权利所必需的政治与法律体制的渠道。欧盟认为社会排斥是一些个体因为贫困或缺乏基本能力和终身学习机会，或者因为歧视而无法参与社会，处于社会边缘的过程。[②]社会排斥理论强调个体与社会整体之间的断裂，即个体"超过物质资源的缺乏"和没有参与社会的能力。社会排斥程度越大、弱势群体摆脱贫困时间越长，贫困群体空间集聚性越强，加深贫困程度，形成一种恶性循环。现代社会排斥主要有两种形式，一是基于收益、报酬、经济权利等的财产或私有产权制度，目的在于阻止其他人获取产权产生和收益。另一种是专业的资格证书制度（"文凭主义"），即通过教育资格证书，对社会分工中核心职位的获得实施控制和监视。

社会排斥形成的原因：①自我责任论。脆弱群体自身的行为和态度，甚至是由于他们不参与社会而形成的自我排斥。②社会结构生成论。社会排斥是由于社会结构的不平等所造成的。帕金的社会分层理论认为，社会排他分为集体排他（Collectivist Exclusion）与个体排他（Individualist Exclusion）。集体排他将某些社会群体整体性排斥在资源享受之外，如种族、民族、宗教等因素，结果是产生"共同集团"。个体排他是制订的屏蔽，筛选标准（如考试选拔、专业资格、技术证书等）有利于个人竞争，结果是产生"分散的身份群体"。③社会政策创造论。社会排斥现象可划分政治排斥、经济排斥、文化排斥等类型，其产生的制度原因包括民主和法律制度、劳动力市场制度、社会福利制度、家庭与社区制度等。当社会政策系统化地拒绝向某些社会群体提供资源，使之不能完全参与社会生活时，就导致社会排斥。贫困群体社会参与和对社会影响的程度降低，制度性社会排斥将逐渐演化为文化排斥和政治排斥。随着制度性社会排斥的增强，对贫困群体的社会排斥将逐渐增强，这将导致城市贫困的区位化与城市贫民聚集区的出现。

（2）社会结构理论。社会学视域中，将贫弱群体的出现归因于社会结构急剧转型和社会关系的失调。社会结构（Social Structure）指社会各要素或各部分相互之间的一

---

①　彭华民. 社会排斥与社会融合——一个欧盟社会政策的分析路径 [J]. 南开学报，2005（1）：23-30+103.

②　王小林. 贫困测量：理论与方法 [M]. 北京：社会科学文献出版社，2017：11-12.

种比较稳定的关系模式或互动模式。[①]结构主义认为社会结构排斥是相对群体致贫的重要因素，因为经济收入、经济地位、财产地位、权力地位不同而形成的垂直的社会地位，社会结构就是不公平。占据社会优势地位的群体倾向于维护其既得利益，认可当前的分配状况；社会弱势群体希望通过平等化或再分配政策来改变现有的不公平分配状况并获得更多的社会资源。

国内外学者从社会制度、社会结构视角研究贫困问题，形成了功利主义、冲突主义及中立性贫困观。功利主义认为贫困是市场自然选择的结果，强调贫富差距、分层的合理性。冲突主义认为贫困和社会阶层的存在是社会各阶层权力与利益斗争的产物，贫困的存在与发展会加剧社会矛盾。中立主义者认为，贫困是社会二元分化的一种状态，由社会制度因素与个人因素共同作用形成。[②]西方贫困理论提出了"赋权"扶贫的主张，即解决贫困的路径在于从法律上给穷人赋予权利。

3. 政治学领域贫困理论

马克思在《1844年经济与哲学手稿》《哲学的贫困》及《雇佣劳动与资本》等著作中认为资本的增加就是资产阶级对工人统治力量的增加，揭示出资本对劳动的剥削。马克思在《1857—1858年经济学手稿》《1861—1863年经济学手稿》《资本论》等著作中探讨了资本积累与无产阶级贫困之间的内在联系，指出资本主义私有制，资本主义雇佣劳动制是无产阶级贫困的根源。[③]

马克思将无产阶级贫困分为绝对贫困与相对贫困两种形式，阐明了只有通过"剥夺剥夺者"才能彻底化解无产阶级面临的贫困化困境。[④]消除无产阶级贫困就必须推翻资本主义制度，消灭阶级剥削与压迫，消灭分配不均的财富增长机制，实现人类共同富裕，最终实现人的全面发展。马克思主义贫困论是中国共产党扶贫思想形成的根本基础，共同富裕是贯穿扶贫思想体系最核心的内容。[⑤]中国扶贫理论与实践从追求平等、公平的救济式扶贫到促进区域发展、能力提升的开发式扶贫，再到推动小康社会建设的综合性扶贫和精准扶贫的阶段式演进，体现了马克思主义贫困论的中国化。

①　李强. 当代中国社会分层 [M]. 北京：三联书店，2020.

②　王志章，李梦竹，王静，等. 中国与一带一路沿线国家合作反贫困研究 [M]. 北京：人民出版社，2018.

③　张红全，周强. 中国农村多维贫困的测度与反贫困政策研究 [M]. 武汉：华中科技大学出版社，2018：14-16.

④　孙咏梅. 马克思反贫困思想及其对中国减贫脱贫的启示 [J]. 马克思主义研究，2020（7）：87-95.

⑤　张瑞敏. 中国共产党反贫困实践研究（1978—2018）[M]. 北京：人民出版社，2019.

在马克思相对贫困理论的观照下，中国扶贫工作通过多维发掘生产力、维护公平正义、坚持志智双扶来治理相对贫困。[①]

4. 地理学领域的贫困理论

20世纪90年代末，Jalan等学者将地理学"空间""区域""地方"分异理论运用到全球贫困治理之中，提出了空间贫困理论。[②]"空间贫困"理论既强调因自然资源的空间分配不均衡而致贫，也强调因基本公共服务的空间或群体分配不均衡而致贫。

贫困地域系统发展演化过程中人、地、业三个核心要素耦合失调而出现生态环境劣势、经济劣势、社会福利劣势的综合表现。影响区域贫困的要素主要有四个方面。

（1）自然环境因素。地理位置、自然条件、生态系统和资源禀赋等在贫困演化过程中发挥着基础性作用，恶劣的地理环境与频发的自然灾害等不可抗力因素是最严重的致贫原因。Moore（2001）指出环境的恶化、私人和公共自然资源的枯竭对后代的生计产生不利影响。[③] Chakraborty（2004）研究发现环境质量与人的预期寿命显著正相关，环境的恶化是导致贫困代际传递的一个重要因素。[④] Jiao等（2017）指出，贫困地区的家庭转移到相对发达地区，子女有可能获得向上流动的机会，摆脱贫困的恶性循环。[⑤]

（2）人文地理要素。包括人口、区位、交通、产业、技术、资本、政策和社会福利等因素。

（3）经济要素。区位条件、交通便利度、市场条件、技术水平、资本投资、劳动力状况和产业基础等要素决定着区域贫困的发展演化。

（4）社会要素。人口条件、就业状况、公共福利、政策与制度设计和社会排斥等对贫困具有放大效应，对持续减贫脱贫发挥着重要的保障和支撑作用。

区域发展理论认为，不同地区之间存在差异，贫困问题在不同地区表现出不同的特点和原因。相对贫困治理需要结合不同地区的实际情况，采取差异化的政策和措

① 刘海霞，周亚金. 后脱贫时代中国相对贫困治理研究——基于马克思相对贫困理论的视角［J］. 北京航空航天大学学报（社会科学版）：2023（9）：1-9.

② 刘小鹏. "减贫与发展"专辑序言［J］. 地理科学进展，2020，39（6）：891.

③ Moore K. Frameworks for understanding the intergenerational transmission of poverty and well-being in developing countries［R］. CPRC Working Paper，2001（8）：1-10.

④ Chakraborty S. Endogenous lifetime and economic growth［J］. Journal of Economic Theory，2004，116（1）：119-137.

⑤ Jiao X，et al. Livelihood strategies and dynamics in rural Cambodia［J］. World Development，2017，97：266-278.

施，推动区域经济的均衡发展，减少地区间的贫富差距。世界银行发布的《2009 年世界发展报告：重塑经济地理》中指出：重塑经济地理是提升区域发展水平、克服地区差异的重要趋势，路径就是推进区域一体化、实现经济集聚、降低运输成本、建设统一市场。经济增长、全球化、技术变革、资本市场、区位条件、交通便利度、市场条件、技术水平、资本投资、劳动力状况和产业基础等经济要素在区域贫困的发展演化中发挥着决定性作用。

（三）贫困代际传递理论

社会学对于"代（Generation）"有家庭的代系与特定时代两种解释。社会学家曼海姆（Mannheim）（1952）提出了"代"（Generation）的概念，通常被视为世代的同义语。[①] 代际传递（Intergenerational Transmission）指父母的能力、观念、行为、社会地位等传递给子女的现象。[②] 代际传递理论关注父辈与子辈财富、收入、地位、教育等传承条件下两代人行为的一致性或差异性并探寻相关影响因素和作用机理。[③] 个人禀赋与家庭投资共同影响子辈的未来发展，父辈对子辈教育、健康、培训、迁移等方面的投资不足，成为子辈无法跳出贫困陷阱的主要原因。[④] 代际流动研究父母与子女之间的职业地位、教育地位、经济地位的变迁。代际收入传递机制是指父代收入影响子代收入的路径，主要包括：基因遗传、人力资本投资、婚姻匹配、代际赠与、生育决策、社会资本以及文化资本代际传递等，任何形式的代际收入传递均在一定程度上导致了子代的收入不平等。[⑤]

代际贫困是特定的家庭组织结构在特定的条件下所出现的一种贫困代际传递的复杂社会现象。贫困代际传递问题属于代际收入流动范畴。代际流动就是研究父母与子女之间的职业地位、教育地位、经济地位的变迁。贫困代际传递（Intergenerational Transmission of Poverty）指贫困以及导致贫困的相关条件和因素，在家庭内部由父母因素传递给后代；也指在一定的社区或阶层范围内贫困以及导致贫困的相关条件和因素在代际之间延续，使后代重复前代的贫困境遇。Ryder（1965）认为，世代效应缘

① Mannheim K. The Problem of Generations. [M]. In P. Kecskemeti（eds.），Essays on the Sociology of Knowledge. London：Routledge & Kegan Paul，1952.

② 周宗社. 中国农村贫困家庭代际传递研究 1978—2012 [M]. 北京：经济科学出版社，2018：25-26.

③ 刘新波，文静，刘轶芳. 贫困代际传递研究进展 [J]. 经济学动态，2019（8）：130-147.

④ 周宗社. 中国农村贫困家庭代际传递研究 1978—2012 [M]. 北京：经济科学出版社，2018：6-10.

⑤ 刘李华，孙早. 收入不平等对经济增长的影响：机制、效应与应对——基于代际收入传递视角的经验研究 [J]. 财政研究，2020（7）：79-92.

于年龄与时期之间的交互作用并随时间发生变化呈现"贫者越贫，富者越富"趋势，即累积优势或累积劣势原理。[1] Becker 和 Tomes（1979）证明代际收入弹性越大，子代对父代的依赖性越强，说明代际收入流动性越低，代际收入流动性高的国家贫富差距相对较小。[2] Boggess et al（1997）指出缺乏物质资源和社交资源、父母贫困、家庭结构、邻里劣势、社会孤立和劳动力市场等是贫困代际传递的关键因素。[3] Stenberg（2000）指出贫困代际传递与文化行为、政策、经济结构等因素有相关性。[4] Moore（2001）将儿童辍学等行为视为贫困代际传递的根源，营养和健康、遗传、传染性疾病等也会在贫困代际传递中发挥作用。[5] 国际持续性贫困研究中心（CPRC）（2001）研究认为父辈的财富、地位状况会通过父辈所在的社会关系网络发生代际传递，子辈可从中获取更多的社会资源及较高报酬的工作机会，延续富裕。相反，贫困的父辈难以拥有具有经济价值的社会关系，子女往往继承贫困。哈尔、梅志里（2006）认为社会政策应该通过促进就业、提高劳动者技能，来提高政策对象的经济竞争力，实现反贫困目标。[6] Cardak 等（2013）研究证明公共支出政策可通过提高贫困个体人力资本投资的方式来阻断贫困代际传递。[7] 减少居住隔离、缩小地区收入不平等、提高基础教育水平、增加社会资本及提高家庭的稳定性；增加公共支出政策，提高人力资本投资等措施利于阻断贫困代际传递。

贫困代际传递的研究方法主要包括定量面板数据分析、转置矩阵法、Atkinson 回归模型、Bewley 模型、戴蒙德生命周期世代交叠模型（Life-Cycle OLG Model）[8]、代际传递模型[9]、代际收入转移矩阵法和代际收入弹性法，对数线性回归模型（Log-Linear

① Ryder N B. The Cohort as a Concept in the Study of Social Change [J]. American Sociological Review, 1965, 30 (6).

② Becker, Gary S, Nigel Tomes. An Equilibrium Theory of Distribution of Income and Intergenerational Mobility [J]. Journal of Political Economy, 1979 (87): 1153–1189.

③ Boggess S, et al. Cycles of disadvantage? [J]. Journal of Foreign Policy, 1977, 108: 38–53.

④ Stenberg, Inheritance of Welfare Recipiency: An Intergenerational Social Assistance Recipiency in Postwar Sweden [J]. Journal of Marriage and Family, 2000, 62 (1): 150–167.

⑤ Moore K. Frameworks for understnding the intergenerational transmission of poverty and well-being in developing countries [J]. CPRC Working Paper, 2001 (8).

⑥ 安东尼·哈尔，詹姆斯·梅志里. 发展型社会政策 [M]. 罗敏等，译. 北京：社会科学出版社，2006：51.

⑦ Cardak B A, Johnston D W, Martin V L. Intergenerational earnings mobility: A new decomposition of investment and endowment effects [J]. Labour Economics, 2013, 24 (6): 39–47.

⑧ 臧旭恒，张倩. 代际扶持视角下的医疗保险与居民消费——世代交叠模型的分析 [J]. 山东大学学报（哲学社会科学版），2019 (1): 15–24.

⑨ 刘建和，胡跃峰. 基于家庭财富资本的居民收入代际传递研究 [J]. 浙江金融，2014 (9): 11–16.

Model）、半参数可变系数部分线性模型及 Order-Probit 模型等。

二、益贫性增长理论

（一）益贫式增长

20世纪90年代以来，西方国家的反贫困政策开始注重贫困者资产与能力建设的核心作用，由消费维持的单一救助模式转变为包容性融合模式，由传统的社会福利政策范式向发展社会政策范式转变，让经济发展惠及贫困群体成为国际反贫困的主流理念之一。

1990年，世界银行提出了普惠式增长（Broad-Based Growth）概念，强调经济增长应该吸纳并惠及社会基层民众。1999年，亚洲发展银行提出益贫式增长（Pro-Poor Growth，PPG）概念，如果经济增长能创造就业机会，那么将有助于增加穷人收入，缓解不平等状况。益贫增长的理念源于"涓滴效应"理论。Nehru（1933）首次提出了"涓滴"的概念，以描述财富从富裕群体向贫困群体垂直流动的现象。[1] 依据"涓滴效应"理论，经济发达地区拥有雄厚的资金支撑，完善的社会公共服务体系，经济增长首先惠及富人，当富人开始消费其从经济增长中获得的收益时，会通过提供就业岗位、增加消费等，带动低收入阶层发展。经济增长通过"涓滴效应"最终贫困群体将从整体经济增长或富裕群体受益的政策中受益，建立社会群体公平享受福利的环境。[2]

益贫式增长理论认为减贫的最大动力来源于经济增长，以增长为目标的经济政策并不能解决所有贫困问题。益贫式增长即寻求有利于贫困人口的经济增长方式和发展环境，通过公平的收入分配制度，使经济增长的利益有效地分配给贫困人口，以改善经济结构中的不平等。益贫增长战略包括制度与政策上消除对穷人的偏见及采取直接有利于穷人的政策。[3] Kakwaini 和 Pernia（2000）在《什么是利贫增长？》中提出推进贫困增长需要偏向穷人发展战略，确保穷人的收益比例高于非穷人，并运用利贫增长指数（the Pro-Poor Growth Index）测量增长有利于穷人的程度。[4] Bourguignon（2003）提出"贫困—经济增长—收入分配"三角图，认为除增长效应外，收入分配

---

① Nehru J. Whither India? ［J］. India's Freedom, 1962（4）: 24.

② Meng L.Evaluating China's poverty alleviation program: A regression discontinuity approach ［J］. Journal of Public Economics, 2013, 101: 1-11.

③ 王小林. 贫困测量：理论与方法 ［M］. 北京：社会科学文献出版社，2017：248-250.

④ Kakwaini N, Pernia E M. What is Pro-Poor growth? ［J］. Asian Development Review, 2000.

效应也影响经济增长减贫效果。Ravallion（2004）、Kakwani 和 Hyun（2004）等提出了"利贫式增长"，即通过收入再分配让贫困人口受益。衡量益贫式增长的方法包括减贫率、显著减贫、穷人收入的正增长、穷人收入的增长超过平均增长水平、弹性分析法、偏袒穷人的增长、加权增长等。[①]

（二）包容性发展和包容性增长

世界银行在《2000—2001 世界发展报告》中指出经济增长是减少贫困的主要手段并设计了以赋予权利、创造机会和增加安全保障为核心的治贫战略框架，强调了扶贫实践中平等"参与"的重要作用。[②] 2008 年，世界银行在《增长报告：可持续增长与包容性增长发展的战略》中提出"包容性发展（Inclusive Development）"概念，指出要维持长期的包容性增长，更关注增长过程中就业量的扩大和就业生产率即就业收入的提高。"包容性发展"强调"社会融合""社会参与"和"社会共享"。融合是"包容性发展"的前提，参与是"包容性发展"的动力，共享是"包容性发展"的目的。包容性发展的理论内核主要包括：强调所有国民积极参与，共同发展。注重贫困者资产与能力建设的核心作用，由消费维持的单一救助模式转变为包容性融合模式，由传统的社会福利政策转向发展社会政策，重视发展内容的全面协调、发展过程的公平性，发展成果的利益共享。2012 年，亚洲开发银行在《亚洲的贫困、收入差距与包容性增长》中定义包容性增长（Inclusive Growth）为"机会均等的增长"。①创造生产性就业与经济机会。②平等的社会发展机会与发展成果共享。③为贫困群体与弱势群体提供社会保障，以降低风险与冲击的影响，减少赤贫。④降低不平等，包括收入不平等和非收入不平等，让贫困人口收入增长速度快于非贫困人口。2020 年，亚洲开发银行将"促进包容性增长"作为三个发展战略目标之一。欧盟发布的《欧洲 2020》中减少相对贫困人口的方案中包含了包容性增长、保障教育、改善医疗服务、改进社会保护效果等内容。以区域发展促进长期减贫措施包括：颁布开发法案、强化基础设施建设、加大人力资本投资、引导资本向落后地区投资、优化产业结构等。

包容性增长成为一些国家及国际机构制定发展政策的理论依据，为研究发展中国家经济发展问题提供了新视角。[③] 实现包容性增长根本目的是让经济全球化和经济

① 史志乐. 走进贫困的教育——如何阻断贫困代际 [M]. 北京：经济日报出版社，2019：18–20.

② 罗必良，洪炜杰，耿鹏鹏，等. 赋权、强能、包容：在相对贫困治理中增进农民幸福感 [J]. 管理世界，2021，37（10）：166–181+240+182.

③ 李建民. 人力资本与经济持续增长 [J]. 南开经济研究，1999（4）：2–7.

发展成果惠及所有国家和地区、惠及所有人群，在可持续发展中实现经济社会协调发展。包容性发展就是寻求社会、经济的协调、稳定和可持续发展。

中国减贫实践表明，发展是消除贫困最有效的办法、创造幸福生活最稳定的途径。唯有发展，才能为民生改善提供科学路径和持久动力、更好保障人民的基本权利、不断满足人民对美好生活的热切向往。中国通过实施以区域开发为主，辅之益贫性的经济增长，实现农村绝对贫困人口大幅减少。[①] 利贫性增长、包容性发展和多维度综合扶贫是中国贫困治理的"三个支柱"。①包容性增长可以通过增加就业机会、提高教育、医疗、社会保障的公平性、实现经济可持续增长，避免"中等收入陷阱"。②倡导个体社会发展机会的平等，促进社会各阶层获得经济政治生活的平等权利，保证人们免受风险的危害。③提高发展的平衡性、协调性、包容性，加快完善社会主义市场经济体制，增强区域发展的平衡性，强化行业发展的协调性，支持中小企业发展。④建立包容性社会发展体系，以有效治理社会权利性相对贫困。扩大中等收入群体规模，要促进基本公共服务均等化，加大普惠性人力资本投入，完善养老和医疗保障体系、兜底救助体系、住房供应和保障体系，推动更多低收入人群迈入中等收入行列。

王小林（2019）提出构建益贫性经济增长机制、包容性社会发展机制和绿色发展新机制以缓解相对贫困。[②] 檀学文（2020）提出包容性增长、基本公共服务、社会保护是解决中国相对贫困的"三支柱"战略，需要增强社会保护的系统性、覆盖面、可支付性以及最终的瞄准效果。[③] 罗必良（2020）提出将"机会—能力—保障"作为构建相对贫困治理长效机制。[④] 洪银兴（2022）指出包容性发展，推进户籍制度改革，突破农民工面临就业、子女入学、社保等多方面的限制甚至歧视是缩小城乡和区域的发展水平差距的基本路径。[⑤]

综上，消除贫困的根本途径在于创造包容性的发展机会，让每一个弱势群体具有平等就业、获得公共资源、公共服务及参与社会事务的权利。

---

① 林闽钢，陶鹏. 中国贫困治理三十年：回顾与前瞻 [J]. 甘肃行政学院学报，2008（6）：51-56.

② 王小林. 新中国成立 70 年减贫经验及其对 2020 后缓解相对贫困的价值 [J]. 劳动经济研究，2019，7（6）：3-10.

③ 檀学文. 走向共同富裕的解决相对贫困思路研究 [J]. 中国农村经济，2020（6）：21-36.

④ 罗必良. 相对贫困治理：性质、策略与长效机制 [J]. 探索，2020（6）：18-27.

⑤ 洪银兴. 区域共同富裕和包容性发展 [J]. 经济学动态，2022（6）：3-10.

第四节 研究内容与方法

一、研究内容

本书在共同富裕目标下，围绕着"农业转移人口相对贫困的测度与治理"研究目标，按"相对贫困致贫机理——相对贫困识别与监测——相对贫困与幸福感——相对贫困与共同富裕——相对贫困治理"逻辑思路，开展进行了系统研究，本书逻辑结构和内容安排如图 0-1。全书包括绪论和七章内容。

绪论，介绍研究背景与意义、研究动态、研究理论基础、研究内容与方法。

第一章，相对贫困治理的理论与实践。评析绝对贫困与相对贫困的区别与联系，总结中国绝对贫困治理实践与全球贡献。剖析全球相对贫困治理现状、部分国家相对贫困经验找出可供中国借鉴之处。

第二章，农业转移人口相对贫困的现状、问题及特征。针对农业转移人口相对贫困的现状与问题，总结出农业转移人口相对贫困存在比较性、多维性、代际传递性、治理任务多重性特征。

第三章，农业转移人口相对贫困发生机制。通过对中国劳动力转移政策的回顾与评价，依据人力资本理论、社会资本理论、经济资本理论、地理资本理论等理论分析农业转移人口相对贫困成因，揭示出个体性致贫因素与结构性致贫因素。

第四章，农业转移人口相对贫困的识别与返贫监测，构建识别与返贫监测的方法体系，进行实证研究。基于 A–F 方法，运用 2019 年中国社会状况综合调查（CSS）数据进行对农业转移人口的多维贫困测量与致贫因素识别。基于贫困识别方法，对湛江市 2019 年相对贫困人口进行识别，提出返贫监测建议。

第五章，农业转移人口相对贫困与幸福感。分析相对贫困与幸福感的逻辑关系，基于幸福经济学相关理论，构建农业转移人口幸福感影响指标体系，进行实证研究。基于有序 logit 回归模型，运用三期中国社会状况综合调查（CSS），检验人口城镇化、非农收入、住房、主观阶层认同等因素对农业转移人口幸福感的影响效应及作用机制，提出提升其幸福感的对策。

第六章，农业转移人口相对贫困与共同富裕。分析相对贫困与共同富裕的逻辑关系，分析中国推进共同富裕面临的问题，从城乡融合发展、扩大中等收入群体视角推进实现共同富裕，研究农业转移人口实现共同富裕的路径。

第七章，农业转移人口相对贫困治理长效机制。构建政府主导、农业转移人口为主体、社会组织为依托，多元主体参与的贫困治理体系。重点研究包容性社会政策体系、内生动能培育机制、收入分配机制、社会联动协作扶贫机制治理农业转移人口相对贫困。

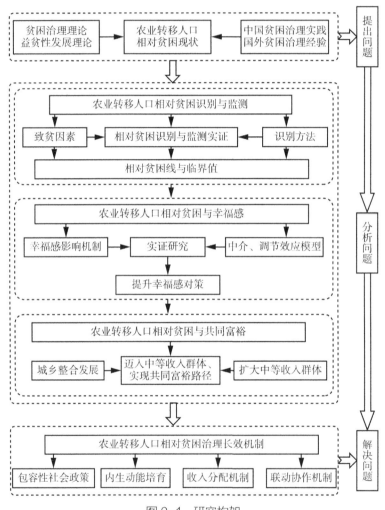

图 0-1　研究构架

二、主要研究方法

（一）多学科理论相结合的方法

基于农业转移人口相对贫困问题复杂性，任何单一的理论视角都难以单独解决研究过程中的各种问题。研究中主要运用社会排斥理论、城市新贫困治理理论，益贫式经济增长、幸福经济学等基本理论与研究方法，较系统地开展问题研究。

（二）经济计量与空间分析

研究中主要运用二元 Logit 模型、有序 Logit 模型等计量模型与空间分析方法。

（1）运用多维贫困指数（A–F）方法从收入、住房、教育、就业、健康、社会融合 6 个维度，基于 2019 年中国社会状况综合调查（CSS）数据对农业转移人口的多维贫困发生率、多维贫困指数、贡献率等进行研究。

（2）基于三期中国社会状况综合调查数据，构建有序 Logit 回归模型，检验人口城镇化、非农收入、住房、主观阶层认同等因素对农业转移人口幸福感的影响效应及作用机制，提出提升农业转移人口幸福感的对策。

（3）基于城乡等值发展理论，构建城乡融合发展评价指标体系，运用时序全局主成分分析、空间分析及地理探测器模型，研究 2009—2020 年广东省 21 个地级市城乡融合发展时空演化特征及其驱动因素。

第一章

相对贫困治理理论与实践

第一节　绝对贫困与相对贫困

一、绝对贫困

贫困根据程度分为绝对贫困（Absoulute Poverty）与相对贫困（Relative Deprivation）。绝对贫困又称为生存贫困，指人们无法满足基本生活需求的一种极端贫困状态。Rowntree（1901）在《贫困：城镇生活研究》中提出"绝对贫困"定义，即一个家庭所获得的收入不足以支持其正常生理活动的最低需求（包括食品、住房等其他必需品）。[①] 绝对贫困主要解决生存问题，侧重于单维度的物质贫困。相对贫困主要解决的是发展问题和共享问题，倾向于多维度的贫困。[②]

在发展中国家主要是绝对贫困，发展中国家官方贫困线多为绝对贫困线。绝对贫困线通常用基本生活消费支出或家庭预算标准为划定基础，穷人是消费水平低于消费标准或收入水平低于贫困线的人。

二、相对贫困

相对贫困又称为相对低收入型贫困，基本生存在需求满足后，相对于社会平均水平，个体或家庭拥有资源的不足，与不平等的社会环境息息相关，与个人和他人在

---

① Rowntree B S. Poverty：A Study of Town Life ［M］. London：Macmillan，1901：103.
② 王太明，王丹. 后脱贫时代相对贫困的类型划分及治理机制［J］. 求实，2021（2）：51-69+111.

社会上的地位有关。相对贫困的理论溯源于相对收入假说与相对剥夺理论，相对贫困更强调社会发展的不平等，表现为社会排斥以及因缺乏资源无法参与到一些社会活动中，其参照的标准是其他群体。[①] 在发达国家主要是相对贫困，发达国家城市化程度较高，贫困人口主要集中于城市的妇女、儿童、老人、特殊民族等人群。

Calbraith（1958）指出相对贫困不仅取决于维持自己生计所需要的基本收入水平，更取决于社会中其他人的收入水平。[②] 张文宏，苏迪（2020）认为相对贫困是个人、家庭或群体由于资源限制和权利剥夺而被排除在所处社会的优势社会地位和生活方式的公平合理的竞争之外，同时缺少改变处境的机会和手段。[③] 顾海英（2020）指出相对贫困是在特定经济社会发展约束下，相对社会的平均状态，个人或家庭获得的合法收入虽然可以维持其基本生存需求，但无法满足当地条件下所认为的其他基本生活需求的状态。[④] 唐丽霞等（2020）认为，相对贫困更强调社会发展的不平等，与个人的社会地位有关，表现为社会排斥以及因缺乏资源无法参与到一些社会活动中，其参照标准是其他群体。[⑤]

三、绝对贫困与相对贫困的区别与联系

绝对贫困和相对贫困都是描述人们生活水平低下的概念，有以下共同点。

（1）经济困难。无论是绝对贫困还是相对贫困，都意味着人们的收入和财富非常有限，无法满足基本的生活需求，如食物、住房和医疗等。

（2）社会排斥。贫困者通常在社会中面临排斥和歧视，缺乏平等的机会参与社会活动和获得教育、就业等资源。

（3）影响健康和福利。无论是绝对贫困还是相对贫困，对人们的健康和福利产生不利影响。

（4）不公平的分配。无论是在绝对贫困还是相对贫困的情况下，财富和机会往往

---

① 唐丽霞，张一珂，陈枫. 贫困问题的国际测量方法及对中国的启示［J］. 国外社会科学，2020（6）：66-79.

② Calbraith J K. The Affluent Society［M］. London：Mariner Books，1998.

③ 张文宏，苏迪. 特大城市居民相对贫困影响因素实证分析——基于北京、上海、广州的研究［J］. 中共中央党校（国家行政学院）学报，2020，24（3）：100-109.

④ 顾海英. 新时代中国贫困治理的阶段特征、目标取向与实现路径［J］. 上海交通大学学报（哲学社会科学版），2020，28（6）：28-34.

⑤ 唐丽霞，张一珂，陈枫. 贫困问题的国际测量方法及对中国的启示［J］. 国外社会科学，2020（6）：66-79.

被少数人所掌握，而大多数人则无法分享公平的资源。

阿马蒂亚·森认为相对贫困与绝对贫困最核心的差异在于社会需求的根源，而非贫困的定义本身，并非任何社会不平等现象都属于贫困问题，因为贫困概念存在一个不可还原的绝对内核（饥饿与营养不良）。[①] 相对贫困不能代替绝对贫困成为贫困的定义，相对贫困分析的方法只能是绝对贫困分析方法的补充而非替代。[②]

（1）评判标准不同。绝对贫困是物质上或经济上的最低生理需求，是一种生存临界状态，侧重基本生存所需。相对贫困侧重考量资源配置失衡，制度性结构剥夺，文化供给不均衡等制约因素，包含了较高层次的社会心理需求，侧重相对排斥、相对剥夺。[③] 相对贫困是社会比较的结果，相对贫困人口呈现出思想文化、劳动技能、精神意志、人际关系等各类资源缺失与多维剥夺。[④]

（2）测度标准不同。绝对贫困通过设定一个固定的收入阈值来衡量，测度标准具有客观性，以维持基本生存所需的热量、营养、住房安全、义务教育、基本医疗等费用为标准。相对贫困则是相对于整个社会的收入分布情况来衡量，通常以一定比例的中位数收入为标准。相对贫困测度标准具有较强的主观性，通过与目标社会群体相对比较判定，关注社会群体之间的收入差距和相对贫困率。

（3）目标和政策导向不同。绝对贫困的目标是消除人们无法满足基本生活需求的贫困状况，因此政策主要关注提供基本生活资源和条件。相对贫困的目标是减少收入不平等问题，政策更加侧重于提高整体社会经济状况，推动收入再分配和社会保障。

（4）国际比较基准不同。由于绝对贫困的标准是固定的，不同国家之间可以进行直接的比较。采用绝对贫困标准最为典型的是世界银行、美国及瑞士。相对贫困则更加依赖于国家内部的收入分布情况，不同国家的相对贫困水平可能会有所不同。采用相对贫困标准最为典型的是经济合作与发展组织（OECD）、欧盟及其成员国。

（5）存在的阶段不同。绝对贫困阶段性存在，在特定的历史时期、特定区域和特定的群体，随着贫困标准的不断改变，绝对贫困可消除。相对贫困通常被认为在任何人类社会发展阶段都存在，它与整个社会的发展水平和经济状况有关。随着社会的进

① Spicke, P. Definitions of Poverty: Twelve Clusters of Meaning [J]. Poverty and International Glossary, 2007（1）: 229–243.

② 阿马蒂亚·森. 贫困与饥荒 [M]. 北京: 商务印书馆, 2006.

③ 汪三贵, 刘明月. 从绝对贫困到相对贫困: 理论关系、战略转变与政策重点 [J]. 华南师范大学学报（社会科学版）, 2020（6）: 18–29+189.

④ 康晗. 面向共同富裕的相对贫困治理: 本质内涵、转向架构及路径选择 [J]. 中共云南省委党校学报, 2023, 24（2）: 146–153.

步和经济的发展，相对贫困的程度可能会发生变化。绝对贫困与相对贫困的共同点与不同点详见表 1-1。

表 1-1　绝对贫困与相对贫困的比较

项目	比较类别	绝对贫困	相对贫困
共同点	描述人们生活水平低下	人们无法满足基本生活需求的极端贫困状态	人们收入低于国家平均水平或社会大部分人口的收入水平
不同点	评判标准不同	维持基本生存所需	维持一种社会认可的生活标准的状态，重点社会心理需求
	测度标准不同	客观性，设定一个固定的收入阈值来衡量	主观性，以中位数收入的一定比例为标准
	目标和政策导向	消除人们无法满足基本生活需求	减少收入不平等问题
	国际比较基准不同	标准是固定的，跨国家之间可以直接比较	不同国家的相对贫困水平可能会有所不同
	存在的阶段不同	存在于特定的历史时期、特定区域和特定的群体，可以被消除	任何人类社会发展阶段都存在

第二节　中国绝对贫困治理的实践与创新

一、中国贫困标准

中国国家统计局对贫困的定义为：个人或家庭的生活水平达不到一种社会可接受的最低标准，他们缺乏某些必要的生活资料和服务，生活处于困难境界。[①]

1. 按收入或消费水平确定

中国贫困标准按收入或消费水平来确定，属于绝对贫困标准范畴，其计算方法如下。

（1）综合国际和国内最低限度的营养标准，采用 2100 大卡热量作为农村人口贫困的必需营养标准。

（2）用最低收入农户的食品消费清单和食品价格确定达到人体最低营养标准所需的最低食物支出，作为食物贫困线。

（3）假设靠牺牲基本食物需求获得的非食品需求是维持生存和正常活动必不可少

———————

① 国城调. 中国城镇居民贫困的测量 [J]. 社会学研究，1997（2）：62-73.

的，也是最少的。并根据回归方法计算出收入正好等于食品贫困线的人口的非食物支出（包括最低的衣着、住房、燃料、交通等必需的非食品支出费用），作为非食品贫困线。

（4）用食品贫困线（约占60%）与非食品贫困线（40%）相加得到贫困人口的扶持标准。

2. 按国家统计局"四个贫困标准"界定

基于食物贫困线和非食物贫困线确定，国家统计局先后采用过"1978年""1998年""2010年"及"2011年"四个贫困标准来界定贫困和识别贫困人口。

（1）1978年贫困标准：以1978年的物价水平制定的最低水平的生存线，即保证每人每天2100大卡热量的营养水平。

（2）1998年贫困标准：将食物消费占支出的比重降低到60%，提高了非食物支出占比，收入达到这个标准，农民可以基本达到温饱水平。

（3）2010年贫困标准：是以2010年不变价核算，统筹考虑"有吃、有穿"、保障基本的住、用、行以及义务教育、基本医疗等需求的稳定温饱标准，是全面建成小康社会的最低线。

（4）2011年，中央决定将人均年纯收入2300元作为扶贫标准（按照2011年国际购买力平价折算，相当于每人每天2.29美元，高于世界银行1.9美元的极端贫困标准），同时附加容易识别的"两不愁、三保障"非收入性贫困指标。以2011年基准可不定期调整，2014—2020年贫困标准分别为人均年纯收入2800元、2968元、3146元、3335元、3535元、3747元及4000元，详见表1-2。

表1-2　中国主要年份的贫困线标准

单位：元/年

年份	1978	1985	1986	1987	1988	1989	1990	1991	1992	1993	1994	1995	1996	1997	1998
年人均纯收入	100	206	206	865	236	259	300	304	317	350	440	530	580	640	635
年份	1999	2000	2001	2005	2007	2008	2009	2011	2014	2015	2016	2017	2018	2019	2020
年人均纯收入	625	625	872	944	1067	1067	1196	2300	2800	2968	3146	3335	3535	3747	4000

资料来源：国家统计局网站数据整理

二、中国贫困治理历史进程

新中国成立70多年来，中国政府高度重视减贫扶贫工作。[①] 1949—1978年，中

---

① 毛泽东选集第五卷［M］. 北京：人民出版社，1977：106-108.

国城乡收入差距处于较低水平，但是效率低下、分配平均但不公平、缺乏激励。1978年以来，中国的扶贫工作以农村为重点，根据不同的贫困程度和特点，采取不同的扶贫措施和政策。具体可以分为体制改革推动扶贫、大规模开发式扶贫、扶贫攻坚、精准扶贫及相对贫困治理五个阶段，贫困治理的目标实现从"保生存"到"保生存、促发展"到"惠民生、促发展"再到"促进全体人民共同富裕"。中国减贫实践表明，发展是消除贫困最有效的办法、创造幸福生活最稳定的途径。

（一）体制改革推动扶贫阶段（1978—1985 年）

1978年，我国确定的农村贫困线为年均纯收入100元，农村贫困人口为2.5亿，贫困发生率为30.7%，导致贫困的主要原因在于农业经营体制不适应生产力发展。1978年，中共十一届三中全会提出"允许一部分人先富起来"，之后，农村实行"家庭联产承包责任制"改革，并采取逐步放开农产品价格、发展乡镇企业等多项措施，极大地激发了农民的劳动热情，解放了农村生产力，提高了土地产出率。但在提高经济效率的同时，农村内部收入差距也率先扩大。1984年9月，中共中央、国务院颁发《关于帮助贫困地区尽快改变面貌的通知》标志着中国特色开发式扶贫战略正式启动。1978年到1985年，全国粮食产量年均增长3.2%，第一产业增加值年均增长6.5%，农民人均收入年均增长15.2%，全国贫困人口下降至1.25亿人，贫困发生率降为14.8%，年均减贫1786万人[①]，详见表1-3。此阶段的扶贫政策以救济式扶贫为主，奠定解决绝对贫困的基础。

表1-3　1978—2002年中国贫困人口及贫困发生率情况

单位：万人

年份	1978	1980	1981	1982	1983	1984	1985	1986
贫困人口总数	25000	22000	15200	14500	13500	12800	12500	13100
贫困发生率（%）	30.7	26.8	18.5	17.5	16.2	15.1	14.8	15.5
年份	1987	1988	1989	1990	1991	1992	1993	1994
贫困人口总数	12200	9600	10200	8500	9400	8000	7500	7000
贫困发生率（%）	14.3	11.1	11.6	9.6	9.3	8.8	8.6	7.7
年份	1995	1996	1997	1998	1999	2000	2001	2002
贫困人口总数	6540	5800	4962	4210	3412	3209	2927	2820
贫困发生率（%）	7.1	6.8	5.4	4.6	3.7	3.5	3.2	3.5

资料来源：国家统计局网站数据整理

---

① 国务院新闻办公室. 中国农村扶贫开发的新进展［R/OL］.（2011-11-16）［2023-8-1］. http://www.scio.gov.cn/tt/Document/1048386/1048386.htm.

（二）大规模开发式扶贫阶段（1986—1993 年）

20 世纪 80 年代中期，中国改革和发展重心偏向城市并实施了一系列扶持政策，农业发展速度落后于工业，农民收入增长放缓。由于经济、社会、历史、自然、地理等方面的制约，少数农村地区与其他地区特别是东部沿海发达地区的发展差距逐步扩大，部分低收入人口的经济收入不能维持其生存的基本需要。为进一步加大扶贫力度，1986 年 4 月，《中华人民共和国国民经济和社会发展第七个五年计划》将扶贫开发工作纳入其中，明确提出要积极推动老、少、边、穷等困难地区大力发展经济。自 1986 年起，政府确定了 18 个集中连片贫困区域和 331 个贫困县实施瞄准式的专项减贫，通过建立系统化的扶贫体制机制，在全国范围内开展了有计划有组织和大规模的开发式扶贫工作。1987 年，中共十三大报告提出"在促进效率提高的前提下体现社会公平""以按劳分配为主体，其他分配方式为补充"的分配政策。1986—1991 年间，农业税金总额年均增长 16.9%。农民年均剪刀差负担达到 217 元。[①] 1986—1993 年，全国贫困人口由 1.31 亿人减少到 7500 万人，贫困发生率由 15.5% 下降到 8.6%，详见表 2-3。此阶段的扶贫政策以改革式扶贫和开发式扶贫为主，解决绝对贫困取得实质性成效。

（三）扶贫攻坚阶段（1994—2010 年）

1994 年 4 月 15 日，国务院印发《国家八七扶贫攻坚计划（1994—2000 年）》提出在 20 世纪内最后 7 年（从 1994 年到 2000 年），集中力量，基本解决全国农村 8000 万贫困人口的温饱问题。《国家八七扶贫攻坚计划》实施后，全国农村贫困人口降到 6500 万，贫困发生率降至 5.4%。1996 年，国家发布《关于尽快解决农村贫困人口温饱问题的决定》，提出充分发挥社会各界的力量，力争到 20 世纪末解决农村 8000 万贫困人口的温饱问题。2001 年，《中国农村扶贫开发纲要（2001—2010）》提出扶贫开发总的奋斗目标：尽快解决少数贫困人口温饱问题，进一步改善贫困地区的基本生产生活条件，巩固温饱成果，提高贫困人口的生活质量和综合素质，加强贫困乡村的基础设施建设，改善生态环境，逐步改变贫困地区经济、社会、文化的落后状况，为达到小康水平创造条件。1994—2002 年，全国贫困人口由 7000 万人下降至 2820 万人，贫困发生率由 7.7% 下降至 3.5%，详见表 2-3。1985 年，全国农村居民人均纯收入为 397.6 元 / 年，全国农村居民与贫困县农村居民收入之比 1.93∶1。2001 年，全国农村居民人均纯收入为 2366 元 / 年，是 1985 年的 5.95 倍，全国农村居民与贫困县农村居

---

① 王学文. 市场经济与农业农村农民问题［M］. 北京：中共中央学校出版社，1996.

民收入之比 1.85∶1，比 1985 年下降 0.8 个百分点，详见表 1–4。

表 1–4　1985—2001 全国农村居民与贫困县农村居民收入比较

单位：元 / 年

年份	全国农村居民人均纯收入	贫困县农村居民人均纯收入	全国农村居民与贫困县农村居民收入之比
1985	397.6	206	1.93∶1
2000	2253.4	1227	1.84∶1
2001	2366.0	1277	1.85∶1

资料来源：武力主编《中华人民共和国经济史》（增订版下卷），中国时代经济出版社，2010：1034

　　城市贫困治理方面，1990 年开始，国有企业改革、兼并、破产在全国范围铺开，以下岗职工为主的城市贫困问题突显。1993 年，党的十四届三中全会第一次提出了"效率优先、兼顾公平"的原则。1997 年党的十五大明确提出"把按劳分配和按生产要素分配结合起来，允许和鼓励资本、技术等生产要素参与收入分配"。1997 年 7 月亚洲金融风暴爆发导致 2000 万国企职工下岗失业。1998 年，国家实施积极财政政策和适当货币政策，保持了 7.8% 的经济增长。[①] 1999 年全国下岗职工达到 1100 万人，2001 年底为 742 万人。1989—2004 年，全国城市绝对贫困发生率由 67.9% 下降到19.8%，详见表 1–5。

表 1–5　1989—2004 年全国城市绝对贫困发生率状况

年份	1989	1991	1993	1997	2000	2004
贫困发生率（%）	67.9	55.2	45.3	34.7	22.9	19.8

资料来源：国家统计局网站数据整理

（四）精准扶贫阶段（2011—2020 年）

　　2011 年 5 月，《中国农村扶贫开发纲要（2011—2020）》明确提出尽快解决极少数贫困人口温饱问题，进一步改善贫困地区的基本生产生活条件，巩固温饱成果，提高贫困人口的生活质量和综合素质，加强贫困乡村的基础设施建设，改善生态环境，逐步改变贫困地区社会、经济、文化的落后状态，为达到小康水平创造条件。2013 年，国务院出台《关于印发"建立精准扶贫工作方案"的通知》标志中国农村扶贫进入了"精准扶贫"新时期。2014 年，中共中央、国务院制定《关于创新机制扎实推进农村

---

　　① 王东京. 坚持社会主义市场经济的正确方向［N］. 学习时报，2018–12–21.

扶贫开发工作的意见》。2015 年 11 月，中共中央、国务院出台《关于打赢脱贫攻坚战的决定》将精准扶贫的战略内涵精炼为"六个精准"[①]和"五个一批"[②]，提出到 2020年，稳定实现现行标准下农村贫困人口不愁吃、不愁穿，义务教育、基本医疗和住房安全有保障，确保农村贫困人口实现脱贫，贫困县全部摘帽，解决区域性整体贫困。2016 年，国务院印发《"十三五"脱贫攻坚规划》，明确提出了贫困地区发展和贫困人口脱贫的主要指标，除了收入指标外，还包括义务教育、住房等方面的指标。政府通过实施教育扶贫和产业扶贫等，全方位地为中国贫困人口的生存权与发展权提供了可靠保障。2017 年 10 月 18 日，党的十九大报告提出了全面建设社会主义现代化国家分两个阶段的战略安排。

根据《人类减贫的中国实践》白皮书数据，中国农村贫困人口从 2012 年底的9899 万人下降到 2020 年现行标准下的全部清零（详见表 1-6，图 1-1），贫困地区农村居民人均可支配收入从 2013 年的 6079 元增长到 2020 年的 12588 元（详见表 1-7，图 1-2）。2021 年 7 月 1 日，习近平总书记在庆祝中国共产党成立 100 周年大会上宣告全面建成小康社会，历史性地解决绝对贫困问题。

表 1-6　2012—2020 年中国农村贫困人口变化

单位：万人

年份	2012	2013	2014	2015	2016	2017	2018	2019	2020
农村贫困人口	9899	8249	7017	5575	4335	3046	1660	551	0

资料来源：《人类减贫的中国实践》白皮书

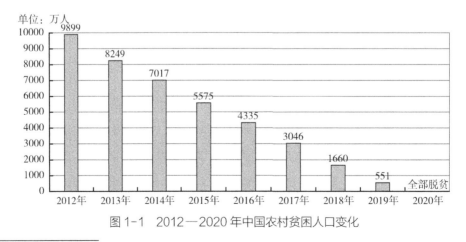

图 1-1　2012—2020 年中国农村贫困人口变化

① "六个精准"即扶持对象精准、项目安排精准、资金使用精准、措施到户精准、因村派人精准、脱贫成效精准。

② "五个一批"是指"谋划一批、签约一批、开工一批、投产一批，增资一批"五个阶段项目。

表 1-7　2012—2020 年贫困地区农村居民可支配收入变化

单位：元

年份	2013	2014	2015	2016	2017	2018	2019	2020
年可支配收入	6079	6852	7653	8452	9377	10371	11567	12588

资料来源：《人类减贫的中国实践》白皮书

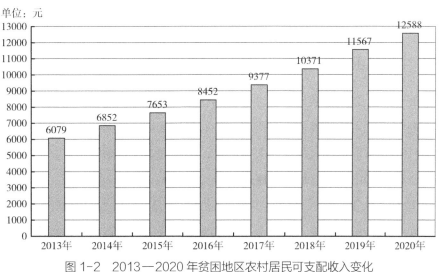

图 1-2　2013—2020 年贫困地区农村居民可支配收入变化

（五）相对贫困治理阶段（2021 年至今）

2016 年 3 月，习近平总书记在全国"两会"期间指出："相对贫困、相对落后、相对差距将长期存在。"2019 年 11 月，《中国共产党第十九届中央委员会第四次全体会议公报》提出"巩固脱贫攻坚成果，建立解决相对贫困的长效机制"。新时期扶贫工作重心由消除绝对贫困转向缓解相对贫困，扶贫工作方式由集中作战调整为常态推进。2020 年，中央一号文件进一步明确从绝对贫困治理转向相对贫困治理，构建常态化扶贫工作机制。《关于抓好"三农"领域重点工作确保如期实现全面小康的意见》指出，"加强解决相对贫困问题顶层设计，纳入实施乡村振兴战略统筹安排"。《2021 年度人力资源和社会保障事业发展统计公报》显示，全国 25 个有脱贫人口转移就业任务的省份已全部完成年度目标任务，脱贫劳动力务工总量达 3145 万人。2023 年，中央一号文件提出"抓监测帮扶落实""发展动力培育"和"帮扶政策完善"助力脱贫群众生活水平再度提升。

2020 年，中国全面完成绝对贫困人口治理任务，贫困人口发生结构性转变。相对贫困具有贫困人口的分散性、贫困状态的多维性、贫困治理的长期性和艰巨性特征。反贫困的目标从"保生存"到"保生存、促发展"再到"惠民生、促发展",体现了"利贫性"与"包容性"。① 相对贫困治理是一项长期的任务,是涉及经济、政治、文化、社会、生态各领域的系统工程。相对贫困治理面临减贫法律制度保障不足、非政府机构参与程度低、金融反贫困功能缺失等瓶颈。②

做好脱贫攻坚与乡村振兴两大战略的衔接成为相对贫困治理的现实背景,缓解相对贫困是一场复杂性与艰巨性的"持久战"。

三、中国贫困治理机制

中国的贫困治理是靠政府、社会和市场各方的合力持续推动系统治理工程。贫困治理的目标是实现可持续发展,最终消除绝对贫困和减少相对贫困。③ 集中统一的治理结构是中国扶贫取得巨大成效的关键因素,国家为解决贫困问题建立了一套政策和制度安排,形成了中国特色贫困治理理论。

(1)阶梯式扶贫理论。贫困是一个多维度的问题,针对不同的贫困程度和特点,采取不同的扶贫措施和政策。通过分析贫困现象的成因和特点,中国提出了"精确扶贫、稳定脱贫、可持续发展"的阶梯式扶贫模式,从救济式扶贫转变为开发资源,发展生产,提高贫困农户自我积累的开发式扶贫。④

(2)人本主义扶贫理论。强调以人为本,尊重贫困群体的权益和尊严。主张通过提高教育水平、培养技能、增加就业机会等方式,帮助贫困人口摆脱贫困,并提倡贫困人口参与决策、发表意见,促进社会公平和正义。

(3)区域协调发展理论。认为贫困是区域经济发展不平衡的结果,通过实施区域协调发展战略,解决区域之间的差距,推动贫困地区的经济发展,实现共同富裕。

实践中,中国形成了持续有效的要素投入,完善的制度设计与实施,绿色发展、生态富民,瞄准机制,退出机制和志智双扶机制等理论。⑤ 通过产业扶贫、易地扶贫搬迁、教育扶贫、科技扶贫、生态扶贫等模式构建了针对贫困户的多层次利益联结机

---

① 张汝立等. 中国城市贫弱群体政策研究 [M]. 北京:社会科学文献出版社,2018.

② 丁国峰. 欧美减贫立法实践对我国后脱贫时期减贫法治的启示 [J]. 国外社会科学,2021 (6):61-75+157-158.

③ 郑宇. 贫困治理的渐进平衡模式:基于中国经验的理论建构与检验 [J]. 中国社会科学,2022 (2):141-161+207.

④ 檀学文. 走向共同富裕的解决相对贫困思路研究 [J]. 中国农村经济,2020 (6):21-36.

⑤ 洪名勇,娄磊,龚丽娟. 中国特色贫困治理:制度基础与理论诠释 [J]. 山东大学学报(哲学社会科学版),2022 (2):23-37.

制，做到发展成果人民共享。①

（一）产业扶贫

发展产业作为脱贫致富最直接、最有效的办法，中国通过产业政策、财税政策、行业准入等经济和法律手段，支持和引导资金进入贫困地区的薄弱环节与高新技术产业。

（1）实施了大规模的农村发展计划，包括农业现代化、农村基础设施建设、教育和医疗改善等方面的投资，鼓励支持电商扶贫、光伏扶贫、旅游扶贫等新业态发展，促进经济发展方式转变。

（2）建立完善带贫机制，鼓励和带领贫困群众发展产业增收致富。鼓励农民参与农业产业化、发展乡村旅游等方式，推动农村经济的多元化发展，提高了农民的收入水平。

（3）通过开展产业扶贫和就业扶贫（如"一村一品"、乡村旅游、扶贫车间、"一二三"产业融合发展、扶贫产业园等形式）充分发挥闲置自然资本、人力资本和金融资本的作用，提高贫困人口持续增收能力。

（4）通过税收改革（如，2000年开始进行农业税试点改革，2006年免征农业税等），增加农民可支配收入，缩小收入差距。

（二）易地扶贫搬迁

易地扶贫是指对生活在自然环境恶劣、生存条件极差、自然灾害频发地区，很难实现就地脱贫的贫困人口，由政府出资迁移到生产生活条件比较好的地方。政府推出了一系列社会保障和扶贫项目（如新农合、农村危房改造、劳动力转移就业计划等）通过改善安置区的生产生活条件、调整经济结构和拓展增收渠道，帮助搬迁人口逐步脱贫致富。根据《人类减贫的中国实践》白皮书数据，截至2020年底，全国共对约960万建档立卡贫困人口实施了易地扶贫搬迁；累计建成集中安置区约3.5万个，建设安置住房266万余套，易地扶贫搬迁贫困人口中劳动力就业比例达到73.7%，搬迁贫困家庭中有劳动力家庭就业比例达到94.1%。易地扶贫搬迁不仅解决了近千万贫困群众"两不愁三保障"问题，而且从根本上阻断了贫困的代际传递。

（三）教育扶贫

为增强贫困户脱贫内生动力，政府针对深度贫困地区，实行有重点有针对性的教

---

① 胡锦涛. 在第五届亚太经合组织人力资源开发部长级会议上的致辞［J/OL］. 新华网，2010-9-16.

育脱贫攻坚。从中央到地方各级政府在学校布局、软硬件建设、师资力量提升、儿童营养改善、贫困学生救助等方面不断加大投入力度，持续提升贫困地区学校、学位、师资、资助等保障能力。

（1）在基础教育领域，1995年以来，国家相关部委组织实施了"国家贫困地区义务教育工程""雨露计划""春潮行动""技能脱贫千校行动""扫盲"及普及九年义务教育等扶贫策略，保障贫困适龄少年儿童基本受教育权。实施《中国儿童发展纲要（2011—2020年）》《国家贫困地区儿童发展规划（2014—2020年）》，对儿童教育和健康实施全过程保障和干预。

（2）高等教育领域，实施定向招生、学生就业、职教脱贫等倾斜政策，提高贫困人口接受高等教育的机会，保障高等教育入学机会平等。

（3）职业教育领域，大力支持农村贫困家庭新成长劳动力接受职业教育，提高其脱贫能力。2019年，国务院办公厅印发《职业技能提升行动方案（2019—2021年）》，面向农村贫困劳动力开展就业技能培训，为农村贫困人口提供免费职业指导、介绍等公共就业服务，促进他们进城务工和稳定就业。组织实施农民工职业技能提升计划，实施农民工等人员返乡创业培训、残疾人职业技能提升计划等，实现"教育培训一人，就业创业一人，脱贫致富一户"的目标。

（4）开展民族地区农村教师和青壮年农牧民国家通用语言文字培训，累计培训350万余人次，提升民族地区贫困人口就业能力。教育扶贫为贫困人口提供重要的获致性特征，从而脱离贫困。[1]

（四）科技扶贫

从1986年开始，政府适时提出科技扶贫的目标、措施和实施方法，并于1996年提出《1996—2000年全国科技扶贫规划纲要》明确科技扶贫的目标、措施和实施办法并加强对科技扶贫的政策指导。

（1）政府专项安排科技扶贫资金，用于优良品种和先进实用技术的引进、试验、示范、推广，以及科技培训等。

（2）贫困地区不通网的问题得到历史性解决，"互联网+"新业态新模式不断增强贫困地区的造血功能。各级政府依托农村电商平台，布局线上、线下农特产品销售网点，降低商品和服务交易成本，扩宽产品的销路。电子商务发展给农村地区带来的数

---

① 史志乐. 教育扶贫与社会分层：兼论阻断贫困代际传递的可能性［J］. 教育理论与实践，2019，39（4）：16-19.

字红利，对消除贫困和带动农村地区产业发展起到推动效应。

（3）动员大专院校、科研院所在贫困地区积极推广农业先进实用技术，组织科技人员到贫困地区挂职任教，组织科研单位到贫困乡、村宣传普及农业技术。

（4）网络扶智持续激发贫困群众自我发展的内生动力；远程医疗有效缓解贫困人口"看病难"问题。

（五）生态扶贫

生态脱贫是以习近平总书记的"两山理论"为基本出发点，生态扶贫是将生态保护与扶贫开发相结合的一种扶贫工作模式。通过实施重大生态工程建设、加大生态补偿力度、大力发展生态产业、创新生态扶贫方式等把增加经济收入与改善保护生态环境在内的国土整治结合起来，解决贫困人口生计模式。[①]

（1）生态保护与补偿扶贫，增加贫困人口政策性收入。

（2）绿色产业发展扶贫：主要通过绿色农业与旅游扶贫两种模式，转化资源效益，探索资产收益扶贫方式，带动区域内相对贫困群体增收，推进相对贫困区域可持续脱贫。

（3）绿色资源开发：以光伏产业为代表，提升可持续发展能力持续推动绿色减贫工程。

（4）设置生态公益岗位，贫困群众积极参与国土绿化、退耕还林还草等生态工程建设和森林、草原、湿地等生态系统保护修复工作，实现就业和环境保护的双重功能。

四、中国贫困治理的实践经验

中华人民共和国成立 70 多年来，中国共产党和中国政府高度重视减贫扶贫工作。特别是党的十八大以来，以习近平同志为核心的党中央，把贫困人口脱贫作为全面建成小康社会的底线任务和标志性指标，不断创新减贫方式方法，总结脱贫攻坚宝贵经验，推动了马克思主义反贫困理论中国化。

（一）坚持党的集中统一领导，为脱贫攻坚提供坚强政治和组织保证

党的十八大以来，以习近平同志为核心的党中央，把扶贫开发纳入国家总体发展战略。坚持政府主导，把党的政治优势、组织优势转化为贫困治理的优势。强化脱贫

---

① 郑长德. 减贫与发展（2019）：2020 年后的乡村振兴与贫困治理［M］. 北京：中国经济出版社，2019.

攻坚领导责任制，建立包括行政统筹机制、资金机制、扶贫干部队伍管理机制、村组织建设机制、考评和问责机制等。实行"中央统筹、省（自治区、直辖市）负总责、市（地）县抓落实"的工作机制，构建了"五级书记抓扶贫"[①]、层层落实责任制的治理格局。开展大规模专项扶贫行动，针对特定人群组织实施妇女儿童、残疾人、少数民族发展规划。[②] 按照贫困地区和贫困人口的具体情况，坚持推进精准脱贫，鼓励自主脱贫，实施了"五个一批"工程。[③]

（二）坚持以人民为中心的发展思想，坚定不移走共同富裕道路

确立"以人民为中心"作为贫困治理的根本价值遵循，确保各项政策好处落到扶贫对象身上，做到"六个精准"。

（1）产业发展和结构转型，十九届四中全会公报提出，将健全有利于更充分更高质量就业的促进机制，包括就业优先政策、公共就业服务、终身职业技能培训制度、重点群体就业支持、创业带动就业、多渠道灵活就业等。

（2）健全社保体系，建立城乡最低生活保障制度[④]，实现农村最低生活保障制度与扶贫政策有效衔接。对失去劳动能力、无法依靠产业扶持和就业帮助脱贫的贫困人口实现"应保尽保"。全国农村低保标准从 2012 年每人每年 2068 元提高到 2020 年 5962 元，提高了 188.3%。

（3）赋权，还权和惠农政策为减贫提供制度保障。注重解决教育、劳动就业、医疗卫生、养老、住房等民生问题。

（4）财政投入为减贫提供物质基础。2012—2020 年间，中央、省（自治区、直辖市）、市、县财政专项扶贫资金累计投入近 1.6 万亿元。扶贫再贷款累计发放 6688 亿元，金融精准扶贫贷款发放 9.2 万亿元。[⑤] 最大限度地发挥扶贫资金的使用效益，提高市场机制的益贫性。

（5）增强脱贫地区内生发展能力，建立农村低收入人口、欠发达地区帮扶长效机制，持续推进脱贫地区发展。

---

① "五级书记"即省（自治区、直辖市）、州（市）、县、乡（镇）、村五级书记。

② 习近平主席在 2015 减贫与发展高层论坛上的主旨演讲（全文）[EB/OL].（2015-10-6）[2023-8-1]. http://www.xinhuanet.com/politics/_1116851045.chtm.

③ "五个一批"工程即"发展生产脱贫一批、易地搬迁脱贫一批、生态补偿脱贫一批、发展教育脱贫一批、社会保障兜底一批"。

④ 左常升主编. 包容性发展与减贫 [M]. 北京：社会科学文献出版社，2013：37-45.

⑤ 中共国家乡村振兴局党组. 党领导脱贫攻坚工作的历史经验与启示 [J/OL]. 学习强国，2022-10-2.

（6）建立健全易返贫致贫人口动态监测预警和帮扶机制，实现巩固拓展脱贫攻坚成果同乡村振兴有效衔接。

（三）坚持中国特色社会主义制度的优势，形成脱贫攻坚共同行动

政府通过制定规划、制度与政策渐进性推动反贫困目标和战略的提升，构建了跨地区、跨部门、跨单位、全社会共同参与的社会扶贫体系，形成区域发展与扶贫开发的良性互动。

（1）强化东西部扶贫协作：推动东部地区职业院校对口支援贫困地区职业院校。推进食品加工、服装制造等劳动密集型产业梯度转移，增强了贫困地区经济发展动能。

（2）鼓励社会资本参与扶贫：支持企业在贫困地区开展生产经营活动，以增加就业机会和收入来源。鼓励社会资本参与基础设施建设、教育、医疗卫生等领域，改善贫困地区的基础条件和公共服务水平。开展"万企帮万村"行动，2015—2020 年累计组织动员 12.7 万家民营企业精准帮扶 13.91 万个村（其中贫困村 7.32 万个），带动和惠及贫困人口超过 1800 万人。

（3）构建多层次扶贫利益联结机制，通过金融、就业和电商扶贫等形式，充分发挥市场机制和社会力量的扶贫作用。

（四）坚持群众主体，激发脱贫内生动力增强可行能力

国务院扶贫开发领导小组要求各职能部门坚持"自力更生、艰苦奋斗""培育内生动力"原则，将公正、平等、能力和权利等发展的要素嵌入扶贫工作。

（1）创新帮扶机制、推动移风易俗、加强宣传教育等多种手段来帮助相对贫困群体树立勤劳致富的正确观念，破除脱贫内生动力不足障碍。

（2）推进扶志与扶智工作，为相对贫困群体提供技能培训、低息或无息贷款等支持，保障其在起始物质资产与人力资本方面的基本需求，破除脱贫的关键性门槛。

（3）改善基础设施和公共服务，增加贫困人口的市场可及性。重视农村产业发展和劳动力输出，培养弱势群体的社会参与及劳动参与的能力。

（4）培育自主脱贫能力，在扶贫制度中融入"扶勤"机制，通过产业奖补、劳务补助、劳动增收奖励等制度，将帮扶资源与贫困人口劳动投入联系起来。增加平均受教育年限、提高职业教育通识化水平，提高大龄劳动者就业技能和劳动力市场适应性。

（5）培育贫困耻感文化，营造公平正义的社会氛围。精神贫困是导致相对贫困的诱因，精神贫困始终是部分贫困群众主观上的首要根源。习近平总书记提出"治贫先治愚，扶贫先扶智。"通过公平的文化教育，破解"贫困代际传递""贫困心态""贫困文化"，减少对贫困人群的歧视（人身、政策、伦理上的平等），恢复与提高贫困人群的自尊、自立、自强精神，激发摆脱贫困的自主性与创造性。

五、中国贫困治理的全球贡献

（一）加速了世界减贫进程

贫困及其伴生的饥饿、疾病、社会冲突等一系列难题，严重阻碍人类对美好生活的追求。消除贫困是包括国际组织和各个国家在内的国际社会的共同愿景和目标。中华人民共和国成立以来，特别是改革开放以来，中国共产党团结和带领中国人民持续向贫困宣战。世界银行（1993 年）研究表明，中国取得的减贫效果归功于快速的经济发展，包括受过良好教育的健康人口、低生育率、高储蓄率和公平的土地分配制度、改革开放政策。[①] 按世界银行统计，1990—1998 年间，中国农村贫困人口从 2.8 亿人下降至 1.06 亿人，农村贫困人口占比下降了 19.8%，平均每年减少 0.212 亿人。而同期世界贫困人口增加了 0.65 亿，贫困人口占比仅下降了 1.9%，详见表 1-8。以 2010 年国家贫困标准计算，1978—2019 年，农村贫困发生率从 97.5% 下降到 0.6%，农村贫困人口从 7.7 亿下降到 550 万，减少近 7.65 亿。

表 1-8　中国农村与世界贫困人口数量比较

年份	1990		1998	
	贫困人口数量（亿人）	贫困人口比重（%）	贫困人口数量（亿人）	贫困人口比重（%）
中国农村	2.8	31.3	1.06	11.5
世界（不含中国）	9.16	28.1	9.81	26.2

资料来源：张瑞敏. 中国共产党反贫困实践研究（1978—2018）[M]. 北京：人民出版社，2019

党的十八大以来，在以习近平同志为核心的党中央坚强领导下，中国脱贫攻坚取得决定性成就，对世界减贫贡献率超过 70%。2018 年，世界银行发布的《中国系统性国别诊断》指出，中国在快速经济增长和减少贫困方面取得史无前例的成就。[②] 充

---

① 财政部、国务院发展研究中心与世界银行. 中国减贫四十年：驱动力量、借鉴意义和未来政策方向 [R]. 财政部，2022.

② 张远新. 中国贫困治理的世界贡献及世界意义 [J]. 红旗文稿，2020（22）：25-27.

分肯定了中国以可持续方式，实现消除极端贫困、促进共享繁荣双重目标的突出贡献。[①] 中国减贫的推动因素来自 GDP 增长、农业发展、区域扶贫开发、精准扶贫直接帮助贫困人口等方面。[②] 中国 GDP 从 1978 年的 3645 亿元增加到 2021 年 143670 亿元，GDP 增长率与贫困发生率变化速度接近。

（二）积极开展国际减贫合作，推进世界减贫事业

第二次世界大战结束以来，摆脱贫困一直是困扰全球发展和治理的突出难题。1960 年，相对富裕国家的平均收入约为相对贫困国家的 7 倍。1990 年开始，全球收入不平等现象开始加剧。1997 年，世界银行在《在变化世界中的国家》中提出"反贫困"是国家基本功能之一。2000 年联合国千年峰会上，191 个国家共同承诺为缓解全球贫困而努力。2015 年 9 月，联合国发布《2030 年可持续发展议程》提出包括了经济、社会和环境等方面 17 个可持续发展目标，提出到 "2030 年在全世界消除一切形式的贫困"的减贫目标。[③]

中国一直是世界减贫事业的积极倡导者和有力推动者。[④] 2015 年 10 月，习近平主席在"减贫与发展高层论坛"上发表"携手消除贫困　促进共同发展"主旨演讲，提出"共建一个没有贫困、共同发展的人类命运共同体"，加快全球减贫进程、加强减贫发展合作、实现多元自主可持续发展、改善国际发展环境的倡议。2016 年 9 月，中国发布《中国落实 2030 年可持续发展议程国别方案》全面部署了对《2030 年可持续发展议程》的落实工作。中国设立"中国—联合国和平与发展基金"和"南南合作援助基金"，在《中国与非洲联盟加强减贫合作纲要》《东亚减贫合作倡议》下扎实推进合作项目。积极向亚洲、非洲、拉丁美洲和加勒比地区、大洋洲的 69 个国家提供医疗援助，先后为 120 多个发展中国家落实千年发展目标提供帮助。[⑤]

中国不断深化共建"一带一路"同 2030 年可持续发展议程对接。根据世界银行报告，共建"一带一路"预计将帮助 760 万人摆脱极端贫困，3200 万人摆脱中度贫

---

① China Systematic Country Diagnostic towards a More Inclusive and Sustaiable Development［R］. World Bank Group, 2018：20–23.

② 汪三贵. 中国 40 年大规模减贫：推动力量与制度基础［J］. 中国人民大学学报，2018，32（6）：1–11.

③ 王小林. 新中国成立 70 年减贫经验及其对 2020 年后缓解相对贫困的价值［J］. 劳动经济研究，2019（6）：3–10.

④ 习近平主席在 2015 减贫与发展高层论坛上的主旨演讲（全文）［EB/OL］.（2015–10–6）［2023–8–1］. http://www.xinhuanet.com/politics/_1116851045.chtm.

⑤ 习近平主席在 2015 减贫与发展高层论坛上的主旨演讲（全文）［EB/OL］.（2015–10–6）［2023–8–1］. http://www.xinhuanet.com/politics/_1116851045.chtm.

困。中国还不断通过多、双边渠道帮助发展中国家提升能力建设，助力减贫国际合作。近年，中国在全球治理、金融贸易、区域安全等诸多领域提出人类命运共同体、共建"一带一路"倡议、全球发展倡议、全球安全倡议等新机制和新倡议，在支持全球共同发展的国际公共产品，为弥补世界和平赤字、发展赤字、安全赤字、治理赤字等方面贡献了中国智慧和中国力量。2021年9月，习近平主席在第76届联合国大会上提出全球发展倡议（GDI）旨在推动联合国2030年议程的落实。主要内容如下。

（1）强调消除贫困、促进经济增长、提高教育和健康水平、保护环境等方面的重要性，并提出了具体的行动计划和目标。

（2）强调各国加强在减贫、清洁能源、粮食安全、工业化、数字教育、可持续发展、数据开放共享等方面的合作伙伴关系建设，推动全球实现可持续发展目标。

（3）强调改善全球治理体系，各国政府应该加强可持续发展目标的执行力和能力建设，在国际事务中，应该坚持平等、互利、共赢的原则，以推动全球发展。

（4）呼吁国际社会关注发展中国家面临的紧迫问题，加强发展中国家的发展能力，以实现经济、社会和环境的协调发展，并消除贫困，推动全球共同发展。中国的全球倡议得到了包括联合国、各国政府、国际组织和非政府组织等国际社会的广泛支持。

（三）为发展中国家消除贫困提供中国经验

20世纪90年代，许多发展中国家在经济增长的同时，收入差距、不平等的广度和深度也在持续扩大，部分国家甚至出现贫困化增长。近年，由于全球性挑战如气候变化、环境污染、自然灾害等对可持续发展仍然构成威胁，由于关键产业停滞、粮食能源等大宗商品价格上涨、汇率贬值及外债飙升等因素部分发展中国家仍然面临贫富差距及贫困问题，有的甚至陷入了"越减越贫"的怪圈。原因在于：①缺乏落实可持续发展目标的经济、技术和人力资源；②存在政治、经济和社会方面的内外不平衡问题，阻碍了可持续发展目标的实现；③新冠疫情和俄乌冲突，加剧了世界各国发展的不均衡，部分刚脱贫的最不发达国家返贫风险加大。

中国作为世界上最大的发展中国家，从一个积贫积弱的农业国发展为全球第二大经济体。中国脱贫攻坚的理论结晶是马克思主义反贫困理论中国化最新成果，必须长期坚持并不断发展。习近平总书记关于贫困治理重要论述在国际价值层面，为全球贫困治理贡献了"中国智慧"。[①] 中国特色的减贫之路，丰富了"发展型国家"的内

---

① 姚金艳. 习近平总书记关于贫困治理重要论述的理论贡献与世界意义［J］. 重庆理工大学学报（社会科学），2022，36（9）：184-194.

涵。中国贫困治理经验为发展中国家走出"中等收入陷阱"提供可供参考借鉴的中国方案。

（四）推动世界人权事业健康发展

1948年12月10日，联合国大会通过第217A(Ⅱ)号决议并颁布《世界人权宣言》，强调"人人有权享受为维持他本人和家属的健康和福利所需的生活水准，包括食物、衣着、住房、医疗和必要的社会服务；在遭到失业、疾病、残废、守寡、衰老或在其他不能控制的情况下丧失谋生能力时，有权享受保障"。生存权是一切人权的基础。贫困阻碍了生存权的实现，是对人权的严重限制。消除贫困既是保障人权也是实现其他人权的前提和条件。消除贫困的根本途径是向穷人赋权，赋予人们经济自由，完善社会保障，获得公共资源、公共服务和参与社会事务的权利。

习近平总书记指出："消除贫困，自古以来就是人类梦寐以求的理想，是各国人民追求幸福生活的基本权利。"[1]《中国的减贫行动与人权进步》白皮书指出：以保障和改善民生为重点，促进社会公平正义。建立以权利公平、机会公平、规则公平为主要内容的社会公平保障体系，用法治保证人民平等参与、平等发展权利，使全体人民共享改革发展成果，实现共同富裕。《第十四个五年规划和2035年远景目标纲要》提出积极参与全球治理体系改革和建设。中国在减贫脱贫工作中始终遵循"生存权发展权是首要人权"的理念，经过多年探索实践，中国积累了通过减贫促进人权事业发展的成功经验，为贫困人口的发展权提供了切实保障。

第三节　全球相对贫困治理的经验与借鉴

一、全球相对贫困概况

（一）主要国家贫困率

贫困的识别建立在最低生活必需品标准基础上，用贫困线表示。贫困线（Poverty Line）指在一定时间、空间条件下，维持人们的基本生存所必需消费的物品或服务的最低费用。国际贫困线（International Poverty Line）是世界银行收集了33个国家（包括发展中国家和发达国家）的贫困线来确定可供全球贫困比较的贫困线。1981年开始

---

[1]　中共中央文献研究室. 十八大以来重要文献选编（中）[M]. 北京：中央文献出版社，2016.

对各发展中国家进行消费和收入贫困测算，1990 年世界银行制定的贫困线为，按照购买力平均价格计算，每人每天的生活支出低于 1.01 美元，2008 年为每人每天的生活支出低于 1.25 美元。根据世界银行 2015 年的报告，按照购买力平均价格计算，每人每天的生活支出低于 1.9 美元即为绝对贫困状态。2018 年世界银行在《贫困与共享繁荣：2018》报告中，针对中低收入和中高收入国家制定了 3.2 美元的中度贫困标准线和 5.5 美元的高贫困线并用社会贫困线（Social Poverty Line，SPL）来确定各个国家贫困线。[①] 2010—2018 年，按日均收入不足 1.9 美元与 3.2 美元国际贫困线标准计算的世界主要国家国际贫困率，如表 1-9。

表 1-9   2010—2018 年世界主要国家贫困率

序号	国家或地区	年份	1.9 美元标准	3.2 美元标准	序号	国家或地区	年份	1.9 美元标准	3.2 美元标准
1	中国	2016	0.5	5.4	21	哥斯达黎加	2018	1.5	3.7
2	阿尔巴尼亚	2018	1.3	8.2	22	科特迪瓦	2018	29.8	59.1
3	安哥拉	2018	51.8	73.2	23	克罗地亚	2017	0.5	1.1
4	阿根廷	2018	1.3	3.9	24	塞浦路斯	2017	/	0.1
5	荷兰	2017	0.2	0.3	25	捷克	2017	/	0.1
6	亚美尼亚	2018	1.4	9.4	26	丹麦	2017	0.1	0.2
7	澳大利亚	2010	0.3	0.7	27	吉布提	2018	17.0	39.8
8	奥地利	2017	0.3	0.4	28	多米尼加	2018	0.4	2.6
9	孟加拉国	2016	/	52.5	29	厄瓜多尔	2018	3.3	9.7
10	比利时	2018	14.5	0.2	30	埃及	2018	3.8	28.9
11	贝宁	2018	49.6	76.3	31	萨尔瓦多	2018	1.5	7.9
12	不丹	2018	1.5	12.2	32	爱沙尼亚	2017	0.3	0.5
13	玻利维亚	2018	4.5	10.5	33	埃塞俄比亚	2015	32.6	70.5
14	博茨瓦纳	2018	14.5	36.5	34	法国	2010	0.1	0.1
15	巴西	2018	4.4	9.1	35	加蓬	2018	/	11.2
16	保加利亚	2018	1.4	3.3	36	冈比亚	2015	10.3	38.4
17	加拿大	2018	0.2	0.5	37	格鲁吉亚	2018	4.5	15.5
18	佛得角	2018	3.4	15.4	38	加纳	2018	13.0	30.1
19	智利	2018	0.3	0.7	39	希腊	2018	0.9	1.6
20	哥伦比亚	2018	4.2	11.1	40	几内亚比绍	2010	68.4	85.4

① Dean Jolliffe，Espen Beer Prydz."Estimating International Poverty Lines from Comparable National Thresholds[R/ OL]. (2020-02-01) [2023-8-1]. http://documents.worldbank.org/curated/en/837051468184454513/pdf/WPS7606.pdf.

续表

序号	国家或地区	年份	1.9 美元标准	3.2 美元标准	序号	国家或地区	年份	1.9 美元标准	3.2 美元标准
41	洪都拉斯	2018	16.9	30.6	73	尼日利亚	2018	39.1	/
42	匈牙利	2017	0.6	1.2	74	挪威	2017	0.3	0.3
43	冰岛	2010	0.1	0.2	75	巴基斯坦	2015	4.0	35.1
44	印度尼西亚	2018	3.6	21.5	76	巴拿马	2018	1.7	5.2
45	伊朗	2018	0.3	2.7	77	巴拉圭	2018	1.4	5.8
46	爱尔兰	2016	0.1	0.4	78	秘鲁	2018	2.7	8.5
47	以色列	2017	0.2	0.7	79	菲律宾	2018	6.0	25.8
48	意大利	2016	1.4	1.8	80	波兰	2017	0.3	0.6
49	日本	2010	/	0.2	81	葡萄牙	2017	0.4	0.7
50	约旦	2010	0.1	2.0	82	罗马尼亚	2017	3.1	6.3
51	哈萨克斯坦	2016	/	0.3	83	俄罗斯	2018	/	0.4
52	肯尼亚	2018	37.1	66.5	84	卢旺达	2016	56.5	80.3
53	韩国	2010	0.5	0.7	85	圣卢西亚	2018	4.6	10.2
54	科索沃	2016	0.4	3.6	86	圣多美和普林西比	2018	35.6	65.4
55	吉尔吉斯斯坦	2018	0.6	10.9	87	塞尔维亚	2017	5.4	8.9
56	拉脱维亚	2017	0.8	1.5	88	塞拉利昂	2018	43.0	76.0
57	莱索托	2017	27.8	50.3	89	斯洛伐克	2017	1.3	1.8
58	利比里亚	2018	44.4	75.6	90	南非	2010	16.2	35.6
59	立陶宛	2017	1.0	1.5	91	西班牙	2017	0.7	1.1
60	卢森堡	2018	0.3	0.4	92	斯里兰卡	2016	0.9	10.8
61	前南马其顿	2016	4.6	9.0	93	瑞典	2017	0.2	0.3
62	马达加斯加	2010	78.2	91.2	94	塔吉克斯坦	2018	4.1	17.8
63	马拉维	2016	70.8	89.6	95	坦桑尼亚	2018	49.4	76.8
64	马耳他	2017	0.2	0.2	96	泰国	2018	/	0.5
65	毛里求斯	2018	0.2	2.2	97	多哥	2015	51.1	74.2
66	墨西哥	2018	1.7	6.5	98	汤加	2018	1.0	7.5
67	摩尔多瓦	2018	/	0.9	99	突尼斯	2015	0.2	3.0
68	蒙古	2018	0.5	5.2	100	土耳其	2018	/	1.4
69	黑山	2018	1.4	8.0	101	图瓦卢	2010	3.3	17.6
70	缅甸	2018	1.4	15.0	102	乌干达	2018	41.5	69.8
71	纳米比亚	2018	13.8	30.3	103	乌克兰	2018	/	0.4
72	尼泊尔	2010	15.0	50.8	104	英国	2016	0.2	0.3

续表

序号	国家或地区	年份	1.9 美元标准	3.2 美元标准	序号	国家或地区	年份	1.9 美元标准	3.2 美元标准
105	美国	2016	1.0	1.2	109	约旦河西岸和加沙	2016	0.8	4.5
106	乌拉圭	2018	0.1	0.4	110	赞比亚	2015	58.7	75.4
107	瓦努阿图	2010	13.2	39.4	111	津巴布韦	2018	33.9	61.0
108	越南	2018	1.9	6.8					

备注：1.9 美元标准代表日均收入不足 1.9 美元的贫困人口占总人口比重；3.2 美元标准代表日均收入不足 3.2 美元的贫困人口占总人口比重

资料来源：《2020 年国际统计年鉴》

（二）全球收入差距与财富差距

基尼系数（Gini Coefficient）是 20 世纪初意大利经济学家基尼，根据劳伦茨曲线所定义的用以衡量一个国家或地区居民收入差距，包括收入基尼系数和财富基尼系数。收入基尼系数是判断收入分配公平程度的指标，反映全部居民收入中不平等分配的收入占总收入的比重。基尼系数介于 0 ~ 1 之间，数字越接近 1，表明收入分配越趋向不平等。按照联合国有关组织规定：低于 0.2 为收入绝对平均；0.2 ~ 0.3 为收入比较平均；0.3 ~ 0.4 为收入相对合理；0.4 ~ 0.5 为收入差距较大；0.5 以上为收入悬殊。国际上通常把 0.4 作为收入分配差距的"警戒线"。2000—2018 年世界主要国家基尼系数如表 1-10，一般发达国家的收入基尼指数在 0.24 到 0.36 之间，美国偏高为 0.41。

表 1-10   2000—2018 年世界主要国家收入基尼系数

序号	国家或地区	年份	基尼系数	序号	国家或地区	年份	基尼系数
1	埃及	2017	0.32	12	马来西亚	2015	0.41
2	孟加拉	2016	0.32	13	蒙古	2018	0.33
3	柬埔寨	2012	0.31	14	缅甸	2017	0.31
4	印度	2011	0.36	15	巴基斯坦	2015	0.34
5	印度尼西亚	2018	0.38	16	菲律宾	2015	0.44
6	伊朗	2017	0.41	17	新加坡	2000	0.42
7	以色列	2016	0.39	18	斯里兰卡	2016	0.4
8	日本	2013	0.33	19	泰国	2018	0.36
9	哈萨克斯坦	2017	0.28	20	越南	2018	0.36
10	韩国	2012	0.32	21	尼日利亚	2018	0.35
11	老挝	2012	0.36	22	南非	2014	0.63

续表

序号	国家或地区	年份	基尼系数	序号	国家或地区	年份	基尼系数
23	加拿大	2017	0.33	32	意大利	2017	0.36
24	墨西哥	2018	0.45	33	荷兰	2017	0.29
25	美国	2016	0.41	34	波兰	2017	0.3
26	阿根廷	2018	0.45	35	俄罗斯	2018	0.38
27	巴西	2018	0.54	36	西班牙	2017	0.35
28	委内瑞拉	2006	0.47	37	土耳其	2018	0.42
29	捷克	2017	0.25	38	乌克兰	2018	0.26
30	法国	2017	0.32	39	英国	2016	0.35
31	德国	2016	0.32	40	澳大利亚	2014	0.34

资料来源:《2020 年国际统计年鉴》

　　财富基尼系数是测算居民财富集中和财富差距的指标,是社会不平等占有的那部分财富占社会总财富的比重。[1]财富基尼系数统计数据来自某地区的家庭总资产统计(包括居民家庭个人收入、金融资产、不动产和其他实物资产),用来定量测定家庭总资产分配差异程度。财富基尼系数小于 0.7 为贫富差距较低,大于 0.8 为贫富差距较大。根据瑞士信贷《全球财富报告 2021》数据,自 2000 年以来,巴西、俄罗斯、德国、美国财富基尼系数持续维持在 0.8 以上,财富悬殊较大;英国、法国、日本、意大利的财富基尼系数则保持在较低水平,详见表 1-11。2020 年虽然全球 GDP 出现负增长,但北美洲和欧洲的社会总财富分别增长 10.01% 和 9.83%;亚太地区(不含中国)和中国的社会财富总额分别增长 6.7% 和 6.1%;非洲财富总额仅增长 0.7%;印度和拉丁美洲财富总额出现负增长,详见表 1-12。

表 1-11　2000—2020 年英、美等国财富基尼系数变化

国家／年份	2000	2005	2010	2015	2019	2020
巴西	0.847	0.828	0.822	0.887	0.882	0.890
俄罗斯	0.847	0.872	0.900	0.895	0.873	0.878
德国	0.812	0.827	0.775	0.793	0.779	0.779
美国	0.806	0.811	0.840	0.849	0.851	0.850
英国	0.707	0.677	0.692	0.731	0.714	0.717
法国	0.697	0.670	0.699	0.700	0.699	0.700

① 何玉长. 当前我国居民财富基尼系数分析 [J]. 社会科学辑刊, 2017 (1): 50–57.

续表

国家 / 年份	2000	2005	2010	2015	2019	2020
意大利	0.601	0.599	0.630	0.671	0.664	0.665
日本	0.647	0.632	0.625	0.635	5.642	0.644
印度	0.747	0.810	0.821	0.833	0.820	0.823

资源来源：瑞士信贷《全球财富报告 2021》

表 1-12　2020 年全球家庭财富变化

地区	社会总财富	社会总财富变化		成人人均财富		债务变化	
	（万亿美元）	（万亿美元）	（%）	（美元）	（%）	（万美元）	（%）
非洲	0.004	0.036	0.7	7371	−2.1	−0.034	−8.5
亚太地区	75.277	4.694	6.7	60790	5	0.829	8.9
中国	74.884	4.246	6.1	67771	5.4	1.055	15.3
欧洲	103.213	9.179	9.83	174836	9.8	1.438	10.3
印度	12.833	−0.594	−4.4	14252	−6.1	−0.070	−5.8
拉丁美洲	10.872	−1.215	−10.1	34301	−11.4	−0.236	−17
北美洲	136.316	12.370	10.01	486930	9.1	0.812	4.7
世界	418.342	28.176	7.4	79952	6	3.794	7.5

资源来源：瑞士信贷《全球财富报告 2021》

（三）全球不平等

2015 年起，以托马斯·皮凯蒂（Thomas Piketty）为代表的学者们建立了世界不平等数据库（World Inequality Database），以资产负债表、住户调查数据、所得税缴纳记录、富豪数据等为依据，核算不同国家财富、收入、性别和生态不平等。[①]《2018 年世界不平等报告》指出，在 1980 年至 2016 年期间，全球收入每增长 1 美元，最贫困的 50% 人口只获得了 12 美分；而最富有的 1% 人口却获得了 27 美分。2016 年，大部分发达国家和一些新兴经济体（包括中国和印度）都存在收入不平等现象。2018 年 5 月 9 日，世界银行在《公平的进步？世界各国代际经济流动》指出，发展中国家的贫困人口一代代陷于由其出身所决定的贫困周期，因机会不均而无法向上攀登经济阶梯。

2020 年，全球在消除贫困、普及教育、防治疟疾和肺结核等传染病、提供清洁饮用水、改善贫民窟居住条件等方面取得积极进展。2000—2020 年，全球居住在贫

---

① Chancel L, Piketty T, Saez E et al. World Inequality Report 2022 ［R］. Paris：World Inequality Lab，2022.

民窟人口由 10 亿降至 8.89 亿人，大量贫困集聚仍具有降低贫困人口的收入、减少就业机会、撕裂城市社会和代际传递等危害。[①] 2020 年，联合国发布的《2020 年世界社会报告》称世界贫富差距和不平等状况等正在加剧并处于历史最坏水平，全球超过三分之二的人口生活在不平等加剧的国家里，对社会发展、经济增长、政治稳定都造成威胁。

2021 年 6 月，国际货币基金组织（IMF）称，从 2018 到 2021 年，经过三年贸易和金融全球化，全球不平等仍然非常明显。全球收入不平等现象加剧并成为"这个时代最明显的挑战"，发达经济体的贫富差距达到数十年来最大。国家间的不平等现象相对缩小，但发达国家和贫困国家间的人均收入差距增至两倍。《2022 年世界不平等报告》显示，2021 年全球成年人的平均收入为 23380 美元，净资产为 102600 美元。来自全球收入分配最高的 10% 的个人每年赚取 122100 美元，而来自全球收入分配最贫穷的 50% 的个人每年赚取 3920 美元，前者的年收入是后者的 31 倍之多。WID.world 数据显示，与收入相比，财富不平等更为明显。全球最富有的 10% 人群拥有 76% 的全球财富，其余 90% 人群拥有 24%；全球最富有的 1% 人群拥有 38% 全球财富，而收入最低的 50% 人群仅拥有 2%。说明，国家内部的不平等现象显著加剧，即便新兴国家经济发展强劲，但全球经济分布仍不平等。

（四）全球多维贫困

联合国开发计划署和牛津大学贫困与人类发展研究中心（OPHI）发布的《2020 年全球多维贫困指数（MPI）》指出，2020 年全球被纳入研究的 75 个国家中，有 13 亿人生活在多维贫困中，占全球总人的 22%。其中 67% 的多维贫困人口位于中等收入国家。2020 年，全球在消除贫困、普及教育、防治疟疾和肺结核等传染病、提供清洁饮用水、改善贫民窟居住条件等方面取得积极进展，特别是千年发展目标中的减贫目标基本完成，全球减贫事业取得重大积极进展。全球贫富差距已经由 18 世纪的国家内部地主贵族阶层与平民阶层之间的差距转向为国与国之间的贫富差距。《2021 年全球多维贫困指数（MPI）》指出调查覆盖的 109 个国家中，共有 11 亿人处于多维贫困状态，占其总人口的 18% 以上。近一半人是 18 岁以下的未成年人，近 85% 的人生活在撒哈拉以南非洲或南亚地区。大约 10 亿人因使用固体烹饪燃料而面临健康风险，10 亿人拥有卫生设施不足，10 亿人的住房不合标准。此外，大约 7.88

[①] 邵俊霖、翟天豪、罗茜. 城市贫困集聚治理的国际经验及其启示——以美国、日本、巴西、印度、墨西哥五国为例 [J]. 社会治理，2021（3）：47-56.

亿人生活在至少有一个营养不良者的家庭中。每天生活费不足 2.15 美元的人口估计已达 7.19 亿。

2022 年，联合国儿童基金会和世界银行发布的《根据国际贫困线的全球儿童货币贫困趋势》报告首次审视了儿童极端贫困趋势。2022 年，全球约有六分之一的儿童（3.33 亿）生活在极端贫困中（每天生活费不足 2.15 美元），尽管这一数字相比 2013 年的 3.83 亿下降了 13%，但新冠疫情造成的经济影响令过去三年的减贫进程停滞，脱贫儿童的数量比预期少了 3000 万。特别是由于人口的快速增长、有限的社会保护措施以及包括新冠疫情、冲突和气候灾害等挑战，撒哈拉以南非洲地区有 40% 的儿童生活在极端贫困中，占全球极端贫困儿童比重的 71.1%。儿童人口只占全球总人口的三分之一，但占极端贫困人口当中的比例却达到一半以上。儿童生活在极端贫困家庭（缺乏他们生存与发展所需的食物、卫生设施、住所、医疗保健和教育的家庭）可能性比成年人的两倍还多。最脆弱的儿童（如，那些生活在农村地区的儿童和生活在户主受教育程度低或者根本没有受过教育的家庭的儿童），受极端贫困的影响要大得多。按照目前的减贫速度，到 2030 年消除儿童极端贫困的可持续发展目标将无法实现。

二、主要国家相对贫困治理经验

（一）英国

英国政府采用收入（即依据前一年度全国家庭平均收入统计确定的中位数的 60% 得到次年的标准线）兼顾住房成本、能源贫困、用水贫困等其他维度衡量贫困。[①] 英国的贫困群体主要为工人阶级、老人和未成年人三类。1950 年以来，英国主要通过国家福利体系（包括养老保险体系、社会福利体系、社会服务系统），建立可持续生计框架并设计规划阶段性减贫目标，完善指标体系，准确识别多维贫困，保障经济增长，国民收入再分配等措施减少贫困。1996—2014 年，英国总人口、有子女的工人阶级、无子女的工人阶级、老人及未成年人的相对贫困率总体呈下降趋势但相对贫困的矛盾并未完全解决，详见表 1-13。[②]

[①] 程蹊，陈全功. 较高标准贫困线的确定：世界银行和美英澳的实践及启示 [J]. 贵州社会科学，2019（6）：141-148.

[②] 王志章，黄明珠. 英国反贫困的实践路径及经验启示 [J]. 广西社会科学，2017（9）：188-193.

表 1-13 1996—2014 年英国各类人群相对贫困率（扣除住房费用之后）

年份	1996—1997	2000—2001	2004—2005	2006—2007	2010—2011	2013—2014
全国总人口相对贫困率（%）	25.3	23.1	20.5	22.2	21.3	21
有子女的工人阶级（%）	26.6	24.7	23.0	25.2	24.3	24.3
无子女的工人阶级（%）	17.2	16.2	16.1	17.6	19.7	19.7
老年人（%）	29.1	25.9	17.6	18.9	14.2	14
未成年人（%）	34.1	31.1	28.4	30.5	27.3	28

资料来源：王志章，黄明珠《英国反贫困的实践路径及经验启示》

英国治贫的主要经验表现在以下几个方面。

（1）政府承担基本救济责任，通过立法发展济贫或救助制度。不断完善福利制度，实行济贫分类管理。英国对贫困者进行"有选择性"的区别对待，通过对贫困群体分类或贫困等级的分类等，科学合理、公平高效地帮助贫困人口摆脱贫困。

（2）注重教育与就业两大环节，对于贫困儿童及工人阶级产生巨大影响，提升贫困人口脱贫能力。在教育方面，英国政府逐步完善了初级教育免费的国民教育制度，设立"教育行动区"为贫困人口提供平等的受教育机会。在就业及技术培训方面，通过颁布《就业与就业培训法》等相关法律法规，建立就业服务、培训、指导体系。进入 21 世纪后，英国政府实行了更为灵活的补贴制度，实现"工作和福利的混合体"，激励劳动能力的低收入人群持续就业的意愿，促进脱贫。

（3）以社区为基础的区域反贫困政策。英国在工业化进程中，由于地理条件、产业结构等的影响，导致部分地域发展缓慢，贫困人口集中。政府通过实施"社区复兴运动"（包括解决低教育水平问题的"教育行动区"项目、改善健康不平等状况的"卫生行动区"项目等）以改善贫困社区教育、医疗等公共服务、改善贫困家庭住房，打造混合居住社区等，减少对贫困人口的社会排斥。

（4）发挥慈善机构作用，规范慈善行业制度。英国慈善组织涵盖社会福利、扶贫救济、宗教慈善、教育援助、医疗卫生等方面，英国政府通过颁布《慈善使用法》《慈善法》等法律制度为慈善组织管理与运行明晰制度，有利发挥了慈善组织在反贫困中的重要作用。

（二）美国

美国反贫困主要目标是减少城市为主的相对贫困人口。美国的相对贫困线由联邦政府确定，以绝对收入为基础、在家庭规模上增加 1 人以 0.3511 的权重加权，划定标准参考了基本生活必需品的获得以及家庭规模、教育水平、身体条件、精神状态、是否酗酒、是否吸毒等要素。美国人口调查局公布的贫困门槛线（Poverty Thresholds），根据满足消费者基本需要的最低收入确定，根据不同类型家庭满足食物和资源基本需求、家庭中 18 岁以下儿童的数量、不同地理位置的住房成本进行调整。将家庭总收入低于贫困线 50% 的家庭视为深度贫困家庭。美国联邦政府还使用贫困指导线或贫困指导线的一定比例（比如 125%、150% 或 185%）为适用标准出台一系列支持贫困人口的政策和项目。[①]

1964 年，约翰逊（Lyndon Baines Johnson）总统提出"向贫困宣战"（The War on Poverty），旨在消除贫困，实现机会平等，将美国建成人人都有机会进入主流社会，分享繁荣与和谐发展的"伟大社会"。美国于 20 世纪 30 年代建立了社会保障制度，60 年代通过了数百项涉及民权、税收、教育、医疗、就业、养老、消除种族歧视的政策，福利保障更多保障低收入人群（黑人、移民、单身母亲、老人、儿童、孕妇、伤残人员、贫困工薪群体等）。

（1）实行瞄准特定贫困群体，注重对贫困家庭儿童和青少年的人力资本投资。1997—2007 年，美国先后启动"美国梦"个人发展账户示范工程（American Dream Demonstrations）、新生儿设立儿童发展账户的"播种"（SEED）及"为了俄克拉荷马州儿童的播种"（SEED OK）政策实验。实施开端项目（Head Start）、针对 15 ~ 20 岁贫困青少年的工读项目和就业工作团等，分别面向学前教育、高等教育和职业教育。

（2）构建包括社会保险计划、公共救济计划等制度的联邦和州政府双层安全网体系。美国联邦安全网（Federal Safety Net）由 8 个联邦机构管理的 13 项保障计划（可退还税收补贴、补充营养援助、住房援助、补充保障收入、佩尔助学金、贫困家庭临时救助、儿童营养计划、工作培训、妇女、婴儿与儿童计划、低收入家庭能源援助、助信计划）共同构成。

（3）实施了区域专项开发政策。20 世纪 70 年代，《住房和社区发展法》（HCDA）颁布，政府开始推进邻里复兴计划，从人力资源培训、住房改善、环境保护、公共安全等方面改建贫民窟，提高受援地区自我发展能力。通过贷款、资助的方式，为社区中的贫困成员提供资金支持，帮助他们在社区建立和运营小商业和企业。

---

① 董晓波，袁媛，杨立雄，等. 英国贫困线发展研究［J］. 世界农业，2016（9）：174–178.

（4）实施各种类型的教育和就业培训项目，由外部支持来提高穷人的工作能力和在劳动力市场上的竞争力，将穷人从"食税者"转变为"纳税者"。

（5）注重市场机制，积极发展私人保险制度作为公共保障的有益补充。

（三）德国

德国是以高福利为特征的欧洲发达国家的代表。德国将因经济拮据而被社会"抛弃"的人群视为贫困人群。[①] 德国按欧盟标准，将居民可支配收入中位数的60%制订为贫困线。同时引入"就业程度很低的家庭"[②] 和"巨大的物质匮乏"[③] 两个判断标准，当出现其中一种或多种情况时，即可被视为"贫困"或"被社会排斥"。据《2018年德国贫困报告》，德国至少1379万人生活在贫困线之下。尽管国民经济呈正增长且失业率不断降低，但贫困人口却增加了，社会贫富差距越来越大。

德国相对贫困治理经验主要包括以下几点。

（1）最低工资标准。2014年起，德国联邦议会通过了最低工资法，对全德范围内的雇员最低工资进行了规定，最低工资标准明显提高低工资行业从业者的收入。

（2）保障体制五大支柱。失业保险、医疗保险、事故保险、退休保险、长期护理保险五大保险并行。实施儿童福利计划为贫困家庭提供儿童津贴、儿童保健和教育等服务。实施住房补贴计划为低收入家庭提供住房补贴，实施失业救济金计划为失业者提供一定的经济援助。

（3）老年贫困治理的措施。退休金为退休者提供一定的经济援助；长期护理保险对贫困老年人的护理，缓解退休老人因须支付昂贵护理费用而陷入贫困的问题。[④]

（四）墨西哥

墨西哥的贫困界定有经济水平，社会权利水平，区域情境三个维度。经济水平主要通过收入衡量，收入贫困线的测算是由基本食物支出和其他非食物支出决定的。[⑤]

---

① Dorothee Spannagel, JanBehringer, Sebastian Gechert et al. Soziale Ungleichheit: Ausmass［M］. Entwicklung, Folgen, WSI-Report, 2016（6）: 17.

② 就业程度很低的家庭：一个家庭中拥有劳动能力的家庭成员实际就业时间与理论上他们能够就业的时间之比少于20%的家庭。

③ "巨大的物质匮乏"包含9个参考指标：无法及时支付房租或日常账单，无法使房屋达到适宜的供暖温度，无法承担一定额度的意外支出，无法每两天内享用一顿肉食，鱼或与之等价的蔬菜，无法一年中在所居地以外的地方度假一周，家中没有私人汽车、彩电、电话，当以上情况出现4种及以上时，即可被视为巨大的物质匮乏。

④ 潘亚玲，杨阳. 德国"新贫困"问题研究［J］. 当代世界社会主义问题，2019（3）: 148-157.

⑤ 刘学东. 墨西哥土地制度改革成效评估：从贫困指数变化的视角［J］. 拉丁美洲研究，2015，37（6）: 3-8+55.

社会权利包括教育、住房质量和空间、医疗、社会保险、基本家庭服务和食物获取；区域情境包括社会融合和道路通达水平。全国的贫困水平由经济和社会权利方面的数据测算，区域情境只在区域内测量。1988—1994 年，墨西哥了实施全国团结互助贫困计划，重点改善贫困人口的住房条件。1990—2007 年贫民窟人口比例由 23.1% 降低至 14.4%，贫民区增长率基本得到控制。[①] 1997 年，墨西哥政府实施了世界上第一个有条件现金转移支付项目（Progresa），2002 年该项目已覆盖墨西哥 1/5 家庭，约 500 万户家庭。墨西哥反贫困政策体系主要由"繁荣计划"和"食品补充计划"两部分组成。"繁荣计划"主要发挥困难群众的自助脱贫意识与参与，鼓励依靠自身能力脱贫，涵盖饮食、健康、教育等领域，已覆盖超过 580 万个家庭，接近全国总人口的 60% 得到补助。繁荣计划资金采取各级政府共同投入机制，其中联邦、州、市投入比大致为 60%、20%、20%。[②] 此外，墨西哥政府还实施了住房补贴计划、医疗救助计划、教育补贴计划等一系列反贫困项目。

（五）哥伦比亚

哥伦比亚位于南美洲，属于发展中国家和中等收入国家。社会收入分配不平等现象突出，基尼指数居高不下，贫困水平在拉美国家中相对严重。哥伦比亚采用包括教育、儿童与青年、就业、健康、住房与公共服务 5 个维度 15 项调查指标。5 个维度各占 20% 的权重，各个维度下的指标也具有相同权重。如果一个人在 33% 的权重指标中处于被剥夺状态，那么他 / 她即被认定为贫困人口。[③]

近年来，通过政府制定、实施的扶贫政策，贫困问题有了显著改善。

（1）社会援助计划：2004 年开始实施"家庭行动"计划旨在通过提供现金、食品、住房、医疗等援助，向低收入家庭和青年提供现金转移和教育援助。截至 2022 年，该项目已经覆盖了超过 1.5 万个家庭。2010 年，哥伦比亚制定颁布实施了"2010—2014 年国家发展战略——共享繁荣战略"。目标在于增加就业、减少贫困、更加安全。

（2）就业与培训：哥伦比亚致力于促进就业机会和提供职业培训，以帮助贫困人口脱离贫困。政府通过创造有利于企业发展的环境和支持小微企业，鼓励经济增长和

---

① 邵俊霖，翟天豪，罗茜. 城市贫困集聚治理的国际经验及其启示——以美国、日本、巴西、印度、墨西哥五国为例 [J]. 社会治理，2021（3）：47–56.

② 柴梅，武增锋，江毅鸣. 注重发展　加强融合　部门统筹——墨西哥"繁荣计划"反贫困的新视角及对我国社会救助工作的启示 [J]. 中国民政，2015（1）：38–39.

③ 郭之天，陆汉文. 相对贫困的界定：国际经验与启示 [J]. 南京农业大学学报（社会科学版），2020，20（4）：100–111.

创造更多就业机会。

（3）医疗保障：哥伦比亚推出了全国性的医疗保健计划，为低收入家庭提供医疗和药物援助。此外，还建立了社会保险制度，以确保所有居民享有基本的医疗保障。

（4）农村发展：哥伦比亚的农村地区面临着更高的贫困率。为了解决这个问题，政府推出了一系列农村发展计划，包括改善基础设施、农业技术支持和市场准入等。此外，通过支持小农户组织和合作社，提高农民的生产能力和收入水平。

（5）社会参与和民主参与：哥伦比亚政府鼓励社会各界的积极参与和民主参与，以确保贫困人口的声音被听到并参与决策过程中。政府与非政府组织、社区和民间团体合作，共同制定和执行贫困治理政策。

（六）阿根廷

20世纪80年代，阿根廷国家统计局（INDEC）和联合国拉丁美洲和加勒比经济委员会（ECLAC）提出以五个维度的指标分析家庭贫困，任何家庭，只要满足上述任何一项指标，其所有家庭成员都被认定为贫困人口。如：家庭每个房间平均居住三人以上；住房处于危房状态；没有配备厕所；适龄儿童（6~12岁）没有接受教育；人均赡养超过4人且户主受教育水平不超过小学二年级。

阿根廷治贫经验主要表现在以下几个方面。

（1）阿根廷采取了一系列社会保障政策，包括现金转移计划和社会援助项目，旨在提供给予贫困人口基本收入和照顾。如2002年，阿根廷推出"帮助失业的当家做主的女性与男性计划"，主要向女性当家做主的家庭提供现金定向转移。作为回报，该女性需在小企业或社区工作，或接受教育与职业训练。

（2）阿根廷财政更注重再分配问题，每年用5%的政策预算，覆盖了200万人口，2002—2005年间，贫困率年均下降了1.35%。阿根廷加大了对教育的支持力度，并为贫困家庭提供教育补贴和援助。

（3）在就业机会方面，阿根廷通过鼓励外国直接投资和促进经济增长来创造更多就业机会。提供培训和技能提升计划，以帮助贫困人口获得更好的工作机会。

（4）农村发展方面，阿根廷致力于改善农村基础设施、农业发展和农民生产能力，以帮助农村地区人口实现可持续发展和脱贫。

（5）社会参与和合作方面，与社会各界建立伙伴关系，促进社会参与和合作是阿根廷贫困治理的一项重要举措。政府、非政府组织和民间社会共同努力，加强资源整合和信息共享，提高贫困人口的生活质量。

（七）印度

印度是一个两极分化和贫富悬殊现象严重的国家。20 世纪 60 年代起，印度经济增长，持续缩小与世界最富裕国家的人均收入差距。20 世纪 70 年代，印度贫困问题突出，贫困发生率超过 50%，政府提出"向贫困进军"战略，以大幅度降低印度的绝对贫困发生率。1980—2008 年，印度每日生活费用不足 1 美元的人口从 2.96 亿下降到 2.47 亿，贫困人口比例由 42% 下降到 21%。[①]

印度主要反贫困经验有以下几点。

（1）经济增长与社会保障并举。印度是第一个将包容性增长纳入国家发展战略的国家，印度在"十一五"（2007—2012）计划中提出包容性增长战略。

（2）贫困治理的重点在农村，将乡村发展作为反贫困的主要路径。强调减贫功能的就业政策，将以工代赈作为农村就业项目的核心，向农村贫困家庭创造就业机会。实施农村综合发展项目，通过向贫困农户、无地农户提供补助和贴息贷款，帮助他们发展种植业、畜牧业、小型非农产业和服务业以扩大收入来源。2006 年印度颁布《全国农村就业保障法案》以立法保障农村劳动力的就业权利。

（3）贫民窟治理政策，通过实施"尼赫鲁全国市区重建计划（2005 年）""拉吉城市住房工程计划（2011 年）"，设立担保基金、鼓励私营部门参与等形式，改善贫民居住环境、支持贫民持有住房产权。

（4）印度在贫困对象的识别和反贫困计划的执行方面，发挥非政府组织在对贫困对象进行认定及其经济状况核查中的作用。

三、全球相对贫困治理经验借鉴

（一）科学界定相对贫困标准、构建分类救助体系

国际上的普遍做法是以居民收入平均值或中位数的 30%～60% 作为相对贫困线，收入处于标准之下的个体被确定为相对贫困人口。如阿曼为居民收入中位数标准的40%，澳大利亚为 50%，欧盟国家为 60%，卢森堡为 50%[②]；拉丁美洲和加勒比地区一般为 50%，部分国家相对贫困线标准详见表 1-14。在欧盟范围内，将平均人口可支配收入中值的 60% 作为相对贫困门槛线。评估相对贫困风险率时，除明确收入水平外还要考察导致收入不平等背后的社会排斥、权利剥夺、违法犯罪、人际关系、工作

---

① 安格斯迪顿. 逃离不平等，财富健康及不平等的起源［M］. 北京：中信出版社，2014：135.

② 王党. 贫困线经典定义的百年演变：特质与内核［J］. 贵州社会科学，2017（1）：136-143.

压力等方面。按照欧盟关于共同体社会收入和生活水平统计（EU-SILC）的方法，当家庭出现"贫困风险""巨大的物质匮乏""劳动参与程度很低的家庭"中的一种或多种情况时，即可被视为"贫困"或"被社会排斥"。[①]

发达国家和地区针对家庭类型、特殊群体细分救助标准，实施分层求助。

确定贫困人口受益资格，提供有针对性的帮扶措施。贫困救助水平随着经济社会的发展而不断提高，以降低减贫政策的行政成本。

表 1-14 部分国家相对贫困线标准

国家或地区	衡量标准	主要内容
美国	美国健康与人类服务部贫困指导线（Poverty Guidelines），美国联邦政府以贫困指导线或贫困指导线的一定比例（比如125%、150%或185%）为适用标准出台一系列支持贫困人口的政策和项目[②]	贫困门槛（Poverty Threshold），即以农业部测算的基本食品消费成本为基数，乘以3倍，再根据家庭人口数、家庭中18岁以下儿童的数量、不同地理位置的住房成本等因素编制成阈值表，贫困阈值每年根据消费者物价指数进行调整
英国	1950年前，采用食品、衣服、住房基本需求的"购物篮子"来确定贫困线。1950年后，主要以收入，兼顾住房成本、能源贫困、用水贫困等维度的贫困状态	依据前一年度全国家庭平均收入统计确定的中位数的60%得到次年的标准线[③]
巴西	贫困线为最低工资的1/2，极端贫困线为最低工资的1/4	以满足一对夫妻与两个未成年子女的家庭基本生活需要为标准确定最低工资并根据物价调整
澳大利亚	澳大利亚官方贫困线（Henderson Poverty Line HPL）	以满足有两个儿童的四口之家基本需要的可支配收入为基准收入，家庭每周支出的57%为贫困线
德国	将居民可支配收入中位数的60%为贫困线，并引入"就业程度很低家庭"和"巨大的物质匮乏"两个判断标准：①就业程度很低的家庭：在一个家庭中拥有劳动能力的家庭成员实际就业时间与理论上他们能够就业的时间之比少于20%的家庭；②"巨大的物质匮乏"包含9个参考指标，出现4种及以上时，即可被视为巨大的物资匮乏	"巨大的物质匮乏"9个参考指标：无法及时支付房租或日常账单，无法使房屋达到适宜的供暖温度，无法承担一定额度的意外支出，无法每两天内享用一顿肉食、鱼食或与之等价的蔬菜，无法一年中在所居地以外的地方度假一周，家中没有私人汽车、彩电、电话

---

① 潘亚玲，杨阳. 德国"新贫困"问题研究［J］. 当代世界社会主义问题，2019（3）：148-157.

② 董晓波，袁媛，杨立雄，等. 英国贫困线展研究［J］. 世界农业，2016（9）：

③ 程蹊，陈全功. 较高标准贫困线的确定：世界银行和美英澳的实践及启示［J］. 贵州社会科学，2019（6）：141-148.

续表

国家或地区	衡量标准	主要内容
墨西哥	收入贫困线的测算是由基本食物支出和其他非食物支出决定的[1]。贫困的界定有经济水平，社会权利水平，区域情境三个维度[2]	经济水平主要通过收入衡量；社会权利包括教育、住房质量和空间、医疗、社会保险、基本家庭服务和食物获取；区域情境包括社会融合和道路通达水平
阿根廷	满足任何一项指标，其所有家庭成员都被认定为贫困人口	①家庭每个房间平均居住三人以上；②住房处于危房状态；③没有配备厕所；④适龄儿童（6~12岁）没有接受教育；⑤人均赡养超过4人且户主受教育水平不超过小学二年级
哥伦比亚	5个维度各占20%权重，各个维度下的指标也具有相同权重。如果一个人在33%的权重指标中处于被剥夺状态，即被认定为贫困人口	采用包括教育、儿童与青年、就业、健康、住房与公共服务5个维度15项调查指标
玻利维亚、智利、厄瓜多尔等	采用包括4个维度指标，如果一个人在33%的权重指标中处于被剥夺状态，即被认定为贫困人口	①满足最低住房标准的住房；②最低卫生条件的基本服务；③获得基本教育；④实现最低消费水平的经济能力

（二）通过立法确保对贫困群体的保护

发达国家和地区普遍颁布了社会福利法规，建立全方位的社会福利制度，提供普惠性的国民福利保障，成为救助贫困群体的第一道防线。同时建立政府监管机制，促使广大社会民众对国家和政府减贫立法及其实施过程进行全方位、全领域的监督，实现减贫治理的透明度和法治化。

（1）英国政府1601年制定了《伊丽莎白济贫法》，规定治安法官有权以教区为单位管理济贫事宜、征收济贫税及核发济贫费，让没有工作能力的人得到救济或赡养；为有劳动能力的人提供工作，以消减资产阶级革命与清教运动的爆发后出现的社会动荡与流民贫困。1834年，英国议会通过《济贫法（修正案）》（The Poor Law Amendment Act of 1834）在继续加强社会控制功能的同时奠定了现代社会救助立法的基础。1946年的《国民保险法》和1948年的《国民救助法》通过后，英国开始建设现代福利国家，用福利制度体系取代了济贫制度，逐步建成"从摇篮到坟墓"的社会福利制度体系。

（2）美国实施《社会保障法案》《失业保险法》《阿巴拉契亚地区开发法》《联邦

---

① 刘学东. 墨西哥土地制度改革成效评估：从贫困指数变化的视角 [J]. 拉丁美洲研究，2015，37（6）：3-8+55.

② 叶兴庆，殷浩栋. 发达国家和地区的减贫经验及启示 [J]. 西北师范大学学报（社会科学版），2020，57（4）：122-128.

受援区和受援社区法案》等，服务于社区和成员按"最大可行参与"的原则发展、引导和管理的反贫困计划。

（3）德国颁布了《疾病保险法》《事故保险法》及《养老保险法》《社会救助法》等多部法律，以解决经济的快速发展中的贫困问题。

（4）日本以《北海道开发法》为纲领，设立"北海道开发厅"协调各部门力量，实施了数十个综合开发或整治计划，通过阶段性开发全面推进北海道地区的产业振兴，奠定了减贫的经济基础。1969年，日本国会通过《同和对策事业特别措施法》，将解决部落歧视问题定为国策。

（三）以福利治理为重要手段

福利治理是治理贫困问题的重要手段。1968年，联合国第一届国际社会福利部长会议提出了"发展型社会福利"观点。1979年，联合国经济与社会理事会通过了"加强发展性社会福利政策活动方案"。[①] 20世纪90年代以来，西方国家在"补缺型—普惠型—发展型"福利政策演变历程中，把福利治理作为一种包容性减贫手段。发展型福利（Developmental Welfare）强调个人责任的重要性，鼓励个人在取得福利受益资格的同时履行个人职责。发展型福利摒弃传统福利国家"家长式"的单中心贫困治理模式，倡导在坚持政府作为福利第一责任人的前提下，建立政府、市场、社会、家庭、个人等多元主体协同共治的风险共担机制。发展型福利治理强调减贫治理的整体性、内生性、长效性和综合性，以提升贫困群体的长期发展性福利需求为核心，在满足社会边缘人群基本生存需求的情况下，将福利受益面扩散至全民，最终达到缓解相对贫困、缩小贫富差距的目标。

英美国家针对相对贫困治理中出现的"政府失灵""社会失灵""市场失灵""福利依赖""福利欺诈"以及"模糊责任"等社会问题，采取了"社会取向""政府取向""市场取向"到"综合社会取向"福利观。[②]

（1）通过福利均等化策略缩小城乡差距，赋予贫困农民发展权、选择权、决策权和收益权。维护弱势群体自身发展权利，激发他们自身可持续发展能力，引导其将乡土知识和创新技术相结合，使其成为社区治理的主人。

---

① 张全红，周强. 中国农村多维贫困的测度与反贫困政策研究［M］. 武汉：华中科技大学出版社，2018：198-206.

② 王卓，郭真华. 中国相对贫困长效治理机制构建研究——基于英美福利治理的反思［J］. 农村经济，2021，469（11）：35-44.

（2）福利制度中嵌入就业激励机制。政府加大人力资本投资，通过培训和教育提高劳动者就业能力，解决因教育缺乏产生的社会排斥问题。从 20 世纪 80 年代起，英国、德国、澳大利亚等经合组织国家及大部分欧洲国家推进了"福利到工作"制度及积极的劳动力市场项目（Active Labor Market Programs），鼓励或促使人们从依赖福利转向有偿工作，遏制贫困家庭对福利政策的依赖，避免高福利给政府带来高昂的财政支出而产生"福利陷阱"问题。如 2013 年，欧盟出台"社会投资一揽子计划"，聚焦投资儿童、投资青年、就业激励、投资健康以及确保预算充足可持续五方面，通过"预分配"的保障性政策提高竞争力，以防范社会风险避免贫困。[①]

（3）建立社会福利转移性收入制度，降低贫困发生率。社会福利转移性收入是指中央、州或地方机构单位提供的社会帮助，包括失业救济金、与家庭有关的福利、疾病和伤残津贴、与教育有关的福利、住房津贴、社会救助和其他福利性收入，养老金（退休金）和遗属养恤金不算在内。社会福利转移性收入使欧盟的贫困发生风险率下降 8.7%。[②]

（四）贫困治理中的"跨代干预"

传统的收入贫困和多维贫困是在"家庭人均"概念下被定义和度量的，但这种度量方式容易掩盖个体真实状态，尤其对儿童来讲，促进儿童发展和减贫的投入要素与成人存在显著差异。近年来，"跨代干预"取向在西方社会福利政策与服务体系中日益获得重视[③]。"跨代干预"改变了通常反贫困以成年人为中心的导向，倾向于关注儿童的需求以及协助父母及整个家庭摆脱贫困。解决儿童贫困问题，促进儿童全面发展，不仅有利于打破贫困的固化，冲破贫困代际传递的屏障，而且有利于缩小不同家庭、个体间的教育、健康等人力资本的差距，为全社会的发展提供根本动力。

"儿童发展账户"项目旨在通过津贴资助型的投资账户或储蓄账户，帮助和鼓励家庭为孩子长期发展积累资产财富。[④]"儿童发展账户"在美国、英国、新加坡及韩国等国家均已实施，详见表 1-15。"儿童发展账户"政策强化对于儿童以及家庭的共同

① 左停，李世雄，武晋. 国际社会保障减贫：模式比较与政策启示［J］. 国外社会科学，2020（6）：35-45.

② 唐丽霞，张一珂，陈枫. 贫困问题的国际测量方法及对中国的启示［J］. 国外社会科学，2020（6）：66-79.

③ 邓锁. 资产建设与跨代干预：以"儿童发展账户"项目为例［J］. 社会建设，2018，5（6）：24-35.

④ Sherraden, Michael. Assets and the Poor: A New American Welfare Policy. Armonk, N.Y: M.E. Sharpe, 1991; Sherraden, Michael, et al. International Child Development Accounts［M］. Encyclopedia of Social Work, 2018.

支持，具有降低教育分化、促进儿童的社会情绪发展、[①]提升儿童以及父母的教育期望等积极作用。[②]"儿童发展账户"为创造减少相对贫困的长效机制提供一个融合其他基本社会服务的切入点，有利于实现多元福利主体参与的社会服务整合，对儿童的身心发展具有促进作用。[③]

表 1-15　部分国家儿童发展账户实施情况

国家	年份	适用对象	账户管理方式	政府配套资金	使用范围方式
美国	1997	所有儿童	由州政府所有，指定婴儿为受益人	政府自动开设的账户，财政补助的第一笔资本金	用于政策指定用途，交学费等
英国	2003	2002 年 9 月 1 日至 2011 年 1 月 1 日出生的儿童	持有人年满 18 岁提取存款；如不提取，账户结余转移至免税的成人个人储蓄账户	首笔资助：出生后 250 英镑（低收入家庭 500 英镑）再次资助：年满 7 岁 250 英镑（低收入家庭 500 英镑）	教育、购买交通工具、付购房首付款及储蓄存款
新加坡	2001	所有 12 岁及以下的儿童	持有人年满 13 岁后，账户终止，账户结余转入"高等教育账户"；年满 31 岁后，高等教育账户的结余转移至公积金账户	3000 新加坡元起步存款；儿童满 13 岁之前，家长存入的款项将获得政府 1:1 配套补贴，直到达到规定的存款上限。在国家财政状况稳健时发放额外补贴	教育或医疗支出
韩国	2007	孤残儿童、福利系统内安置的儿童、中低收入家庭儿童	每个儿童名下有自存款账户与政府配套款账户两个账户	在每个月 3 万韩元的限额内，政府为自存款提供 1:1 配套	支付高等教育、职业培训、住房、创业、医疗、结婚等费用

20 世纪八九十年代，拉丁美洲国家启动了"有条件现金转移支付"（CCT）项目，旨在通过提供贫困家庭现金补贴和促进儿童人力资本积累来减少当期贫困、预防未来贫困，促进贫困人口获得基本公共服务。[④]项目具有多维视角精准识别贫困人口、综合制定现金补贴条件、合理设定现金转移支付的方式和接收人、监测受益家庭等特点。"有条件现金转移支付"项目的经济学理论依据在于：一是生命早期的人力资本

①　Glancy M, Beverly S G, Sherraden M, et al. Testing Universal Child Development Accounts: Financial Effects in a Large Social Experiment [J]. Social Service Review, 2016, 90（4）: 683-708.

②　Huang, Jin, Kim Y, et al. Material Hardship and Children's Social-emotional Development: Testing Mitigating Effects of Child Development Accounts in a Randomized Experiment. Child: Care [J]. Health and Development, 2017, 43（1）: 89-96.

③　黄进，邹莉，周玲. 以资产建设为平台整合社会服务：美国儿童发展账户的经验 [J]. 社会建设，2021（8）: 54-63.

④　左常升. 包容性发展与减贫 [M]. 北京：社会科学出版社，2013: 15-20.

投资回报率高于晚期，二是贫困家庭的有限理性将导致儿童人力资本投资不足，三是公共转移支付有助于纠正市场失灵[①]。根据世界银行发布数据，2016年全球63个国家（包括巴西、印度尼西亚、菲律宾、哥伦比亚等中等收入国家）实施大中型有条件现金转移支付项目，受益人口达到18296万人，详见表1-16。通过该类计划，拉美各国多维贫困状况皆有所改善。项目效果主要体现为，短期内显著促进家庭总消费水平，特别促进儿童的肉类蛋白等营养摄入以及提高女性在家庭中的议价能力。[②] 长期效果提高儿童的入学率、增加儿童的受教育年限，提高儿童成年后的就业参与率和收入。[③]

近年来，部分国家的CCT项目面临激励成效差或难以持续的危机。表现为项目在政策制定、预估、实施以及相关配套设施和服务方面仍面临挑战。[④] 项目覆盖面过广、超出财政可负担水平；项目设计上前置条件过于复杂、补贴梯度过于简单；存在较高的瞄准偏误同时伴随着负向劳动激励效应等。在帮助减贫的同时，也可能对家庭成年人的劳动供给产生负向溢出，进而导致贫困陷阱的出现。

表1-16   2016年全球实施有条件现金转移支付项目分布

地区	拉丁美洲	亚洲	非洲	欧洲	大洋洲	合计
国家数量（个）	20	16	21	5	1	63
受益人口（万人）	9953	6278	1909	156	1	18297

数据来源：*The State of Social Safety Nets 2018* 数据整理

综上，欧美国家主要通过构建综合评估体系、甄别有无劳动能力贫困者，完善社会福利制度，构建分类救助帮扶体系。[⑤] 各国通过社会福利缓贫、社会保险抑贫、社会救助扶贫以及劳动力市场项目益贫，加大教育投资和营养干预，提升贫困群体自身反贫困能力。实施差异化济贫政策，强化贫困地区经济开发，缓解区域发展差距。提

---

① 郑晓冬，上官霜月，陈典，等. 有条件现金转移支付与农村长期减贫：国际经验与中国实践［J］. 中国农村经济，2020（9）：124-144.

② Parker S W，P E Todd. Conditional Cash Transfers：The Case of Progresa/Oportunidades［J］. Journal of Economic Literature，2017，55（3）：866-915.

③ Araujo M C，M Bosch，N Schady. Can Cash Transfers Help Households Escape an Inter-Generational Poverty Trap?［M/OL］// The Economic of Poverty Traps. National Bureau of Economic Research，2017：357-382. http://www.nber.org/papers/w22670.

④ 吴孙沛璆，赵雪梅. 多维视角下的拉美贫困及扶贫政策［J］. 拉丁美洲研究，2016，38（3）：15-30，153-154.

⑤ 王卓，郭真华. 中国相对贫困长效治理机制构建研究——基于英美福利治理的反思［J］. 农村经济，2021（11）：35-44.

高人力资本水平是消除贫困的根本策略，德国、日本、加拿大、瑞典等发达国家普遍认为，通过完善教育、医疗、劳工等社会政策，保障贫困人口健康、教育权益，强化贫困群体内生动力和能力。[①]汇聚社会保障制度减贫合力，形成系统性减贫机制。[②]此外，欧美国家注重提升农民的幸福感，关注对相对贫困者内生动力的激发与培养，并采取心理干预措施防止心理贫困、精神贫困的发生。[③]

---

①　叶兴庆，殷浩栋. 发达国家和地区的减贫经验及启示 [J]. 西北师大学报（社会科学版），2020，57（4）：122-128.

②　左停，李世雄，武晋. 国际社会保障减贫：模式比较与政策启示 [J]. 国外社会科学，2020（6）：35-4.

③　赵迪，罗慧娟. 欧美国家农村相对贫困治理的经验与启示 [J]. 世界农业，2021，509（9）：12-23+67+122.

第二章

农业转移人口相对贫困现状、问题及特征

第一节 农业转移人口概况

一、规模与分布

根据《农民工监测调查报告》[①] 数据，2016—2021 年，全国农民工总量由 2.82 亿人增加到 2.93 亿人，跨省农民工总量维持在 7000 万以上、占外出农民工总量 40% 以上，详见表 2-1、图 2-1。

表 2-1 2016—2021 年农业转移人口规模与跨省就业数量

年份	2016	2017	2018	2019	2020	2021
规模（万人）	28171	28652	28836	29077	28560	29251
年度增量	424	481	184	241	−517	691
增速（%）	1.5	1.7	0.6	0.8	−1.8	2.4
跨省数量	7666	7675	7594	7508	7052	7130
跨省变化	−79	9	−81	−86	−456	78

资料来源：历年《农民工监测调查报告》

---

① 农民工监测调查反映全国农民工规模、流向、分布、就业、收入、生活和社会保障等情况，调查范围是全国 31 个省（自治区、直辖市）的农村地域，按照科学抽样方法在 31 个省（自治区、直辖市）的农村地区抽取约 8500 个村、8.5 万户作为调查样本。采用入户访问的形式，按季度进行调查。

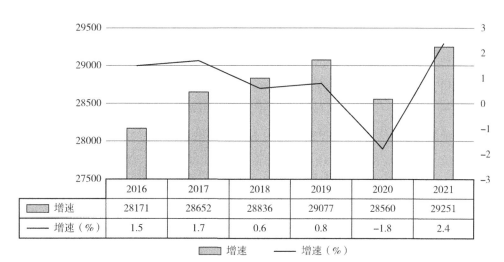

	2016	2017	2018	2019	2020	2021
增速	28171	28652	28836	29077	28560	29251
增速（%）	1.5	1.7	0.6	0.8	−1.8	2.4

图 2-1　2016—2021 年全国农民工规模与增速

二、流出与回流

从农民工输出地分析，[①] 以东部地区、中部地区为主，分别占农民工总量 35.96% 与 33.06%；西部地区占农民工总量的 27.6%，人数增长较平衡；东北地区输出农民工最少。从农民工输入地分析，流动方向呈现由相对欠发达的中西部向沿海东部地区集中，特别是长三角和珠三角一带。在东部地区就业的农民工占比 54.47%；在中、西部就业的农民工分别占比 21.3% 与 20.85%，在东北地区就业最少，仅占比 3.12%。农民工总规模扩张速度放缓，外出农民工增速继续回落，农民工流动半径逐步缩小，呈现出就近就业新发展趋势。劳动力要素由乡村到城市的单向流动模式发生重大变化，劳动力流动对经济增长的边际贡献已经出现递减趋势。[②]

农民工教育水平不高或专业技能不足，由于缺乏生活融入、心理融入、社区融入等方面的引导，他们难以在城市长期稳定就业、缺乏稳定住房保障，面临"回不去""留不下"的双重困境。在县域经济发展的"引力"和举家城镇化高昂成本的"推力"共同作用下，大量农村劳动力为规避失业和生活成本提高的风险，选择回到

---

① 东部地区：包括北京、天津、河北、上海、江苏、浙江、福建、山东、广东、海南 10 个省（直辖市）。中部地区：包括山西、安徽、江西、河南、湖北、湖南 6 省。西部地区：包括内蒙古、广西、重庆、四川、贵州、云南、西藏、陕西、甘肃、青海、宁夏、新疆 12 个省（自治区、直辖市）；东北地区辽宁、吉林、黑龙江 3 个省。

② 钱文荣，郑淋议. 构建城乡人口双向流动与融合的制度保障体系——从权利开放理论到村庄开放实践的分析线索［J］. 南方经济，2021（8）：24−34.

农村。2020 年农民工总规模比 2019 年减少 517 万人，主要劳务输出地农民工回流趋势明显，其中东部、中部、西部和东北地区输出的跨省农民工分别比 2019 年减少了 102 万、209 万、134 万和 11 万人，详见表 2-2。根据第七次全国人口普查 2021 年数据，2010—2021 年，户籍人口城镇化率由 34.2% 提高至 46.7%；户籍人口城镇化率与常住人口城镇化率的差距由 15.8% 上升为 18%，详见表 2-3。

中国家庭金融调查数据（CHFS）显示，2021 年农民工愿意在居住地落户的比例仅为 22.5%，较 2019 年下降 5.3%，其中跨省和县内流动农民工愿意在居住地落户的比例分别为 27.8% 和 21.6%，分别较 2019 年下降 3.1% 和 6.8%。在尚未完全放开落户限制的城市（300 万人口以上城市），跨省和县内流动农业转移人口愿意在居住地落户的比例分别为 28.2% 和 19.5%，较 2019 年分别下降 5.7% 和 12.5%，详见表 2-4。

农民工的城市融入本质上是个体决策、家庭约束与社会政策建构的结果，农民工城市居留意愿受到教育程度、婚姻状况、健康状况、家庭收入、住房属性、流动范围、流动时间、就业特征等影响。[①] 城市生活成本不断增加，加上针对农民工的教育、医疗等社会保障体系尚不健全，农民工进城意愿逐渐降低。[②]

表 2-2　2016—2021 年农民工输出与输入地区分布

单位：万人

	地区	2016	2017	2018	2019	2020	2021	合计	占比
输出地	东部地区	10400	10430	10410	10416	10124	10282	10343.67	35.96%
	中部地区	9279	9450	9538	9619	9447	9726	9509.83	33.06%
	西部地区	7563	7814	7918	8051	8034	8248	7938.00	27.6%
	东北地区	929	958	970	991	995	995	973.00	3.38%
	合计	28171	28652	28836	29077	28600	29251	28764.50	100%
输入地	东部地区	15960	15993	15808	15700	15132	15348	15656.83	54.47%
	中部地区	5746	5912	6051	6223	6227	6571	6121.67	21.3%
	西部地区	5484	5754	5993	6173	6279	6280	5993.83	20.85%
	东北地区	904	914	905	895	853	894	894.17	3.12%
	其他地区	77	79	79	86	69	68	76.33	0.26%
	合计	28171	28652	28836	29077	28560	29161	28742.83	100%

资料来源：历年《农民工监测调查报告》

---

① 汪然，杨玲. 工会参与对农民工城市居留意愿的影响效应研究［J］. 兰州学刊：2023（8）：1-12.

② 王记文，郑玉荣. 新时代中国农村劳动力转移的历史方位和路径选择［J］. 世界农业，2023（7）：28-39.

表 2-3　2010—2021 年中国流动人口、城镇化率

单位：亿人

年份	2010	2011	2012	2013	2014	2015	2016	2017	2018	2019	2020	2021
总人口数	13.41	13.47	13.54	13.61	13.68	13.75	13.83	13.90	13.95	14.00	14.10	14.13
城镇人口	6.70	6.91	7.12	7.31	7.49	7.71	7.93	8.13	8.31	8.48	9.02	9.14
流动人口	2.61	2.71	2.79	2.89	2.98	2.94	2.92	2.91	2.86	2.80	3.76	3.76
人户分离人口	2.21	2.3	2.36	2.45	2.53	2.47	2.45	2.44	2.41	2.36	2.38	2.55
常住人口城镇化率（%）	50	51.8	53.1	54.5	55.8	57.3	58.8	60.2	61.5	62.7	63.9	64.7
户籍人口城镇化率（%）	34.2	34.7	35.3	35.9	37.1	39.9	41.2	42.4	43.4	44.4	45.4	46.7
差距（%）	15.8	17.1	17.8	18.6	18.7	17.4	17.6	17.9	18.1	18.3	18.5	18.0

资料来源：历年"中华人民共和国国民经济和社会发展统计公报"和《中国人口年鉴》《中国人口就业统计年鉴2020》，第七次全国人口普查2021年数据

表 2-4　2019 年和 2021 年农业转移人口落户意愿比较

单位：%

年份	地区	县内流动	出县流动	市内跨县流动	省内跨市流动	跨省流动
2019	300万人口以下城市	27.7	22.2	20.5	21.3	25.7
	300万人口以上城市	32.0	28.9	15.6	28.4	33.9
	全国	28.4	25.9	19.0	26.0	30.9
2021	300万人口以下城市	21.5	24.2	19.2	30.3	25.0
	300万人口以上城市	19.5	26.5	17.3	27.8	28.2
	全国	21.6	25.9	19.3	28.6	27.8

资料来源：中国家庭金融调查（CHFS）

三、年龄、性别与婚姻构成

根据《2016—2021 年农民工监测调查报告》数据，从年龄结构看，受农村人口结构变化、各年龄段农村劳动力非农劳动参与程度提高。50 岁以上农民工占农民工总量的 23.52%，呈现逐年递增趋势。1980 年及以后出生的农民工占农民工总量的 51.08%。21～30 岁农民工占农民工总量的 24.15%，呈现逐年递减趋势，详见表 2-5。

表 2-5　2016—2021 年农民工年龄构成

单位：%

年龄	2016	2017	2018	2019	2020	2021	平均值
16—20 岁	3.3	2.6	2.4	2.0	1.6	1.6	2.25
21—30 岁	28.6	27.3	25.2	23.1	21.1	19.6	24.15
31—40 岁	22.0	22.5	24.5	25.5	26.7	27.0	24.70
41—50 岁	27.0	26.3	25.5	24.8	24.2	24.5	25.38
50 岁以上	19.1	21.3	22.4	24.6	26.4	27.3	23.52

资料来源：历年《农民工监测调查报告》

在全部农民工中，男性占 65.08%，女性占 34.97%。全国农民工总量由 28171 万人增加到 29251 万人，其中女性农民工由 9719 万人增加到 10501 万人，约占农民工总量的 35% 且年均增速达到 1.58%，女性农民工逐渐成为城市建设的主力军，详见表 2-6，图 2-2。因回乡生育和照看子女的家庭分工需要，30 岁以上的女性农民工比重明显低于 30 岁以下女性。在全部农民工中，有配偶的占 79.28%，未婚的占 17.88%，丧偶或离婚占比 2.34%，详见表 2-7。

表 2-6　2016—2021 年全国女性农民工规模与增速

单位：万人

年份	2016	2017	2018	2019	2020	2021	均值
总规模（万人）	28171	28652	28836	29077	28560	29251	28758
总增速（%）	1.5	1.7	0.6	0.8	−1.8	2.4	0.87
女性占比（%）	34.5	34.4	35.1	35.1	34.8	35.9	34.97
女性人数（万人）	9719	9856	10121	10206	9939	10501	10057
女性增速（%）	1.5	1.41	2.69	0.84	−2.62	5.66	1.58

资料来源：历年《农民工监测调查报告》

表 2-7　2016—2021 年农民工性别与婚姻状况

单位：%

类别		2016	2017	2018	2019	2020	2021	平均值
性别	男性	65.5	65.6	65.2	64.9	65.2	64.1	65.08
	女性	34.5	34.4	35.1	35.1	34.8	35.9	34.97
婚姻	未婚	19.8	19.8	17.2	16.7	17	16.8	17.88
	有配偶	77.9	77.8	79.7	80.2	79.9	80.2	79.28
	丧偶或离婚	2.3	2.4	3.1	3.1	3.1	3.0%	2.34

资料来源：历年《农民工监测调查报告》

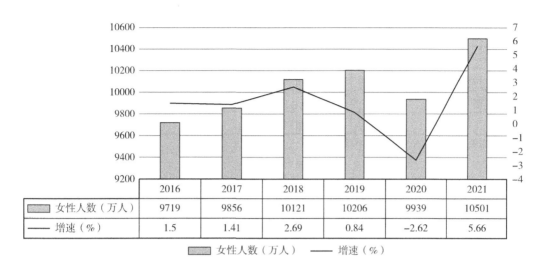

图 2-2　2016—2021 年全国女性农民工规模与增速

资料来源：历年《农民工监测调查报告》

第二节　农业转移人口相对贫困现状与问题

一、农业转移人口相对贫困现状

（一）收入贫困

根据《农民工监测调查报告》数据，进城农民工全部农民工月均收入从 2006 年的 2851 元增加至 2021 年的 4432 元，呈现逐年递增趋势，详见表 2-8。由于技能不匹配、教育水平较低等原因，农民工只能从事低技能、低薪酬的工作，收入较低，劳动力歧视导致农民工的就业权益经常受到侵害，在城市居民工资水平呈刚性增长的同时，农民工的工资几乎没有提高，农民工超时劳动却得不到报酬的现象很普遍。农民工与城镇居民的收入差距涉及地区差异、教育程度、职业类型等多个因素。

表 2-8　2016—2021 年分行业农民工月均收入

单位：元

月均收入	2016	2017	2018	2019	2020	2021	平均值
制造业	3275	3485	3732	3958	4096	4508	3842.33
建筑业	3233	3444	4209	4567	4699	5141	4215.50
批发和零售业	3687	3918	3263	3472	3532	3796	3611.33
交通运输仓储邮政业	2839	3048	4345	4667	4814	5151	4144.00

续表

月均收入	2016	2017	2018	2019	2020	2021	平均值
住宿餐饮业	3775	4048	3148	3289	3358	3638	3542.67
服务修理和其他服务业	2872	3019	3202	3337	3387	3710	3254.50
全行业	2851	3022	3721	3962	4072	4432	3676.67

资料来源：历年《农民工监测调查报告》

（二）就业歧视和不公平待遇

全面就业能力理论将就业能力定义为由外部环境和自身条件所决定的个体获取和实现就业转换的能力。"就业贫困"表现为从事低收入或临时工作所造成的失业后被迫接受低薪工作的人。

农民工缺乏充分的技术培训，人力资本提高相对有限，导致其职业流动主要体现为低层次的水平流动，职业地位改善程度相当有限。[1] 根据《农民工监测调查报告》数据[2]，2016—2021 年全部农民工就业以第二产业的为主，占农民工总量的 49.80%，第三产业的农民工比重为 49.77%，就业人数呈现逐年增加趋势。其中从事建筑业、交通运输仓储邮政业、制造业月均收入排名前三，详见表 2-9。

表 2-9　2016—2021 年全国农民工就业行业分布表

单位：%

类别	2016	2017	2018	2019	2020	2021	平均值
第一产业	0.4	0.5	0.4	0.4	0.4	0.5	0.43
第二产业	52.9	51.5	49.1	48.6	48.1	48.6	49.80
其中：制造业	30.5	29.9	27.9	27.4	27.3	27.1	28.35
建筑业	19.7	18.9	18.6	18.7	18.3	19.0	18.87
第三产业	46.7	48	50.5	51	51.5	50.9	49.77
其中：批发和零售业	12.3	12.3	12.1	12	12.2	12.1	12.17
交通运输仓储邮政业	6.4	6.6	6.6	6.9	6.9	6.9	6.72
住宿餐饮业	5.9	6.2	6.7	6.9	6.5	6.4	6.43
居民服务修理和其他服务业	11.1	11.3	12.2	12.3	12.4	11.8	11.85
其他	11.0	11.6	12.9	12.9	13.5	13.7	12.60

资料来源：历年《农民工监测调查报告》

---

① 李培林，田丰. 中国农民工社会融入的代际比较 [J]. 社会，2012，32（05）：1-24.

② 农民工市民化调查反映在农民工在城镇就业生活、居住状况和社会融合等基本情况，国家统计局在全国 31 个省（自治区、直辖市）的城镇地域抽取 4 万多户进城农民工样本，入户面访，每年 10 月开展一次性调查。

非正规就业是农民工在大城市就业的主要模式，由于较低的小时工资，非正规受雇农民工的贫困发生比率高出 25.6%。[①] 他们往往就业于劳动密集型企业，工作相对不稳定，安全保障程度低、工作环境恶劣等问题在短时间内仍难以得到彻底解决。

（1）信息不对称：他们往往无法及时获得有关岗位信息和劳动权益保障的信息，难以找到适合的工作机会。

（2）就业准入限制：部分城市和企业设置了就业准入限制（例如户籍限制、学历、专业技能要求等），农民工就业面临更大的困难。

（3）劳动权益缺乏保障：许多农民工与用工单位缺乏正式的劳动合同，或者合同内容不规范，导致其失业后难以维权。由于缺乏稳定的就业和合理的劳动关系，农民工在工作条件、工时和工资支付等方面容易受到不公平待遇。部分企业还滥用试用期制度，以低廉的工资试用农民工并很快辞退再招聘新人。此外，他们的工资支付也可能存在拖欠或支付不及时的情况。由于工作环境较为艰苦，他们更容易遭受工伤事故，但常常无法得到应有的赔偿。

（4）缺乏失业保险覆盖：大部分农民工没有参加失业保险或未满足相关条件，无法享受到失业保险金和其他福利待遇。当面临产业结构优化重组、经济下行等外部环境变化时，容易失去工作，导致收入减少而陷入贫困。

（5）缺乏职业培训和再就业支持：农民工失业后，难以适应新的工作环境和市场需求，再就业困难。

（三）文化贫困

文化贫困是指农民工在文化方面的相对贫乏状态，包括教育水平低、文化素养不足、缺乏艺术与文化体验、无法参与文化活动等情况。

1. 教育水平低

教育机会的不平等是导致贫富差距扩大的重要原因之一。由于农村教育资源的不足和家庭经济条件限制，许多农民工从小就面临接受教育的困境。他们多数没有机会接受高质量的教育，知识储备和技能水平相对较低，制约其增收能力，靠他们自身努力难以摆脱贫困状态。

根据《2016—2021年农民工监测调查报告》数据，全部农民工以初中学历为主，占农民工总量的56.87%；小学文化程度占14.23%，高中学历占比16.83%，大专及以

---

① 李振刚，张建宝. 正规与非正规：就业模式对农民工工作贫困的影响——来自八个城市的经验证据［J］. 北京工业大学学报（社会科学版），2020，20（6）：29-44.

上学历农民工占比仅为 11.70%，详见表 2-10。农业转移人口的人力资本水平不断提升，大专及以上学历农民工占比逐步提高。

表 2-10   2016—2021 年农民工学历构成

单位：%

学历	2016	2017	2018	2019	2020	2021	平均值
未上过学的	1.0	1.0	1.2	1.0	1.0	0.8	1.00
小学	13.2	13.0	15.5	15.3	14.7	13.7	14.23
初中	59.4	58.6	55.8	56	55.4	56.0	56.87
高中	17.0	17.1	16.6	16.6	16.7	17.0	16.83
大专及以上	9.4	10.3	10.9	14.8	12.2	12.6	11.70

资料来源：历年《农民工监测调查报告》

随着互联网推广及数字技术普及，以农民工为代表的低技能劳动者的就业空间受到严重冲击。[1] 技术偏向理论指出，互联网等数字技术使用对高技能群体产生互补效应，而对低技能群体产生替代效应。[2] 互联网使用工作任务趋向自动化、智能化，常规性、重复性的就业岗位大幅减少。互联网使用可能通过加剧过度劳动和降低相对收入而降低农民工的工作满意度。[3] 长期从事低端劳动密集型行业的农民工群体，特别是老一代农民工的数字技能水平低，存在"互联网使用能力鸿沟"，面临着失业、薪酬下降风险加大。

2. 文化素养不足

农民工可能缺乏广泛的文化知识和理解能力。他们可能没有接触到丰富的文学、艺术、音乐和其他文化领域的作品或活动，无法拓宽自己的视野和思维方式。为了解决农民工文化贫困问题，需要推动农村教育改革、提高农民工的文化素养，并创造更多的文化参与机会，使农民工能够享受到平等的文化权益，提升其生活质量和自我价值认同。

---

① 林龙飞，祝仲坤."稳就业"还是"毁就业"？数字经济对农民工高质量就业的影响 [J]. 南方经济，2022（12）：99-114.

② Autor D, Frank L, Richard M. Upstairs, downstairs: computers and skills on two floors of a large bank [J]. ILR Review, 2002, 55（3）：432-447.

③ 吴晶，周彩. 互联网使用对农民工工作满意度的影响及其机制——基于 CFPS 面板数据的实证研究 [J]. 湖南农业大学学报（社会科学版），2023，24（3）：65-74+91.

3. 缺乏艺术与文化体验

由于经济条件有限，农民工往往无法参与艺术展览、音乐会、戏剧演出等文化活动。他们可能没有机会欣赏和体验不同形式的艺术文化，无法培养艺术鉴赏能力和审美情趣。农民工常常在城市中从事劳动密集型的工作，时间和精力都被职业压力所占据。他们很少有机会参与社区文化活动、志愿者工作或其他社交活动，限制了他们与社会其他层面进行交流和融入的机会。农民工文化贫困不仅限制了农民工个人的发展和提升机会，而且可能加深城乡差距和社会分裂。

（四）住房贫困

住房贫困是一个相对的、基础性的、多维的住房概念。反映劳动者家庭相较于大多数家庭，因缺乏各项住房基本部件而处于不利的居住状况。[①] 中国城市行政级别、人口规模、产业结构、住房市场、房地产调控政策、购房落户政策等方面差异，个体支付能力不足，家庭财富代际累积不平等、住房政策负外部性等多种因素造成住房贫困。本研究中"住房贫困"属于相对贫困范畴，指农业转移家庭在住房数量、质量、权益方面相对于城市多数家庭而处于不利的状况。

根据《农民工监测调查报告》数据，进城农民工人均居住面积由2016年的19.4平方米提高2021年的21.7平方米，在不同规模城市的农民工人均居住面积均有增加，居住和生活设施得到改善，且农民工所在城市规模越小，人均居住面积越高，详见表2-11。2021年，进城农民工户居住条件继续改善，住房中有电冰箱、洗衣机、洗澡设施的分别占68.9%、70.8%、86.5%；有独用厕所的占71.7%；能上网的占95.6%，拥有汽车（包括经营用车）的占34.1%。目前，部分城市已将包括农民工在内的稳定就业的外来务工人员享受公租房保障。截至2020年6月底，包括农民工在内的891万稳定就业外来务工人员享受公租房保障，农民工居住条件逐步改善。总体上农民工购房比例逐年提升，在城市的归属感持续增强。

表2-11　2016—2021年按城市规模分的进城农民工人均居住面积

单位：平方米

城市规模	2016	2017	2018	2019	2020	2021	平均值
50万人以下	19.4	23.3	23.7	23.7	25.3	25.5	23.48
50万—100万人	19.4	20.7	21.2	20.9	22.6	22.3	21.18
100万—300万人	19.4	20.7	20.8	20.6	21.6	22.3	20.90

① 王子成，刘佳纯. 住房保障是否有助于缓解流动人口住房相对贫困？——基于中国劳动力动态调查的实证分析［J］. 劳动经济研究，2022，10（3）：44-71.

续表

城市规模	2016	2017	2018	2019	2020	2021	平均值
300万—500万人	19.4	19.3	19.4	19.7	20.3	20.4	19.75
500万人以上	19.4	15.7	15.9	16.5	16.9	17	16.90
全部农民工	19.4	19.94	20.2	20.28	21.34	21.7	20.48

资料来源：历年《农民工监测调查报告》

与同期城镇居民人均住房建筑面积对比分析（表2-12、图2-3）发现，农业转移家庭存在"住房贫困"问题。

（1）住房数量贫困：农民工与城镇居民的人均居住面积均逐年增加，但农民工的增速小于城镇居民，且农民工人均居住面积仅相当于城镇居民的53%左右。

（2）住房质量贫困：大量农业转移人口集中居住在"城中村"或城乡接合部等远郊地带，他们租住地下室、小产权房等居住条件较差的非正式住房，环境拥挤且"脏、乱、差"，设施不齐全。与主流社会的居住区隔，严重影响农业转移家庭的城市融入。这些恶劣的生活环境对他们的健康和生活质量都带来了负面影响。

（3）住房权利贫困：农业转移人口遭遇着住房市场三重排斥：租购房过程中被极高的房价收入比和房租收入比排斥；可获取住房保障（公租房和住房公积金）比例极低；城市更新拆除非正式住房带来的隐形排斥。[1] 他们现有居住方式包括单位提供的集体宿舍（包括建筑工棚）、自己租房、公租房、购买的经济适用房、购买共有产权房、自购商品房、居住亲戚家等，政府提供的保障性住房发挥作用有限。[2] 大多数农民工没有实力在城市购房，因而无法享受与房屋所有权相挂钩的教育、文化、医疗、卫生等市民权益与相应福利。

表2-12　农民工与城镇居民人均居住面积对比表

单位：平方米

类别 \ 年份	2016	2017	2018	2019	2020	2021	均值
农民工	19.4	19.94	20.2	20.28	21.34	21.7	20.48
城镇居民	36.6	36.9	39	39.8	38.6	41	38.65
占比（%）	53.01	54.04	51.79	50.95	55.28	52.93	53

资料来源：历年《农民工监测调查报告》，城乡与住房建设官网

---

[1]　吴宾，滕蕾. 农业转移人口住房排斥的生成逻辑及其消解策略［J］. 城市发展研究，2022，29（6）：125-132+140.

[2]　任荣荣，贺志浩. 多途径解决农业转移人口住房问题——基于2020年农民工问卷调查的分析［J］. 宏观经济管理，2022（4）：47-54.

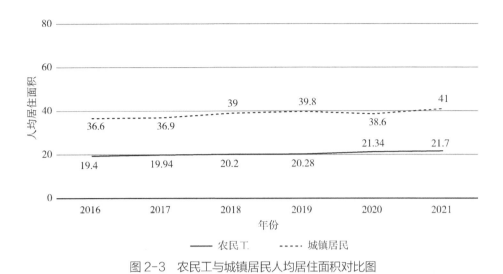

图 2-3　农民工与城镇居民人均居住面积对比图

（五）社会保障和福利缺失

农业转移人口融入城市面临的制度保障不足、融入基础较差、参与能力较弱、参与渠道狭窄、共享机制缺失、融入水平较低等困境。[①] 他们长期在城市工作居住，却尚未全面享有与当地居民同等的城镇基本公共服务，在个人融入企业、子女融入学校、家庭融入社区、群体融入社会等诸多方面还存在障碍，存在典型的"半城镇化"现象和数量庞大的"城镇化人群"。

杨穗等（2021）研究表明，中国居民的社会福利逐步提高，但城镇居民、农村居民和农民工群体之间的社会福利差距依然存在。[②] 周云波和黄云（2021）发现不同医疗制度的受益公平性（医疗服务利用、医疗费用报销比）存在差异，城镇职工基本医疗保险、城镇居民基本医疗保险显著改善了农民工的相对不平等，而新农合则加剧了农民工的相对不平等。[③] 卢小君（2021）证明城镇职工医保、城镇居民医保和城乡居民医保对减少农业转移人口的收入贫困、教育贫困及社会排斥贫困方面均有显著效果。[④] 祝仲坤（2021）指出基本医疗卫生服务均等化能有效地缩小农民工与城镇居民

① 朱正杰. 新时代下农业转移人口融入城市的路径思考——基于包容性发展视域 [J]. 农业经济，2022，418（2）：87-88.

② 杨穗，高琴，赵小漫. 新时代中国社会政策变化对收入分配和贫困的影响 [J]. 改革，2021（10）：57-71.

③ 周云波，黄云. 基本医疗保险制度能否改善农民工的相对不平等 [J]. 财经科学，2021，403（10）：84-97.

④ 卢小君. 医疗保险对农业转移人口多维贫困的减贫效应研究 [J]. 中国卫生事业管理，2021，38（6）：426-429+436.

之间的健康差距，提升农民工的生理和心理健康水平，避免他们"因病致贫"和"因病返贫"。

赵卫华（2022）研究发现，由于社会保障和基本公共服务不足，发展需求缺乏社会政策支持，农民工家庭形成了饮食支出"低水平—低比例"，住房、教育、医疗支出"高水平—高比例"的消费模式，导致基本物质生活相对贫困化。[①] 佟大建（2022）研究发现，以城市居民为参照系，健康医疗和社会保障两个维度的相对贫困是造成农民工相对贫困的主要原因。[②] 王大哲等（2022）研究表明基本医疗卫生服务和基本社会保险服务均等化对农民工相对贫困缓解作用较为突出。[③] 祝仲坤，冷晨昕（2023）证明流动人口在健康档案、健康教育等公共卫生服务存在户籍歧视。[④] 张楠（2023）研究表明：跨省流动人员面临卫生服务获得的隐性壁垒，基本公共卫生服务提质升级有助于流动人口摆脱相对贫困。[⑤]

（六）社会融入困难

社会融入指社会中某一特定人群，融入社会主流群体，与社会主流群体同等地获取经济社会资源，并在社会认知上去差异化的动态过程。[⑥] 社会融入在宏观层面体现出社会各个群体的融合程度，个体层面体现出个人的社会身份认同感和归属感。农业转移人口的社会融入包括身份转变、生活方式转变，更强调社会关系和社会互动方面的融入。[⑦] 城市社会结构和文化习俗与农村地区存在差异，农民工需要面对不同的文化环境和生活方式，社会融入和文化差异也可能导致农业转移人口被边缘化或排斥。

根据《农民工监测调查报告》数据，2017—2021 年，农民工在不同规模城市生活的归属感均有提高，已定居农民工中 80% 以上对所居住城镇高度认同。城市规模越大，农民工对所在城市的归属感越弱，对城市生活的适应难度越大。进城农民工认

---

① 赵卫华. 农民工家庭消费结构及对相对贫困治理的启示 [J]. 甘肃社会科学，2022（3）：188-197.
② 佟大建，张湖沿，应瑞瑶. 参照系替代、多维相对贫困与农民工城市永久迁移 [J]. 劳动经济研究，2022，10（1）：87-114.
③ 王大哲，朱红根，钱龙. 基本公共服务均等化能缓解农民工相对贫困吗? [J]. 中国农村经济，2022，452（8）：16-34.
④ 祝仲坤，冷晨昕. 城市公共卫生服务的户籍歧视：城乡之分抑或内外之别 [J]. 中国农村经济，2023（7）：81-99.
⑤ 张楠，杨琳，林志建，等. 基本公共卫生服务均衡可及与流动人口相对贫困治理 [J]. 财政研究，2023（7）：64-81.
⑥ 崔岩. 流动人口心理层面的社会融入和身份认同问题研究 [J]. 社会学研究，2012，27（5）：141-160+244.
⑦ 李培林，田丰. 中国农民工社会融入的代际比较 [J]. 社会，2012（5）：1-24.

为自己是所居住城市"本地人"的比例从 38% 提高到 41.5%，参加过所在社区活动的比例从 25.6% 提高到 30.4%，加入工会组织的占已就业农民工的比重从 11.2% 提高到 14.5%，详见表 2-13。进城农民工参加所在社区、工会组织的活动更加积极，参加人大代表选举比例逐年增加，依靠政府和法律维权的意识逐步增强。

表 2-13　进城农民工在居住城市的社会融入情况

单位：%

年份	2017	2018	2019	2020	2021
认为自己是所居住城市"本地人"占比	38	38	40	41.4	41.5
参加过所在社区活动占比	25.6	26.5	27.6	29.3	30.4
已加入工会组织的占比	11.2	9.8	13.4	14.3	14.5

资料来源：历年《农民工监测调查报告》

农民工的社会权利是指保障其在社会立足并谋求发展的权利，如居住权利、社会保障权利、迁徙权利等。农民工很少参加社区组织活动，获得职业信息和资源的机会及社会资本质量处于较低水平，导致子女缺乏获取平等收入的机会。[①]农民工身处城市次级劳动力市场，其劳动权益保障明显不足。工会是维护劳动者合法劳动权益、促进和谐劳资关系的重要组织保障，加入工会组织是农民工就业能力的体现。工会参与对农民工城市居留意愿有显著正向影响，[②] 2021 年，进城农民工中仅 14.5% 的人加入工会组织，30.4% 的人参加过所在社区组织活动。由于城乡分离户籍制度的存在，农民工缺乏表达自己利益诉求的渠道有限，同时也欠缺维护合法权益的政治渠道。他们在城镇中缺少"话语权"，对如何有效表述自身建议和诉求也缺乏认知。[③]

二、不同类型农业转移人口相对贫困问题

（一）女性农民工相对贫困

相比男性农民工，女性农民工面临以下问题：

（1）劳动权益，她们在工作中常面临较低的薪资待遇和不稳定的就业环境，部分甚至遭受性别歧视、性骚扰和虐待等问题。

---

① 诸萍. 从绝对贫困到相对贫困：农业转移人口的贫困问题研究——基于国内文献的综述 [J]. 中共宁波市委党校学报，2021，43（1）：120-128.

② 汪然、杨玲. 工会参与对农民工城市居留意愿的影响效应研究 [J]. 兰州学刊，2023（8）：1-12.

③ 王涛. 新型城镇化视角下农民工市民化现状及成本分担机制研究 [J]. 农业经济，2023（4）：71-74.

（2）就业条件，可能面临恶劣的工作环境，如长时间劳动、重体力劳动、没有适当的劳动保护措施等，面临健康受损和工伤风险。

（3）家庭角色冲突，在工作和家庭之间往往面临角色冲突，增加了心理和生活上的压力。

（4）婚姻与家庭问题，由于长时间工作在外，她们面临与家人分离、感情背叛、家庭破裂等问题。

（5）教育和培训机会，她们教育水平普遍较低又缺乏获得职业培训和技能提升的机会，就业选择和个人发展受到限制。

（二）老年农民工相对贫困

相比城市老年人，老年农民工相对贫困问题。①社会保障不完善，如面临制度性保障不健全和机制性保障不完善，以及养老保障性别和城乡差异等问题；②缺乏子女照顾，如农村老龄人口普遍面临子女外出打工或迁往城市等情况，老年农民工在医疗、生活照料等方面缺乏合适的支持和照顾；③健康问题，如老年农民工因长期从事体力劳动面临的健康问题，缺乏健康管理、慢性病高发，以及心理健康方面代际回馈断裂，缺少心理关怀的问题。由于医疗资源有限和经济负担重，他们无法获得及时、质量较高的医疗服务；④社会融入困难，如老年农民工在城市工作期间可能未能充分融入城市社会，缺乏相应的社交网络和支持系统。

（三）新生代农民工相对贫困

相比城市居民，新生代农民工相对贫困，他们面临以下问题：①工资低与就业不稳定，青年农民工通常从事一些体力劳动或低技能工作，无法获得与城市居民相等的收入水平，由于职业技能有限，青年农民工往往陷入低收入和不稳定的就业状态。②缺乏社会保障，青年农民工往往缺乏完善的社会保障，特别是医疗保险、失业保险等。在面临意外事件或疾病时，缺乏相应的社会保障可能使他们陷入贫困。③教育限制，一些青年农民工可能由于贫困家庭的原因，无法接受良好的教育。他们没有机会获得高等教育或职业培训，限制了他们的职业发展和收入提高的机会。④住房与婚姻问题，受城市区位、户口、制度因素影响，新生代农民工的住房获得存在较大的区位和制度壁垒，抑制了其奋斗的梦想。高房价对新生代农民工的地区间流动的排斥效应、对其创新创业的挤出效应。

（四）农民工子女相对贫困

农民工子女贫困已从显性单维收入贫困演变为隐性多维相对贫困，女童、留守儿童以及多兄弟姐妹的儿童处于更为严重的多维相对贫困，其中参与、教育、生存和保护维度的贫困发生率较高。[1] 难以接受良好的教育和农民工自身职业教育的缺乏，已严重影响到农民工及其子女的发展能力。[2]

近年来，农业转移人口以家庭迁移取代过去个体的流动，随迁子女数量呈逐年增长的趋势。第七次全国人口普查数据显示，2020 年，中国流动人口有 3.76 亿人，其中流动人口子女约 1.3 亿人，超过中国儿童总数的 40%。农民工子女在城市流入地受教育成为一个不容忽视的教育问题和社会问题。根据《农民工监测调查报告》数据，2017—2021 年，农民工子女中 3~5 岁随迁儿童入园率提高，义务教育阶段随迁儿童主要在流入地公办学校或政府购买学位学校就读比例高达 80% 以上，详见表 2-14。

表 2-14　2017—2021 年农民工子女教育

单位：%

年龄	类别	2017	2018	2019	2020	2021	平均值
3~5 岁	入园率	83.3	83.5	85.8	86.1	88.2	85.38
	公办或普惠性民办幼儿园	60.5	61.2	60.9	66.1	61.6	62.06
九年义务教育	入学率	98.7	98.9	99.5	99.4	99.6	99.22
小学	公办学校	82.2	82.2	83.4	81.5	84.4	82.74
	政府支持民办学校	10.8	11.6	11.9	12.4	10.5	11.44
中学	公办学校	85.9	84.1	85.2	87.0	88.2	86.08
	政府支持民办学校	9.7	10	8.8	7.1	7.3	8.58

资料来源：历年《农民工监测调查报告》

虽然农民工子女可以在流入地享受部分阶段的基础教育，但该公共服务仍有许多限制条件。农民工家庭主要面临着子女没人照顾、就读学校师资条件不好、本地升学难、就读费用高、就读高中难等问题。

1.随迁儿童相对贫困

相比城市儿童，随迁儿童由于缺乏稳定的居住和户口，常常面临教育、医疗、社会保障等方面的困境，容易陷入相对贫困状态。

（1）教育问题：由于家庭经济困难和文化差异，他们面临学籍难以落地、入学难、教育资源相对匮乏等问题，造成学业上的困境。

---

① 王卓，郭真华. 儿童相对贫困的标准建构与多维测度——基于 2021 年四川凉山州的专题调查［J］. 农村经济，2022（8）：1-11.

② 王雨林. 对农民工权利贫困问题的研究［J］. 青年研究，2004（9）：1-7.

（2）城市生活适应问题：他们经历了从乡村到城市的环境变化，面临适应新环境的挑战（生活方式、人际关系、文化差异等方面）和生活方式的困难，会感到孤独、焦虑或排外。

（3）社会融入问题：他们在城市中常常被边缘化，与当地城市儿童之间存在差距和隔阂。随迁儿童的营养状况、亲子关系、认知能力和学习成绩、非认知能力等均相对较弱。[①]

（4）心理健康问题：他们容易出现焦虑、抑郁、自卑等心理健康问题，缺乏家庭支持和心理咨询资源，无法及时得到必要的帮助。

（5）社会保障问题：由于父母或亲属的就业不稳定，农民工的子女教育和医疗保障往往受到限制。他们往往无法享受城市公立学校和医疗机构的服务，健康和教育存在不确定性和风险。

2. 留守儿童相对贫困

相比随迁儿童，留守儿童相对生活满意度的认知和对积极情感的体验更低，对消极情感的体验更高；在资金、照顾性服务和保护性服务方面获得的福利更低。[②] 留守儿童贫困代际传递的内在机理主要是以收入差距为基础、以教育水平为拐点、以能力高低为展现，并深受公共服务水平的影响。[③]

（1）父母缺席与隔代抚育模式：隔代抚育模式对农村留守儿童人际交往社会化以及情绪社会化具有显著的影响，不利于其社会化的发展。[④]

（2）心理健康与犯罪问题：长期分离和缺乏家庭关爱可能对留守儿童的心理健康产生负面影响。他们可能感到孤独、焦虑、失落，甚至出现抑郁等心理问题。

（3）教育问题：由于缺乏父母的陪伴和关爱，没有家长足够的监督和支持，他们可能面临学业上的困难。我国经济、社会以及城乡发展的不平衡，留守儿童教育及治理面临多重困境。

（4）社交问题：由于缺乏家庭环境的支持和社交机会，他们可能会感到孤立，无

---

① 钱雪飞，周思敏，卢楠. 城城迁移对随迁儿童福祉的影响效应——基于中国教育追踪调查数据的分析 [J]. 当代青年研究，2022（6）：78-86+116.

② 袁书华，邢占军. 农村留守儿童社会福利与主观幸福感的关系研究 [J]. 中国特殊教育，2017（9）：9-14.

③ 徐芳. 推进乡村振兴有效阻断农村留守儿童贫困代际传递 [J]. 理论研究，2020（4）：69-74.

④ 江采玉，贾勇宏. 隔代抚育对农村留守儿童社会化的影响研究——基于中国教育追踪调查2013—2014学年基线数据 [J]. 云南农业大学学报（社会科学版），2022，16（6）：28-35.

法建立健康的人际关系。

综上，从代际关联的维度，减少相对贫困和贫困的代际传递，需要构建解决贫困家庭子女在就业、健康、教育、心理和行为方面长效机制。

第三节　农业转移人口相对贫困特征

一、比较性

相对性是贫困的本质属性，相对贫困更强调贫困的主客观相对性、时空相对性及动态性。依据新迁移经济学中相对贫困假说，农业转移人口在城市就业与居住后，与城市居民的联系不断加强可能使其将城市居民作为新的参照系替代原村庄参照系。受制度和自身人力资本、社会资本的制约，多维社会排斥导致农民工的社会身份与社会地位边缘化。参照系的转换使得农民工与城市居民在城乡收入差距、就业差距、迁移成本、城市低成本住房的供应以及城市间居民非户籍福利等方面存在显著差异。

相对贫困的认知形成过程充满了心理比较和自我评价，表现出一定的主观性和隐蔽性。由于城乡二元劳动力市场分割，他们因教育水平、生活习惯、经济资本、社会资源等方面的劣势，容易受到社会与当地居民排斥与歧视。在就业选择、就业质量、职业晋升、劳动报酬、福利待遇、权益保障等各方面都与城镇居民存在差距，面临着生存空间缺位、工资低、劳动生活条件差、社会网络融入困难等生存境遇。出现农业转移人口与流入地市民之间、农业转移人口内部之间、农业转移人口与农村人口之间的贫富分化，产生相对剥夺感及社会矛盾冲突。

在城乡贫富分化背景下，农业转移人口通过自我比较、与城市居民比较形成对贫困状态的自我主观感知，产生主观福利相对贫困状态。

（1）社会排斥和自尊心受损：社会的物质比较和不平等可能使得他们感到自卑和无力改变自己的处境。

（2）教育机会受限：相对贫困可能影响他们获得良好的教育机会，限制他们的发展和职业机会。

（3）心理健康问题：对社会地位和经济压力的担忧可能导致焦虑、抑郁等心理健康问题的发生。精神贫困表现为思维固化和精神信念消极，生活上的精神资源稀释和精神能力低下，行动上的精神动力不足和精神行为懒惰。[①] 部分人会抱怨社会分配不平等，产生落后厌恶信念、呈现精神空虚甚至精神堕落。[②]

（4）社会参与受限：由于资源不足，他们可能无法获得充分的社会参与机会和政治参与机会。

（5）不平等加剧：相对贫困的存在加剧了社会的不平等现象。富者越富、贫者越贫的趋势可能导致农民工社会层级的固化和社会结构的不平等。

二、多维性

20 世纪 90 年代末，国内学者开始关注农业转移人口（农民工）贫困现象，研究聚焦于贫困现状与特征、致贫原因、减贫路径及政策建议等方面，研究逐渐从绝对贫困转向相对贫困，由单一维度向多维角度转变。郭君平等（2018）从教育、健康和生活 3 个维度 10 个指标对农民工家庭多维贫困进行测量，指出农业转移人口相对贫困兼具持久性、相对性、隐蔽性、演化性、循环累积性和代际传递性等特征。[③] 贺坤，周云波（2018）认为，农民工面临着住房、健康、教育、就业、社会融入、社会保障等多维贫困，而非单一收入贫困。[④] 何水（2018）构建了涵盖教育、健康、生活标准、收入与资产、公民权利、政治参与、社会关系、排斥积累、身份定位九大维度的农民工城市贫困测量指标体系。[⑤] 王磊，李聪（2019）构建了包含教育、技能、就业、健康、饮水、能源、住房和资产等 8 个维度贫困体系，测度了陕西易地搬迁安置区农户的多维贫困。[⑥] 王青，刘烁（2020）认为高城镇化水平的城市减缓了收入贫困，但加大教育、社会融合、社会保障等多维贫困的可能性。[⑦] 贺坤等（2022）用 AF 方法从收入、教育、社会保障、住房、就业、健康和社会融入 7 个维度 21 项指标，对农民

① 王太明，王丹. 后脱贫时代相对贫困的类型划分及治理机制［J］. 求实，2021（2）：51-69+111

② 黄艳敏，李春晓. 不平等厌恶偏好与村民相对贫困［J］. 华南农业大学学报（社会科学版），2022，21（1）：54-66.

③ 郭君平，谭清香，曲颂. 进城务工家庭贫困的测量与分析——基于"收入 - 消费 - 多维"视角［J］. 中国农村经济，2018（9）：94-109.

④ 贺坤，周云波. 精准扶贫视角下中国农民工收入贫困与多维贫困比较研究［J］. 经济与管理研究，2018，39（2）：42-54.

⑤ 何水. 农民工城市贫困测量指标体系构建——基于多维度视角的探索［J］. 中国政管理，2018（8）：107-112.

⑥ 王磊，李聪. 陕西易地扶贫搬迁安置区多维贫困测度与致贫因素分析［J］. 统计与信息论坛，2019，34（3）：119-128.

⑦ 王青，刘烁. 进城农民工多维贫困测度及不平等程度分析——基于社会融合视角［J］. 数量经济技术经济研究，2020，37（1）：83-101.

工和城 – 城流动人口的多维相对贫困状况进行了测度和比较。[①] 彭继权（2022）研究结果发现：农民工多维相对贫困呈现出逐年下降趋势，男性农民工的暂时贫困和慢性贫困更严重。[②] 李春根，陈文美（2022）研究结果表明，教育、生活水平、健康、劳动能力、医疗保险及住房是影响农村相对贫困的主要因素。[③] 韩军辉，周健晓（2022）指出农业转移人口的内在价值诉求已经从单纯追求经济收入扩展到对平等的发展机会、受保障的可行能力以及发展权益和美好生活的向往，相对贫困呈现多元化属性。[④]

多维社会排斥导致农民工的社会身份与社会地位边缘化，相比城镇户籍居民，农民工群体对城镇经济社会发展成果的分享明显偏少，他们在养老、健康、教育等多个维度都游离于城镇基本公共服务体系之外，呈现多维相对贫困特征。

三、代际传递性

近年来，农业转移人口在经历了"离土不离乡""离土又离乡""离土不回乡"后，呈现出迁移增速放缓、年轻化、家庭化等特征。农业转移家庭所面临的风险和脆弱性可能通过父辈传递到下一代，贫困的代际传递将使其子代失去向上流动的物质基础和精神动力，导致社会阶层固化，加剧社会不公。

周宗社（2017）指出文化贫困论、要素短缺论、代际遗传论、教育贫困论、能力贫困论、素质贫困论是中国贫困代际传递理论。[⑤] 毕璐，高灵芝（2009）认为家庭成员的职业收入、子女的教育程度和职业技能状况、家庭拥有的社会资源以及家庭成员的生活态度影响贫困代际传递。[⑥] 王爱君，肖晓荣（2009）证明父辈素质、受教育年限、性别、营养投资、基因遗传和疾病、文化背景、机会平等与政策制度等因素影响

①　贺坤，周云波，成前. 共同富裕视域下的农民工多维相对贫困研究——基于城 – 城流动人口的比较分析 [J]. 现代财经（天津财大学学报），2022，42（7）：94–113.

②　彭继权. 提高相对贫困识别质量：性别差异视角下多维动态测度及分解——以进城农民工为例 [J]. 宏观质量研究，2022，10（4）：19–34.

③　李春根，陈文美. 共同富裕目标下农村相对贫困家庭多维贫困测度及分解 [J]. 当代财经，2022（5）：3–12.

④　韩军辉，周健晓. 治理相对贫困的经验验证——基于习近平关于扶贫重要论述的探究 [J]. 安徽行政学院学报，2022（2）：10–17.

⑤　周宗社，李孜，李向阳. 人力资本理论视角下农村贫困代际传递研究 [J]. 重庆三峡学院学报，2017，33（4）：30–36.

⑥　毕璐，高灵芝. 城市贫困代际传递的影响因素分析——基于社会流动理论的视角 [J]. 甘肃社会科学，2009（2）：16–19.

贫困代际传递。[1]杨希玲（2012）指出由于工资性收入偏低、社会保障缺失、土地分配不公等原因，新生代农民工存在明显的贫困代际传承问题，导致社会阶层固化。[2]张立冬（2013）证明教育、家庭财富以及非农就业等对农村地区贫困代际传递有较大影响。[3]张强，李明元（2021）研究发现，受到先赋性因素与自致性因素的影响，城市流动人口代际收入弹性系数为0.2，存在显著的贫困代际传递效应。[4]孙远太（2017）建议改革社会救助政策的目标定位、实施标准和内容体系，提升社会救助有效干预贫困代际传递能力。[5]

农民工家庭在人力资本和社会资本积累方面的劣势导致城乡收入差距的不断扩大，农村贫困家庭子女更容易陷入贫困流动性陷阱。韩军辉，龙志和（2011）指出随着社会各阶层间的利益分化，居民社会经济地位的差异存在代际传递和转移。[6]周兴，张鹏（2013）研究表明中低收入家庭代际收入流动性偏弱的主要原因在于子女向上流动的通道不畅。[7]何石军，黄桂田（2013）证明穷人的后代仍然是穷人的概率仍然很高，打破劳动力流动壁垒、改革就业和收入分配体制，加大对低收入人群的公共教育投入有利于提高穷人社会流动性。[8]陈杰等（2106）认为增加农村优质教育资源供给，打破劳动力就业市场中的"双轨制"可提高农村居民代际收入流动性。[9]李超等（2018）认为随迁子女教育政策的出台降低了农民工家庭的流动性，有助于稳定非农劳动力供给，缩小城镇居民的收入差距。[10]殷金朋等（2019）认为公共教育投入通过

① 王爱君，肖晓荣. 家庭贫困与增长：基于代际传递的视角［J］. 中南财经政法大学学报，2009（4）：24-29.

② 杨希玲. 新生代农民工贫困代际传承对策分析［J］. 农业经济，2012（4）：50-52.

③ 张立冬. 中国农村贫困代际传递实证研究［J］. 中国人口·资源与环境，2013，23（6）：45-50.

④ 张强，李明元. 先赋性还是自致性：城市流动人口贫困代际传递——基于中国家庭追踪调查数据（2010—2014）的实证分析［J］. 华南师范大学学报（社会科学版），2021（2）：45-57+205-206.

⑤ 孙远太. 基于阻断贫困代际传递的社会救助政策改革［J］. 理论月刊，2017（1）：141-146.

⑥ 韩军辉，龙志和. 基于多重计量偏误的农村代际收入流动分位回归研究［J］. 中国人口科学，2011（5）：26-35+111.

⑦ 周兴，张鹏. 代际间的收入流动及其对居民收入差距的影响［J］. 中国人口科学，2013（5）：50-59+127.

⑧ 何石军，黄桂田. 中国社会的代际收入流动性趋势：2000～2009［J］. 金融研究，2013（2）：19-32.

⑨ 陈杰，苏群，周宁. 农村居民代际收入流动性及传递机制分析［J］. 中国农村经济，2016（3）：36-53.

⑩ 李超，万海远，田志磊. 为教育而流动——随迁子女教育政策改革对农民工流动的影响［J］. 财贸经济，2018，39（1）：132-146.

分担家庭教育负担和积累人力资本等促进了代际流动。[①] 陈丽华等（2019）研究表明，随着迁移距离增加，农民工代际收入流动性呈先升高后降低的"倒U"形趋势，其中迁移区位为本乡镇的代际收入流动性最低，迁移区位为本市以外但本省以内的代际收入流动性最高。[②] 彭继权等（2020）证明代际歧视是造成农民工相对贫困差距扩大的主要原因，慢性病、身体质量指数、工作时间、居住拥挤、公积金和组织参与等存在"贫困固化"现象。[③] 冯婧等（2020）研究发现由于宏观环境和微观动力的不足，流动虽然较好地改善农民工的代际流动性，但是在城市定居之后农民工却很难突破代际传递。[④] 黄燕芬，张超（2021）认为实现农民工群体与城镇居民基本公共服务均等，给予农民工子女公平选择教育资源的权利，利于其人力资本积累代际接续。[⑤]

综上，贫困代际传递的家庭因素包括：家族集团与家族荣誉、父辈的教育程度及健康水平、家庭的人口特征、家庭成员的生活态度、营养投资、基因遗传、子女的教育程度及职业技能、家庭文化资本、社会资源、家庭发展能力。外部因素包括种族与种族划分、社会等级制度、国籍与民族以及宗教和信仰等。阻止贫困代际传递，是党中央一以贯之的扶贫理论与实践。阻断农业转移人口相对贫困代际传递，不仅是公民生存权利代内与代际公平的需要，更是巩固脱贫攻坚成果，解决城乡居民贫富差距的现实路径。

四、贫困治理任务多重性

贫困的本质是不平等，是对人们获取和享有正常生活的能力、权利和机会的剥夺，由社会、经济、文化、自然地理环境及人类个体差异相互作用形成的。贫困的治理可以分为绝对贫困和相对贫困两个阶段。其中，绝对贫困阶段的主要特征是个体普遍缺乏足够的资源来满足其基本生存需要。相对贫困阶段是个体所拥有的资源明显低于所在社会家庭或个人所支配的平均水平，通常不取决于个人的实际生活状况，而是

---

① 殷金朋，陈永立，倪志良. 公共教育投入、社会阶层与居民幸福感——来自微观混合横截面数据的经验证据 [J]. 南开经济研究，2019（2）：147-167.

② 陈丽华，张卫国，于连超. 农民工代际收入流动性的迁移效应研究 [J]. 农村经济，2019（12）：114-121.

③ 彭继权，张利国，陈苏. 进城民工相对贫困的代际差异研究——基于 RIF 无条件分位数回归分解法 [J]. 财经论丛，2020（9）：312.

④ 冯婧，张勇，和咪咪. 农民工父子代际关系的研究：一个文献综述 [J]. 农业经济，2020（11）：70-72.

⑤ 黄燕芬，张超. "十四五"期间健全城乡融合发展机制研究 [J]. 中国人口科学，2021（1）：12-22+126.

与参照群体状况紧密关联。

农业转移人口相对贫困治理的多维性、复杂性和长期性，构成了谋求农民工幸福的重要挑战。在共同富裕目标下，治理相对贫困需要综合考虑不同层面和方面的因素，并采取综合性的政策和措施来解决。

（1）政策多样性：政府需要采取经济、教育、社会保障、就业等一系列政策和措施来解决相对贫困问题，例如推动就业创造、提供社会保障、改善教育机会等。

（2）多部门合作：政府、社会组织、公民社会等各方需要共同努力，形成政府与非政府部门的合力，实现政策的整合与落实。

（3）区域差异性：治理相对贫困需要考虑到不同地区的发展状况、资源分配、基础设施建设等因素，制定相应的政策和措施。

（4）社会参与性：相对贫困治理需要广泛的社会参与。社会组织、志愿者、企业以及个人都可以通过捐赠、参与志愿活动等方式积极参与相对贫困治理。

（5）长期性与可持续性：相对贫困治理是一个梯度发展的过程，需要长期的努力和持续的关注，旨在实现低层次局部富裕向高层次共同富裕的跃升。经济、社会和政策环境的变化可能对治理相对贫困带来挑战，因此需要建立可持续发展的机制和长期的政策规划。实践证明，可行的减贫路径包括打破劳动力就业市场"双轨制"、减少人力资本流动的障碍、赋予社会的机会平等，促进阶层结构优化建设和睦的亲邻关系、各省通力合作治理空间贫困。

第三章

农业转移人口相对贫困发生机制

第一节　农村劳动力转移政策回顾与评价

一、中国农村劳动力转移政策演变四个阶段

新中国成立 70 多年来，中国城乡关系历经"二元分割""统筹发展""一体化发展"到"融合发展"的不断演变，中国农村劳动力转移是城乡二元制度的伴生物、是生产力发展的必然产物，农业转移人口政策调整经历了流动管制、严格控制、鼓励有序流动、推动人口城市化四个阶段。

（一）流动管制阶段（1949—1977 年）

1949 年，《中国人民政治协商会议共同纲领》提出新中国经济建设方针、城乡互助，发展生产、繁荣经济的要求，国家政策及主导资源偏向城市，城乡差距扩大。农民大量涌向城市，城市就业、交通、住房、社会秩序造成压力，同时影响到农业生产与农村发展。为保证治安环境的稳定以及有限资源的高效配置，政府选择重工业为主的发展战略，国家发布了一系列政策文件（详见表 3-1）严格限制农村人口向城市迁移，以实现把农民稳定在农村目标。

1950 年 6 月 30 日，《中华人民共和国土地改革法》颁布实施，规定废除地主阶级封建剥削的土地所有制，实行农民的土地所有制。1953 年土地改革完成，农村的阶级阶层被重新构建，极大地解放了农村生产力，使农村经济得以恢复和发展。1954年，中国颁布实施第一部宪法，其中规定公民有"迁徙和居住的自由"。1958 年，颁布的《中华人民共和国户口登记条例》正式确立了户口迁移审批制度和凭证落户制度，明确规定公民都应当依照条例的规定履行以户为单位的户口登记。1975 年，国家

通过修改宪法正式取消自由迁徙的规定，建立以户籍为核心并与粮油供给制度、就业制度和社会福利制度等挂钩的城乡分割的户籍制度。1951—1977 年，全国总人口由5.63 亿增加至 9.49 亿，城镇人口由 0.66 亿增加至 1.72 亿，城镇化率由 11.78% 上升为17.92%，26 年间城镇化率仅增长了 6.22%。1952—1979 年，乡村劳动力占全国劳动力的份额由 83.5% 减少到 74.5%，下降了 9 个百分点，[①] 城乡之间人口流动基本处于停滞状态。

表 3-1　农业转移人口流动管制阶段主要政策

年份	政策文件名	发文机构	主要内容
1950	《中华人民共和国土地改革法》	中共中央	实行农民土地所有制，为新中国工业化开辟道路
	《特种人口管理暂行办法（草案）》	公安部	正式开始了对重点人口的管理工作
1951	《城市户口管理暂行条例》	公安部	明确了城市户籍制度适用人群，统一了全国城市户口登记制度
1952	《关于劳动就业问题的决定》	政务院	关于农村剩余劳动力的问题，克服农民盲目地向城市流动情绪
1953	《关于劝止农民盲目流入城市的指示》	政务院	动员现已自由进城的农民、村干部及民兵返乡，严格给进城找工作的农民开介绍证件
1954	《中央人民政府内务部 劳动部关于继续贯彻"劝止农民盲目流入城市"的指示》	内务部、劳动部	用人单位如确实需要向农村招用人员时，须报经当地劳动行政部门，进行有组织有计划的介绍和调配，不得私自到农村招收工人
1955	《关于建立经常户口登记制度的指示》	国务院	规定城市、集镇、乡村和机关、团体、学校、企业都要办理户口登记
	《关于城乡划分标准的规定》	国务院	将"农业人口"与"非农业人口"作为城乡人口统计标准
1956	《中华人民共和国国务院关于防止农村人口盲目外流的指示》	国务院	加强农民教育，防止外流
1957	《关于防止农村人口盲目外流的补充指示》《关于防止农民盲目流入城市的通知》《关于各单位从农村招用临时工的暂行规定》《关于制止农村人口盲目外流的指示》	国务院	各单位必须根据经国家批准的劳动计划，拟定临时工使用计划并报批。不得私自录用盲目流入城市的农民。劝阻、动员盲目流入城市和工矿区的农村人口返回原籍
1958	《中华人民共和国户口登记条例》	全国人大常委会	初步明确了城市和乡村不同户口登记管理模式。明确户口登记范围、主管机关、户口管理程序
1959	《中共中央关于立即停止招收新职工和固定临时工的通知》	劳动部	各企业事业单位停止招收新的职工和继续固定临时工人

---

① 李周. 农民流动：70 年历史变迁与未来 30 年展望［J］. 中国农村观察，2019（5）：2–16.

续表

年份	政策文件名	发文机构	主要内容
1961	《关于减少城镇人口和压缩城镇粮食销量的九条办法》	中共中央	三年内减少城镇人口 2000 万以上
1962	《关于加强户口管理工作的意见》	公安部	对农村迁往城市户口的，严加控制
1977	《关于处理户口迁移的规定》	公安部	严格控制市、镇人口，规定户口迁移的审批权限、迁移手续等

（二）严格控制流动阶段（1978—1991 年）

1978 年，以家庭联产承包责任制为基础的农村经济体制改革覆盖了 98% 的农村家庭。1980—1983 年，从农业中分离出的剩余劳动力达 3000 多万人。农村制度改革也促进乡镇企业的迅速崛起，1983—1985 年，全国乡镇企业数量从 134.44 万个发展 1222.45 万个，就业人数增加了 3866.12 万人。1987—1991 年，新增 1737 个建制镇，平均每年增加 347 个。[①] 为了满足工业化发展对劳动力的需求，国家颁布了一系列政策文件（详见表 3-2）一定程度上放松对农村劳动力流动的限制，但对农民进城仍然实行控制。

1979—1983 年，由于需要解决下乡返城的知识青年、下放回城职工的就业问题，国家采取了"严格控制农村劳动力流入城市""严格控制使用农村劳动力政策"。1984 年的中央一号文件《关于一九八四年农村工作的通知》指出，各省（自治区、直辖市）可选若干集镇进行试点，允许务工、经商、办服务业的农民自理口粮到集镇落户。1984 年国务院下发了《关于农民进入集镇落户问题的通知》，限制农村劳动力流动的政策开始松动，民工潮骤涌。1985 年，《关于进一步活跃农村经济的十项政策》提出允许农民在各级政府统一管理下，进入小城镇务工创业，提供劳务，从事二三产业。农民工外出就业渠道得到了拓宽，推动了劳动力市场和用工制度的改革。

1978—1991 年，全国总人口由 9.63 亿增加至 11.58 亿，城镇人口由 1.72 亿增加至 3.22 亿，城镇化率由 17.92% 升为 26.94%，18 年间城镇化率增长了 9.02%。1983—1989 年，外出农民工数量由约 200 万人增长至 3000 万人，年均增长约 500 万人。[②] 中国农村劳动力从事非农产业人数从 3150 万人增加到 9765 万人，平均每年新增 700

---

① 张瑞敏. 中国共产党反贫困实践研究（1978—2018）[M]. 北京：人民出版社，2019：35.

② 魏后凯，苏红键等. 中国城市贫困状况研究－聚焦外来务工人员 [M]. 北京：中国社会科学文献出版社，2016：42-45.

多万人。[①] 由于缺乏系统的制度设计，乡镇企业发展受到较大冲击，城市就业空间收缩。1988 年下半年起，国家实施了为期三年的治理整顿，开始控制农民工盲目外出，出现了大量农民工由城市向农村逆向流动。

表 3-2　农业转移人口流动严格控制阶段主要政策

年份	政策文件名	发文机构	主要内容
1979	《中共中央关于加快农业发展若干问题的决定》	十一届中央委员会	加快农业发展，减轻农民负担，增加农民收入，逐步实现农业的现代化
1980	《关于进一步做好城镇劳动就业工作的意见》	国务院	发展社队企业吸收农村剩余劳动力，压缩、清退农村的计划外用工
1980	《关于解决部分专业技术干部的农村家属迁往城镇由国家供应粮食问题的规定》	公安部、粮食部、国家人事局	生活在农村且符合规定条件要求的专业技术干部家属，可以将户口迁入城镇并由国家供应口粮且不受公安部门审批的比例限制
1981	《关于广开门路，搞活经济、解决城镇就业问题的若干决定》	中共中央、国务院	就地安置农村剩余劳动力，严格控制流入城镇
1981	《关于严格控制农村劳动力进城做工和农业人口转为非农业人口的通知》	国务院	规定单位用工，清退农村劳动力
1984	《中共中央关于一九八四年农村工作的通知》	国务院	允许务工、经商、办服务业的农民自理口粮到集镇落户，统计为非农人口
1984	《关于农民进入集镇落户问题的通知》	国务院	符合条件的农民进入集镇经营工商业，公安部门应准其落常住户口，统计为非农业人口
1985	《关于进一步活跃农村经济的十项政策》	中共中央、国务院	允许农民进城开办商店、作坊、兴办服务业，提供劳务
1985	《关于城镇暂住人口管理的暂行规定》	公安部	实行"暂住证""寄住证"、外来务工证
1985	《中华人民共和国身份证试行条例》	国务院	不分城乡均发身份证验证身份
1986	《关于国有企业招用工人的暂行规定》	国务院	农村人员与城镇人员具有同等报考条件
1987	《把农村改革引向深入的通知》	中央政治局	改革统购派购制度，扩大农产品市场；搞活农村金融，开拓生产要素市场；完善双层经营，稳定家庭联产承包制，促进农业劳动力转移
1989	《关于进一步做好控制民工盲目外流的通知》	民政部、公安部	要求地方政府严格控制当地民工盲目外出
1990	《做好劳动就业工作的通知》	国务院	规定就地消化与转移农村富余劳动力政策，防止劳动力盲目进城

---

① 张瑞敏. 中国共产党反贫困实践研究（1978—2018）[M]. 北京：人民出版社，2019：37.

（三）鼓励有序流动阶段（1992—2009 年）

1992 年，社会主义市场经济体制正式确立、市场主体开始形成，非公有制经济加速发展，东南沿海劳动密集型的城市经济高速发展，对农村和中西部地区劳动力的需求巨大，农民工成为非农产业中的主力军及民营企业发展的重要人力资源。国家发布了一系列政策文件（详见表 3-3）鼓励农村劳动力转移并关注其权益保障。1993 年，《关于建立社会主义市场经济体制时期劳动体制改革的总体设想》提出了规范劳动力有序流动的具体办法。1994 年 11 月 17 日，劳动部颁布了《关于农村劳动力跨省流动就业管理暂行规定》（根据劳动和社会保障部关于废止《农村劳动跨省就业管理规定》及有关配套文件的通知》（劳社部函［2015］18 号），此文件已被废止）首次规范流动就业证卡管理制度。从此，劳动力流动进入规范流动、有序引导的阶段。1995 年跨地区流动劳动力 2400 万人，1996 年为 2500 万人，1997 年达到 3000 万人。[①] 1997 年，国务院批转下发了公安部的《小城镇户籍管理制度改革试点方案》，户籍政策顺势调整，但大中城市的落户门槛依然很高。2000 年 7 月 4 日，国务院下发了《关于促进小城镇健康发展的若干意见》提出实行按居住地和就业原则确定身份的户籍登记制度，对于在小城镇拥有稳定的就业条件和合法固定的住所的农村居民，可以依法申请办理城镇户口，享受城镇居民同等的入学、参军、就业等方面权利。2000 年第五次人口普查显示，流动人口总量为 1.21 亿，进城农民工约 8954 万，农民工子女随迁数近 2000 万。2001 年，《国民经济和社会发展第十个五年计划纲要》明确提出要"取消对农村劳动力进入城镇就业的不合理限制，引导农村富余劳动力在城乡、地区间有序流动"。2001 年 3 月，《国务院批转公安部关于推进小城镇户籍管理制度改革意见的通知》颁布施行，放松了县级的落户条件。2002 年 1 月，中共中央、国务院《关于做好2002 年农业和农村工作的意见》提出了针对农民工进城务工的"公平对待，合理引导，完善管理，搞好服务"十六字方针。2002 年，党的十六大提出"统筹城乡发展"战略。2003 年，国务院废止《城市流浪人员收容遣送办法》对农村人口城市化采取积极推进政策，将城乡居民身份平等作为户籍改革的最终目标。2003 年，《关于进一步做好进城务工就业农民子女义务教育工作的意见》规定进城务工就业农民流入地政府负责进城务工就业农民子女接受义务教育工作，以全日制公办中小学为主。2004 年，中央一号文件《关于促进农民增加收入若干政策的意见》首次将农民工表述为"产业

---

① 陈淮. 中国就业问题的分析与对策建［J］. 管理世界，1999（1）：97-101+112.

工人的重要组成部分"，由此开展了维护农民工就业权益和改善就业环境的专项工作。2006 年，《国务院关于解决农民工问题的若干意见》提出"要保障农民工子女平等接受义务教育，输入地政府将农民工子女义务教育纳入当地教育发展规划"。《关于进一步做好为农民工服务工作的意见》（国发〔2006〕5 号）提出稳定和扩大农民工就业创业，着力维护农民工的劳动保障权益，推动农民工逐步实现平等享受城镇基本公共服务和在城镇落户，稳步有序推进农民工市民化。截至 2006 年 7 月，中国农民工政策文件达 480 件，涉及劳动保障、劳动报酬与福利、劳动关系、劳动争议处理、劳动安全、职业培训、职业资格等方面。[1] 2006 年初，国务院研究室发布的《中国农民工调研报告》称，农民工规模已达 1.2 亿。2008 年，各地出现促进农民工就业与自主创业政策。[2] 2009 年 3 月，《国务院关于深化医药卫生体制改革的意见》出台，明确了促进基本公共卫生服务逐步均等化的目标和举措。

1992—2009 年，全国总人口由 11.71 亿增加至 13.34 亿，城镇人口由 3.21 亿增加至 6.45 亿，城镇化率由 27.46% 提升为 48.34%，17 年间城镇化率增长了 20.88%。1995 年外出农民工数量达到 7000 万人、2000 年为 7849 万人，2001 年 8399 万人、2002 年 10470 万人。

表 3-3　农业转移人口鼓励有序流动阶段主要政策

年份	政策文件名	发文机构	主要内容
1992	《关于实行当地有效城镇居民户口制度的通知》	公安部	实行"蓝印户口"制度。农民转变身份需要缴纳一定数额的城镇建设费等
1993	《关于建立社会主义市场经济体制时期劳动体制改革的总体设想》	劳动部	提出规范劳动力有序流动的具体办法
1994	《关于农村劳动力跨省流动就业管理暂行规定》劳部发〔1994〕458 号（根据劳社部函〔2015〕18 号，此文件已被废除）	劳动部	本地劳动力无法满足要求，用人单位才能跨省招用农村劳动力
1995	《关于加强流动人口管理工作的意见》《关于进一步做好组织民工有序流动工作的意见》	国务院	建立统一的流动人口就业证与暂住证制度，引导和组织农民工按需流动
1997	《国务院批转公安部 小城镇户籍管理制度改革试点方案和关于完善农村户籍管理制度意见的通知》	公安部	在全国 382 个小城镇试点，允许符合条件的农村人口办理城镇户口

① 刘小年. 中国农民工政策研究 [M]. 长沙：湖南人民出版社，2007：165-172.
② 张汝立，等. 中国城市贫弱群体政策研究 [M]. 北京：社会科学文献出版社，2018：12-15.

续表

年份	政策文件名	发文机构	主要内容
1998	《关于做好灾区农村劳动力就地安置和组织民工有序流动工作的意见》国办发〔1998〕138号	国务院办公厅	农村劳动力持流动就业证外出就业，限制盲目流动
	《关于解决当前户口管理工作中几个突出问题的意见》	公安部	凡在城市有合法固定的住房、合法稳定的职业或者生活来源，已居住一定年限并符合当地政府有关规定的，可准予在该城市落户
2000	《关于做好农村富余劳动力就业工作的意见》	劳动部	发展和促进跨区域劳动力市场，保障流动就业者合法权益
	《关于促进小城镇健康发展的若干意见》	中共中央、国务院	凡在县级市市区、县人民政府驻地镇及县以下小城镇有合法固定住所、稳定职业或生活来源的农民，均可根据本人意愿转为城镇户口，不得实行歧视性政策
2001	《关于全面清理整顿外出或外来务工人员收费的通知》	国家计委、财政部	取消证书的工本费外的一切针对农民工的行政事业性费用
	《关于推进小城镇户籍管理制度改革意见的通知》	公安部	取消"农转非"指标、蓝印户口、自理口粮户口等统一登记为城镇常住户口，小城镇户籍管理以经济准入条件替代了直接的行政限制
2002	《全面建设小康社会，开创中国特色社会主义事业新局面》（十六大报告）	中共中央	建设现代农业，发展农村经济，增加农民收入
	《关于做好农业与农村工作的意见》	国务院	取消对农民工不合理的收费与限制，积极引导农村劳动力有序流动
2003	《关于做好农民进城务工就业管理和服务工作的通知》国办发〔2003〕1号	国务院办公厅	各省（自治区、直辖市）取消对农民工进城务工限制，解决拖欠克扣工资问题，改善农民工生产生活条件
	《关于进一步做好进城务工就业农民子女义务教育工作的意见》国发〔2003〕78号	国务院	流入地政府负责当地农民工子女教育接受平等义务教育工作
2004	《中共中央国务院关于促进农民增加收入若干政策的意见》国办函〔2004〕21号	国务院办公厅	保障进城就业农民合法权益、农民工子女接受义务教育
2006	《关于解决农民工问题的若干意见》	国务院	将农民工纳入城市公共服务体系中，方便农民工就地落户
	《关于进一步做好为农民工服务工作的意见》（国发〔2006〕5号）	国务院	提出稳定和扩大农民工就业创业，着力维护农民工的劳动保障权益，推动农民工逐步实现平等享受城镇基本公共服务和在城镇落户，稳步有序推进农民工市民化
2007	《关于改善农民工居住条件的指导意见》建住房〔2007〕276号	建设部	要求各地政府在"十一五"末改善农民工居住条件

年份	政策文件名	发文机构	主要内容
2008	《关于切实做好当前农民工工作的通知》国办发〔2008〕130号	国务院办公厅	农民工在劳动报酬、子女教育、公共卫生、住房租购上与城镇居民同等待遇，促进农民工就业
2009	《关于深化医药卫生体制改革的意见》	中共中央、国务院	明确了促进基本公共卫生服务逐步均等化的目标和举措

（四）推动人口城市化阶段（2010年至今）

2010年《中共中央关于制定国民经济和社会发展第十二个五年规划的建议》将促进区域协调发展，积极稳妥推进城镇化列为重要议题。国家发布了一系列政策文件（详见表3-4），以实现"人的城镇化"政策目标。2010年中央一号文件《中共中央国务院关于加大统筹城乡发展力度进一步夯实农业农村发展基础的若干意见》提出要"着力解决新生代农民工问题"，传递出中央对约占农民工总数60%的80后、90后农民工的高度关切。2011年底，农民工总量为2.53亿人。2012年，党的十八大报告提出要加快改革户籍制度，有序推进农业转移人口市民化，努力实现城镇基本公共服务常住人口全覆盖。2012年，中央经济工作会议中提出"城镇化是扩大内需的最大潜力所在"，国务院发布了户籍改革指导意见，户籍制度改革取得历史性突破。2013年，《中共中央关于全面深化改革若干重大问题的决定》提出"推进农业转移人口市民化，逐步把符合条件的农业转移人口转为城镇居民"。2014年，《国家新型城镇化规划（2014—2020年）》要求逐步解决在城镇就业居住但未落户的农业转移人口享有就业、医疗、社保、住房保障、子女教育等城镇基本公共服务问题，并要完善农业转移人口社会参与机制。2014年，《国务院关于进一步推进户籍制度改革的意见》（国发〔2014〕25号）提出要"取消农业和非农业户口，建立城乡统一的户口登记制度"。2016年，《居住证暂行条例》（国务院令第663号）、《国务院关于深入推进新型城镇化建设的若干意见》（国发〔2016〕8号）及《国务院办公厅关于印发推动1亿非户籍人口在城市落户方案的通知》等一系列重要文件颁布，全国30个省（自治区、直辖市）相继取消户口性质区分，所有城市和县均已建立并实施了居住证制度，以居住证为载体的城镇常住人口基本公共服务提供机制基本建立。

2017年，国务院印发《"十三五"促进就业规划》提出开展针对农民工等重点人群的免费职业培训行动和重大专项培训计划。2019年1月，人力资源和社会保障部印发《新生代农民工职业技能提升计划（2019—2022 年）》提出开展大规模职业技能培训，不断提升农民工技能素质，促进月均收入稳步增长。2019 年 2 月，《中共中央国务院关于坚持农业农村优先发展做好"三农"工作的若干意见》提出"加快农业转移人口市民化，推进城镇基本公共服务常住人口全覆盖"的目标。2019 年 3 月，《关于印发 2019 年新型城镇化建设重点任务的通知》（发改规划〔2019〕0617 号）提出，积极推动已在城镇就业的农业转移人口落户、推进常住人口基本公共服务全覆盖。2019 年 4 月，《中共中央国务院关于建立城乡融合发展体制机制和政策体系的意见》提出健全农业转移人口市民化机制，建立农民财产性收入增长机制、强化打赢脱贫攻坚战体制机制等要求，到 2022 年初步建立城乡融合体制机制。2019 年 11 月，党的十八大报告，提出加快改革户籍制度，有序推进农业转移人口市民化，努力实现城镇基本公共服务常住人口全覆盖。2020 年 10 月，党的十九届五中全会提出"推进以人为核心的新型城镇化"，"强化基本公共服务保障，加快农业转移人口市民化"。2021 年 2 月25 日，习近平在全国脱贫攻坚总结表彰大会上的讲话，要求落实国家"十四五"规划《纲要》，加快实施以人为核心的新型城镇化战略。2021 年 11 月，《关于加快建设全国统一大市场的意见》指出，要健全城乡统一的劳动力市场，促进劳动力跨地区顺畅流动。2010—2021 年，随着新型工业化、信息化和农业现代化的深入发展和农业转移人口市民化政策落实落地，全国总人口由 13.41 亿增加至 14.10 亿，城镇常住人口由 6.70 亿人增加至 9.14 亿人，年均增加 2218 万人，城镇化率由 49.95% 提升为64.72%，11 年间城镇化率增长了 14.77%，城镇化建设取得了历史性成就。2022 年 7 月，《"十四五"新型城镇化实施方案》提出稳妥有序推进户籍制度改革，推动城镇基本公共服务均等化，健全配套政策体系，提高农业转移人口市民化质量。

表 3-4 推动农业转移人口城市化阶段主要政策

年份	政策文件名	发文机构	主要内容
2010	《关于切实解决农民工工资问题的紧急通知》国办发〔2010〕4 号	国务院办公厅	开展专项督查、督促企业落实清偿被拖欠农民工工资
	《关于加大统筹城乡发展力度进一步夯实农业农村发展基础的若干意见》（一号文件）	国务院	加大农民外出务工就业指导和服务力度、健全社会保障制度、解决好农民工子女入学问题等
2011	《关于积极稳妥推进户籍管理制度改革的通知》	国务院	引导非农产业和农村人口有序向中小城市和建制镇转移，推进城乡公共资源均衡配置，逐步实现城乡基本公共服务均等化

年份	政策文件名	发文机构	主要内容
2013	《关于全面深化改革若干重大问题的决定》	中共中央	全面放开建制镇和小城市落户限制，有序放开中等城市落户限制，合理确定大城市落户条件，严格控制特大城市人口规模
2014	《国家新型城镇化规划（2014—2020年）》	国务院	全国绝大多数省（自治区、直辖市）放开落户条件，推动1亿非户籍人口在城市落户
	《关于进一步推进户籍制度改革的意见》	国务院	取消农业和非农业户口，建立城乡统一的户口登记制度
2016	《居住证暂行条例》（国务院令第663号）	国务院	以居住证为载体的城镇常住人口基本公共服务提供机制基本建立
	《关于深入推进新型城镇化建设的若干意见》（国发〔2016〕8号）	国务院	推进城镇基本公共服务常住人口全覆盖，组织实施农民工职业技能提升计划，每年培训2000万人次以上
2016	《关于印发推动1亿非户籍人口在城市落户方案的通知》国办发〔2016〕72号	国务院办公厅	全面放宽农业转移人口落户条件。推进居住证制度覆盖全部未落户城镇常住人口
	《"健康中国2030"规划纲要》	中共中央、国务院	明确提出要做好流动人口基本公共卫生计生服务均等化工作
2107	《"十三五"促进就业规划》	国务院	提出开展针对农民工等重点人群的免费职业培训行动和重大专项培训计划
2019	《关于建立健全城乡融合发展体制机制和政策体系的意见》	中共中央国务院	健全农业转移人口市民化机制，提升城市包容性，推动农民工特别是新生代农民工融入城市
	《关于印发2019年新型城镇化建设重点任务的通知》（发改规划〔2019〕0617号）	国家发展和改革委员会	积极推动已在城镇就业的农业转移人口落户、推进常住人口基本公共服务全覆盖
	《新生代农民工职业技能提升计划（2019—2022年）》	人力资源与社会保障部	开展大规模职业技能培训，农民工技能素质不断提升，月均收入稳步增长
2020	《2020年新型城镇化建设和城乡融合发展重点任务》	国家发展和改革委员会	健全城乡融合发展体制机制
2021	《2021年新型城镇化和城乡融合发展重点任务》	国家发展和改革委员会	促进农业转移人口有序有效融入城市，提高市民化质量
2022	《"十四五"新型城镇化实施方案》	国家发展和改革委员会	坚持把推进农业转移人口市民化，健全配套政策体系，提高农业转移人口市民化质量
	《关于加快建设全国统一大市场的意见》	国务院	要健全城乡统一的劳动力市场，促进劳动力跨地区顺畅流动
	《"十四五"国民健康规划》	国务院	强调要持续完善国家基本公共卫生服务，推进基本公共卫生服务均等化

二、农村劳动力转移政策评价

（一）政策成效

1. 推动了政府治理体系和治理能力的现代化建设

1978 年以来，政府对农民工从控制到管理再到服务的范式转变，农民工政策在提供劳动力、促进城市化、减少贫困、培训技能和推动社会融合方面发挥了积极的作用。

我国改革开放以来，中国先后经历了解决温饱，消除贫困；建设和建成小康社会；实现共同富裕 3 个阶段，农民工的个体特征和文化、观念、行为有明显差别，农业劳动力流动的目标也发生变化。[①] 受政策主导，不同年代的农民工流动有着相同的逻辑。[②] 农业转移人口政策经历了巩固政权的政治主导逻辑、发展经济的市场逻辑以及共享改革成果的社会逻辑的演变历程。[③] 政府对农业转移人员的管理政策经历了从"自由迁徙"到"严格控制"、从"离土不离乡"到"离土又离乡"、从"消极应对"到"积极引导"的发展。[④] 农民工政策目标由效率向公平正义转变，政策内容从控制向鼓励流动转变，由保证农民工生存向保障发展能力转变，向推动农业转移人口高质量市民化方向深化。[⑤] 政策工具经历由单纯依靠行政命令向行政命令、市场调节、法律规范等多重工具并用的过渡，由关注农民工个人向关注随迁及留守家属的变化。[⑥]

2. 推进户籍制度改革，放宽城市居民身份的获取条件

2000 年以前，户籍制约下的"城市化"严重滞后，户籍制度成为限制劳动要素的自由流动，提升农村劳动力进城的门槛。各地户籍制度改革可以归纳为"最低条件，全面放开"的小城镇模式，"取消限额，条件准入"的一般大、中城市模式及以"筑高门槛，开大城门"的特大城市模式改革。党的十八大以来，各级政府以习近平新时代中国特色社会主义思想为指导，深入贯彻党的十九大和十九届二中、三中、四中、五

① 李周. 农民流动：70 年历史变迁与未来 30 年展望 [J]. 中国农村观察，2019（5）：2-16.

② 钱文荣，朱嘉晔. 农民工的发展与转型：回顾、评述与前瞻——"中国改革开放十年：农民工的贡献与发展学术研讨会"综述 [J]. 中国农村经济，2018（9）：11-135.

③ 李庆瑞. "制度-话语"视角下农业转移人口的治理变迁 [J]. 华南农业大学学报（社会科学版），2022，21（5）：34-47.

④ 张车伟，赵文，李冰冰. 农民工现象及其经济学逻辑 [J]. 经济研究，2022，57（3）：9-20.

⑤ 王记文，郑玉荣. 新时代中国农村劳动力转移的历史方位和路径选择 [J]. 世界农业，2023（7）：28-39.

⑥ 徐增阳，付守芳. 改革开放 40 年来农民工政策的范式转变——基于 985 份政策文献的量化分析 [J]. 行政论坛，2019，26（1）：13-21.

中全会精神为导向，围绕加快推进农民工市民化目标，积极推动破除妨碍农村转移劳动力实现职业发展和社会性流动的体制机制弊端。全国31个省（自治区、直辖市）均出台了户籍制度改革实施意见，普遍放宽农民工进城落户条件。逐步实施居住证制度，提高农民工和其他流动人口在城市融入的便利程度。2016年1月1日施行的《居住证暂行条例》已赋予居住证持有者享有公共卫生服务在内的"六大服务"。各地努力将农民工纳入城市公共服务体系中，为贫弱群体创造更公平生活和发展环境。[①] 农村劳动力进入城镇就业的制度壁垒基本打通，户籍制度改革的政策重心向构建基本公共服务均等化过渡。农村劳动力获得了自由流动的权利，获得了更多的非农就业机会和更大的经济增收空间。

3. 推动教育均衡，消除农民工子女教育不平等和隔离

农民工子女教育经历了进城入学政策松绑、减轻教育负担、清理乱收费、撤并农民工子弟学校、农民工子女与城市儿童在教育管理及教学活动的改革，不平等和隔离得到缓解。[②] 将流动儿童纳入以公立学校为主的本地义务教育保障范围，流动儿童在流入地依法享有的受教育权得到更好保障。随迁子女教育政策的出台降低了农民工家庭的流动性，有助于随迁子女在城市接受更好的教育资源，稳定农民工非农劳动供给，缩小与城镇居民的收入差距。同时提高农民工家庭对子女人力资本投资的预期回报率，提高人力资源水平。

4. 优化就业环境，促进平等就业

国家先后印发一系列政策文件，优化就业环境，加强就业歧视的监管和惩罚力度，确保就业机会公平对待各个群体。鼓励企业实施公平的招聘政策，消除对城乡、地域、背景的歧视。保障劳动者平等就业，统筹城乡就业，稳定和扩大农民工就业。政府积极推进农民工教育培训，为他们提供了更多获得技能和提升就业竞争力的机会。各级政府鼓励支持引导法律援助组织为弱势农民工提供劳动报酬、社保待遇和工伤赔偿等方面的法律援助，农民工欠薪高发多发的现象得到明显遏制。[③]

此外，政府进行了社会保障体系的改革，包括扩大城乡居民基本养老保险覆盖范围、建立农民工工伤保险制度等，为农民工提供了更多的社会保障，减少因为流动性

---

① 张汝立等. 中国城市贫弱群体政策研究 [M]. 北京：社会科学文献出版社，2018：8-10.

② 杜旻. 农民工随迁子女教育压力及群体差异 [J]. 河北学刊，2020，40（5）：157-162.

③ 李实，吴珊珊，邢春冰. 中国城镇劳动力工资收入差距的长期演变 [J]. 财经问题研究，2023（7）：16-30.

约束导致的风险和不确定性。

（二）政策不足

近年，政府在加强劳动法律法规的执行、提高农民工福利待遇、改善工作条件、推进户籍制度改革以及加大对农民工子女教育的支持等方面取得了一定的成效。从共同富裕的理论视角看，农民工在就业政策、住房政策、教育政策、户籍政策和社区福利政策等方面缺乏应有的扶持、保障和倾斜力度。[①]

1. 户籍改革没有彻底改变户籍对城乡二元结构的嵌入惯性

新一轮户籍制度改革在促进新生代农民工户籍城镇化方面效果不明显，[②]因户籍性质或户籍属地不同，造成农业转移人口在就业机会、工资待遇以及公共服务等方面仍遭受着歧视性待遇，导致城乡差距日益扩大。农民工就业仍然存在户籍歧视，同一行业内农民工较集中在底层职位，政府部门／事业单位的户籍歧视程度较轻而私有企业较为严重。[③]尽管城市落户要求不断降低，但仍存在农业转移人口落户通道不畅、选择性落户等的隐形门槛问题。需要进一步协同推进户籍制度改革和城镇基本公共服务常住人口全覆盖，促进农业转移人口全面融入城市。

2. 农民工权益保护政策的执行与监督仍需加强

中国政府建立了农民工工资支付保障机制、推广农民工职业培训和技能提升、加强劳动监督执法等一系列政策来加强农民工的权益保护。农民工群体在就业市场仍然处于弱势，在权利贫困、社会保障、就业方面面临的现实困境，尚未实现多维条件下的减贫。部分农民工面临着不稳定的就业环境和工作条件，包括长时间工作、低工资、缺乏安全保障及人身权益保护等问题。部分用工单位存在拖欠农民工工资的问题，给农民工造成了经济压力。农民工的职业选择相对有限，大多数从事体力劳动行业，缺乏发展空间和技能培训的机会。尽管国家已经出台诸多农民工权益保护相关法律规定，但实际执行和监督仍需要进一步加强。

3. 财政转移支付结构不科学，社会保障覆盖范围仍需扩宽

目前，财政转移支付制度缺乏对农业转移人口群体的重视。与农村转移人口市民化建设工作直接相关的专项转移支付制度尚未形成省级以上政府在对市民化建设进行

① 王瑞华. 农民工购房型城市融入的政策定位与路径优化 [J]. 社会科学研究，2023（5）：115–123.

② 张红霞，江立华. 制度与实践的错位：新生代农民工户籍城镇化的路径 [J]. 理论月刊，2022（11）：111–118.

③ 李亚冰，王会娟，郑舒心. 户籍歧视对城乡工资差距的影响——基于两极分解的 Brown 分解法 [J]. 系统科学与数学，2023，43（8）：2045–2063.

支付预算测算时，一般仅将"户籍"作为参考，而非将"常住"人口数量作为参考，农业转移人口并未被列入社会基本公共服务保障范围中。造成流入地政府需要提供较多基本公共服务但并未获得足够的财政补助，而留出地政府因为"户籍"数量没有减少而获得相对较多的财政补助。[①] 财政转移支付结构不科学，导致不同地区公共服务供给能力存在较大差距。

近年来，政府已经采取了一些措施来改善农民工的社会保障，但不同群体面临不均等的参保机会、缴费义务和养老金给付水平等方面养老保险福利差距依然存在。

（1）城乡差距。由于中国的户籍制度，农民工常常无法享受城市居民所拥有的各项社会保障福利，如医疗保险、养老保险和失业保险等。

（2）跨地区就业。由于缺乏统一的社会保障政策和跨地区的信息共享机制，大多数农民工没有目标城市或地区的户籍，无法享受与当地居民同等的社会保障待遇。

（3）扩大农民工的医疗保险、失业保险、生育保险等覆盖范围，为农民工提供更多的保障和福利待遇。

（4）农业转移人口住房问题有一定特殊性和区域差异性，住房政策对于解决农业转移人口住房问题的作用明显不足。

4. 子女受教育资源不平等依然存在

由于户籍制度的限制，社会对随迁儿童的偏见和歧视依然存在。农民工子女在城市接受教育资源不平等、面临学籍转移难、入学难、升学难、学习环境差等问题。部分农业转移人口难以负担子女本地教育费用，导致留守儿童现象。需要进一步加大政府和社会的关注力度，制定更具体、有针对性的政策，建立更完善的保障机制，治理农民工子女教育相对贫困问题。

综上，政府应该进一步改善农民工的工作条件、收入水平和社会保障，为农民工子女提供更好的教育机会和发展前景，缩小农民工与城市居民之间的收入与公共服务水平差距，最终实现共同富裕的目标。

---

① 罗振. 财政转移支付推进农业转移人口市民化策略研究 [J]. 农业经济，2022，427（11）：74-77.

第二节　农业转移人口相对贫困成因理论

一、人力资本理论

人力资本的相关理论源于经济学领域的研究。Schultz（1960）在《论人力资本投资－教育与研究的作用》中提出了"人力资本"理论，认为资本不仅包括物质形态，而且包括凝结在人体本身具有的各种生产知识、劳动和管理技能、健康素质存量之和。人力资本投资可归纳为医疗保健（包括人的寿命、体力、精神状态等）、在职人员训练、不同层次的学历教育、各类技术推广项目以及为获取就业机会或改变生活环境的迁移活动。人力资本代表着劳动者的技能水平和工作能力，在一定程度上决定了劳动者的就业机会、就业状况和工资收入。从舒尔茨到阿马蒂亚·森都强调了以教育和人力资本投入来改善和消除贫困。Becker（1964）提出对教育的直接投资可以产生"投资—回报—更多投资—更多回报"的良性循环[1]。安东尼吉登斯（2000）指出积极的社会福利并非直接向贫弱群体提供经济资助，而应该进行人力资本投资，提高其自我发展能力。[2] Madland（2015）将收入不平等对经济增长的影响分为社会环境、政府治理、市场需求、人力资本积累四条路径。[3]

人力资本不足是导致农民工贫困的重要因素。李晓明（2006）指出贫困代际传递表现为人力资本、物质资本、社会关系及文化政治资本的传承。[4] 陈昭玖，胡雯（2016）认为进行人力资本投资可以改善农业转移人口的生存技能、知识与劳动能力、身体状况和教育水平等，提高非农就业回报。[5] 杜旻（2020）指出对子女的人力资本投资是农民工家庭打破阶层限制、实现向上流动的关键。[6] 张文宏，苏迪（2020）证

① Becker, Gary S. Human Capital: A Theoretical and Empirical Analysis, with Special Reference to Education [D]. Chicago: University of Chicago Press, 1964.

② 安东尼吉登斯. 第三条道路，社会民主主义的复兴. 郑戈译 [M]. 北京，北京大学出版社，2000: 121-122.

③ Madland D. Hollowed Out: Why the Economy Doesn't Work without a Strong Middle Class [M]. Oakland, California: University of California Press, 2015.

④ 李晓明. 贫困代际传递理论述评 [J]. 广西青年干部学院学报，2006（2）：75-78.

⑤ 陈昭玖，胡雯. 人力资本、地缘特征与农民工市民化意愿－基于结构方程模型的实证分析 [J]. 农业技术经济，2016（1）：37-47.

⑥ 杜旻. 农民工随迁子女教育压力及群体差异 [J]. 河北学刊，2020，40（5）：157-162.

明农民工人力资本水平越高，越有可能找到稳定的工作，城市定居的意愿越强。[①] 袁冬梅（2021）指出农业转移人口就业稳定性和主观阶层认同作用于其人力资本积累。[②] 诸萍（2021）指出人力资本理论、社会资本理论、劳动力分割理论、区隔融合理论、新制度主义理论可以解释农业转移人口贫困的原因。[③] 单铁成（2022）指出提升人口质量和增进知识是改善穷人福利的决定性要素，持续对人力资本投资可以打破"低收入累积循环"，进入"人力资本投资—经济增长—收入增长—人力资本投资"良性循环累积之中。[④]

依据人力资本理论，人力资本对个人收入和社会地位具有决定性作用。由于农民工的教育和培训水平较低，缺乏技能和专业知识，限制了他们找到高技能工作的机会，从而影响其收入水平和职业发展。缺乏人力资本投资也使得农民工在面对经济冲击时更加脆弱。低收入家庭的人力资本投资预期回报率较低，其子女辍学率更高，导致农业转移人口处于持续的经济劣势和不平等固化。

二、社会资本理论

社会资本理论强调个体与社会网络的关系对贫困问题的影响。社会资本理论认为，社会资本，如信任、合作和互助等社会关系，能够促进信息传递、资源共享和创新合作，在区域经济和社会发展中发挥重要作用。"社会资本"是由"资本"发展演化而来，Hanifan（1916）首次提出此概念，说明社区参与对一所学校水平提高的重要影响。[⑤] Coleman（1988）认为社会资本是从人际关系中获得的有价值的潜在资源。[⑥] Putnam（1994）指出社会资本能够使当事人更有效率地达到目标，主要包括社会信任、互惠、规范及支持网。[⑦] Bain 和 Hicks（1998）将社会资本分为认知性社

① 张文宏，苏迪. 特城市居民相对贫困影响因素实证分析——基于北京、上海、广州的研究 [J]. 中共中央党校（国家行政学院）学报，2020，24（3）：100–109.

② 袁冬梅，金京，魏后凯. 人力资本积累如何提高农业转移人口的收入？——基于农业转移人口收入相对剥夺的视角 [J]. 中国软科学，2021，371（11）：45–56.

③ 诸萍. 从绝对贫困到相对贫困：农业转移人口的贫困问题研究——基于国内文献的综述 [J]. 中共宁波市委党校学报，2021，43（1）：120–28.

④ 单铁成. 人力资本投资对农户相对贫困的影响研究 [D]. 中南财经政法大学，2022.

⑤ Hanifan L J. The Rural School Community Ceter [J]. Annals of the American Academy of Political and So-cial Science，1916，67（1）：130.

⑥ Coleman J S. Social Capital in the Creation of Hu-man Capital[J]. American Journal of Sociology，1988，94(1)：95.

⑦ Putnam R D，Leonardi R，Nanetti R Y，et al.Making Democracy Work：Civic Traditions in Mod-ern Italy [M]. Princeton：Prineton University Press，1994.

会资本（包括信任和互惠准则）与结构性社会资本（包括社会参与和社会网络）两大类。[1] 世界银行采用《社会资本测量表（A-SCAT）》，从组织联系、集体行动、参与公共事务、社会支持、社会凝聚力、归属感、信任和互惠等 11 个维度来测量认知型社会资本。[2] Shen 和 Alkire（2022）研究发现中国儿童多维贫困程度表现为儿童高于成人，农村儿童高于城镇儿童，西部儿童高于东部和中部儿童。家庭与儿童之间存在贫困属性的非同步特征，多子女家庭中儿童多维贫困程度不均。[3] Xu 等（2023）研究证明，在教育资源有限的农村地区，子女的认知能力与父母的受教育程度显著正相关，父母受教育程度差异扩大了育儿投资与对子女的教育信念、期望的差距。[4]

Bourdieu（2002）认为社会资本就是社会网络个体或群体所拥有的资源总和。[5] 移民网络理论认为，社会关系网络可以促进移民的调整和定居，降低移民的成本和风险，提高移民的概率。[6] "社会网络理论"从促进社会融合的角度强调个人社会网络对移民决策的重要性。[7] 社会网络能降低劳动力的迁移成本和寻找工作的摩擦成本，提供了更迅速准确的就业机会，提高迁移的预期收益。[8] 社会网络有利于扩大就业信息，消除劳动力市场的信息不对称，使农业转移人口匹配到工资收入高、工作条件好的就业岗位。

依据社会资本理论，良好的社会资本有利于人情沟通，提高农业转移人口的职业声望、工资福利、就业稳定性和工作满意度等。农业转移人口的社会资本主要是迁移到城市后建立的人际关系网络，以亲缘友缘和地缘为社交网络。他们在城市中缺乏社会关系和支持网络，在就业机会、信息获取和资源获取方面处于劣势。郭台辉等

① Bain K, Hicks. Building Social Capital and Reaching Out to Excluded Groups: The Challenge of Partnerships [C]. Paper Presnted at CELAM Meeting on The Struggle against Poverty towards the Turn of the Millennium, Washington D. C., 1998.

② Grootaert Christiaan, Van Bastelarthierry. Understanding and Measuring SocialCapital: A Multidisciplinary Tool for Practitio-ners [EB/OL]. https://openknowledge.worldbank.org/handle/10986/14098.

③ Shen Y, S Alkire. Exploring China's potential child poverty [J]. China & World Economy, 2022, 30 (1): 82-105.

④ Xu, Hui, Zheyuan Zhang, et al. Parental socioeconomic status and children's cognitive ability in China. [J]. Journal of Asian Economics, 2023 (84): 101579.

⑤ Bourdieu. P. Question de Sociologie [M]. Paris: Minuit, 2002.

⑥ Massey D S. The social and economic origins of migration [J]. The Annals of the American Academy of Political and Social Science, 1990 (1): 60-72.

⑦ 苏迪，张文宏. 城市白领新移民社会融合与定居意愿研究 [J]. 中共福建省委党校（福建行政学院）学报，2020（7）: 1-9.

⑧ 李培林，田丰. 中国农民工社会融入的代际比较 [J]. 社会，2012, 32（5）: 1-24.

（2017）指出农民工群体在城市空间和企业空间谋生与日常生活，开拓社会网络，增加收入，但其情感支持和心理寄托仍然主要是最初级的血缘网络与家庭关系。[1] 胡伦等（2018）研究发现，社会资本能通过缩小收入差距与提升就业质量进而缓解农民工收入、教育贫困，但对健康减贫效应不显著。[2] 詹智俊等（2022）研究发现，社会资本通过提升农民工的自我效能感来缓解其相对贫困，社会信任、社会声望对缓解农民工相对贫困程度具有影响，且对老一代、非建筑业、女性以及已婚农民工的减贫作用更大。[3]

三、经济资本理论

（一）资产贫困理论

经济资本包括家庭拥有的土地、房产、生产资料、生产投资及银行存款、有价证券等在内的金融资本。1991年，美国经济学家迈克尔·谢若登（Michael Sherraden）在《资产与穷人：一项新的美国福利政策》提出了"个人发展账户"及"以资产为基础"的社会政策理念，认为穷人贫困不仅是收入贫困，更是资产贫困。

（1）"个人发展账户"是建在个人名下，从一出生便开始启动的账户，政府通过配额储蓄、赠款、税收优惠等政策工具促进积累，有利于穷人积累资产、提高发展能力。

（2）以资产为主（Asset-Based）的政策强调贫困个体及家庭的资产累积所带来的正向福利效应，主张从政策上引导穷人建设和积累资产，用长期资产建设来弥补短期经济扶持的不足，以实现永久性脱贫。

（二）资产建设理论

资产建设理论认为，个体的初始资产水平是决定不同均衡水平的关键，资产能够产生更为长远的行为取向，资产积累的福利政策比收入补贴更能达到减贫效果。[4]

（1）收入贫困反映家庭当年的经济所得，而不能反映家庭过去的财富积累与存量。资产贫困反映家庭多年的收入积累与消费平滑后的财富状况，能更准确反映家庭

①　郭台辉，林知远，杨钦豪，等. 农民工生活满意度对国家治理认同度的影响——基于1277名被试者有调节的中介效应分析 [J]. 经济社会体制比较，2017（2）：124-134.

②　胡伦，陆迁，杜为公. 社会资本对农民工多维贫困影响分析 [J]. 社会科学，2018（12）：25-38.

③　詹智俊，钟雅琦，马铭，等. 社会资本会缓解进城农民工的相对贫困吗？——基于自我效能感的中介检验 [J]. 深圳社会科学，2022，5（1）：34-44.

④　Sheroden M. Asset and the Poor-A New American Welfare Policy [M]. Commercial Press，2005.

的长期与持久贫困。

（2）资产可以通过继承、转让、转移等形式获得，可反映一个家庭和个人所处的社会状态。

（3）"资产贫困"的测量必须明确一定时期、资产（即可以满足一个家庭3个月基本需要的资产）、基本需要三个基本问题。测量资产的不平等，更准确反映一个家庭和个人的真实不平等。

（三）资产积累基本模型

Stiglitz（1969）提出财产积累基本模型（Basic Model），从动态视角解释财产积累机制，居民财产增长来源于储蓄，而储蓄受到储蓄率和收入来源的影响。[1] 1995年，美国学者罗伯特·哈夫曼（Robert Haveman）和爱德华·伍尔夫（Edward N.Wolff）认为一个家庭在一定时期内没有充足的资产满足"基本需要"，被视为资产贫困。一个家庭避免陷入贫困的"安全缓冲"包括劳动和经营所得、政府的转移支付及资产。如果家庭没有资产或者资产占比很低，则处于比较脆弱的经济状态。[2] 戴维·S·兰德斯（2010）在《国富国穷》中指出资本短缺、资源不足以及科学技术等要素短缺是贫困的主要原因。[3] Saez和Zucman（2016）考虑到财产价格的变化与不同收入分位点的异质性，对财产积累机制基本模型进行扩展。[4]

资产贫困理论认为资本缺乏（家庭拥有的土地、房产、生产资料、生产投资及银行存款、有价证券等在内的金融资本）是阻碍家庭发展的关键因素。资产能够带来独立于收入维持的积极福利效应，家庭拥有资产对儿童的教育获得、健康等带来积极影响。因此，资产能够产生更为长远的行为取向，需要保障贫困主体维持一定的资产水平。毛盛志等（2018）研究证明，储蓄行为是移民经济社会融合的一种表现形式，由于户籍差异，农民工储蓄率高于有户籍身份的永久移民。[5] 李实等（2023）指出居民财产构成包括金融资产、净房产、生产性固定资产价值、耐用消费品价值等。影响居民财产积累机制的因素：储蓄率（对于低收入家庭来说，往往需要牺牲当期消费才能

---

① Stiglitz J E. Distribution of Income and Wealth Among Individuals [J]. Econometrica, 1969, 37（3）.

② 王小林. 贫困测量：理论与方法 [M]. 北京：社会科学文献出版社，2017：8-9.

③ 戴维·S·兰德斯. 国富国穷 [M]. 北京：新华出版社，2013：10-20.

④ Saez E, G Zucman. Wealth Inequality in the United States Since 1913：Evidence from Capitalized Income Tax Data [J]. The Quarterly Journal of Economics, 2016, 131（2）.

⑤ 毛盛志，温兴祥，陈杰. 户籍制度背景下农民工与城市移民的储蓄率差异 [J]. 中南财经政法大学学报，2018（2）：136-145+156+160.

积累起可观的财富）、收入的增长（居民收入增长来源于劳动报酬与资本收益。资本收益一般与居民财产存量有关，财产存量越大，资本收益越高）、财产价格（考虑财产实际价值、财产本身的市场价格及资产价值折旧）及财产结构变化。[①]

四、地理资本理论

"地理资本"是指空间地理位置与自然环境条件所形成的物质资本、社会资本和人力资本等组合差异的空间表现。[②] 贫困是经济发展落后、公共服务设施差、地理位置偏远、生态环境脆弱等地理资本缺失带来区域劣势。[③] 不同地区由于气候、资源、地理、交通等原因本来就存在差距，贫困与生态环境退化、气候变化、自然灾害、社会福利等存在密切的内在联系。

（1）新古典经济学理论认为，资源和人力资本的配置决定了一个地区的发展水平，资源的有效利用和技术进步是促进地区经济发展的关键。

（2）区位理论认为，地理位置有助于决定一个地区的竞争优势，便捷的交通运输可以促进资源的流动和市场的扩大，推动区域经济的发展。

（3）创新理论认为，创新（包括技术创新、产品创新、组织创新等）能够提高地区的竞争力和生产力，促进经济增长和社会进步。

（4）区域竞争理论认为，通过各地区之间的合作与竞争，可以实现资源的优化配置、经济增长的协同效应和区域发展的整体提升。

五、贫困文化理论

1959年，美国人类学家奥斯卡·刘易斯提出贫困文化（Culture of Poverty）理论，认为穷人居住及集聚方式衍生出其独特的生活方式、行为规范及价值观念，以致产生与其他人相对隔离、脱离社会主流文化的贫困亚文化。贫困文化具有世代传递机制，接受"贫困文化"的贫困者将安于现状，不再寻求自身境况的改变，贫困文化的产生直接导致相对贫困人口增加，增强贫困的解决难度。长期贫困家庭父辈的世界观、价值观及生活态度（包括卑微、屈辱、孤寂的生活态度，对自身教育程度的不屑一顾，

---

① 李实，詹鹏，陶彦君. 财富积累与共同富裕：中国居民财产积累机制（2002—2018）[J]. 社会学研究，2023, 38（4）: 1-26+226.

② 杨萍，沈茂英. 地理资本视角下的四川藏区农户增收问题探讨 [J]. 农村经济，2012（10）: 54-58.

③ 周扬，李寻欢，童春阳，等. 中国村域贫困地理格局及其分异机理 [J]. 地理学报，2021, 76（4）: 903-920.

对贫困不稳定家庭生活的唾弃，对权威的不尊重与不信任）会通过家庭内的依赖信任关系而影响到下一代。儿童时期的经济状况、教育、身体与精神健康都对后续生命阶段的发展有着累积性的作用，容易产生贫困代际传递。[1]

城市化发展中，不同阶层人员的迁移与流动产生了居住隔离问题，穷人在一定空间聚居形成贫困邻里，产生贫困文化与贫困代际传递。谢治菊，钟金娴（2020）指出相对贫困是长期贫困文化影响的产物，贫困群体过分关注政府或社会投入的稀缺资源而对教育及劳动技能的长期忽略，致使贫困代际再生产[2]。李炳煌（2022）指出贫困文化的代际传递影响留守儿童的身心发展与教育观念，抑制留守儿童的社会流动，需要采取措施阻断贫困文化代际传递。[3]周柏春（2023）指出农业转移人口文化梗阻表现在制度文化建设不完善，归属感不高、存储文化适应性不足、文化素养的物质支撑不强等方面。[4]赵清军，何军（2023）指出抑制社会网络、强化社会规范和降低社会信任等文化差异对农业转移人口城市融入具有显著的阻碍作用。[5]

六、区隔融合理论

移民融合过程是移民通过与迁入地社会的接触、互动、沟通，彼此渗透、相互接纳并最终实现经济整合、文化适应、社会融入及身份认同等目标的社会过程。[6]移民融合过程包括文化适应、结构性融合、婚姻融合、认同性融合、态度接受融合、行为接受融合和世俗生活融合7个重要维度。

区隔融合理论的特点在于对不同移民群体的自身特征、文化背景、结构位置等差异性的充分重视。移民融合出现"融合于主流社会""融合于城市贫困文化""选择性融合"3种结果。依据"区隔融合理论"可知迁入地社会对不同特征的迁移者所提供不同的机会，部分移民将成功地融入迁入地社会，而另一部分移民则会进入社会的底层，沦为迁入地的贫困阶层。刘程（2015）指出制度因素、人力资本和社会资本都在

①　李怀玉. 新生代农民工贫困代际传承问题研究［M］. 北京：社会科学文献出版社，2013：5-7.

②　谢治菊，钟金娴. "认知税"：一个理解持续贫困的新视角［J］. 华中农业大学学报（社会科学版），2020（6）：87-93+164-165.

③　李炳煌. 新时代留守儿童教育需要阻断贫困文化代际传递［J］. 湖南师范大学教育科学学报，2022，21（3）：109-114.

④　周柏春. 农业转移人口城市融入的文化梗阻及其消解［J］. 长白学刊，2023，231（3）：141-148.

⑤　赵清军，何军. 文化差异会影响农业转移人口城市融入吗？——基于多层线性模型的实证研究［J］. 南京农业大学学报（社会科学版），2023，23（2）：155-167.

⑥　Parkre, Burgess E W. Introduction to the science of sociology［M］. Chicago：University of Chicago Press，1969：735.

移民融合中扮演重要作用。[①]

第三节　农业转移人口相对贫困引致因素

学界对于相对贫困研究路径分为"禀赋—感知"路径与"制度—权利"路径两条。"禀赋—感知"路径从贫困群体（个体）自身出发，解释相对贫困的成因并探索相应的反贫策略。"制度—权利"路径认为社会结构与制度的失衡是导致部分群体"被排斥"和"被剥夺"而陷入贫困的原因。[②] 本研究从个体性致贫因素与结构性致贫因素两方面研究。

一、个体性致贫因素

个体性致贫因素指的是导致个人或个体家庭贫困的因素，如教育、就业、健康状况、社会保障等，这些因素可以因人而异，通常包括以下几个方面：

（一）个体特征和心理行为

部分农民工可能由于自身的意愿或行为选择从事低收入的工作，或者缺乏对提升自身条件的努力。梁名双，袁青川（2017）发现，签订劳动合同、党员身份、婚姻状况、性别、教育、英语水平、企业性质以及所在的城市等因素影响农民工的收入分配不平等性。[③] 杨帆，庄天慧（2018）研究表明：新生代农民工性别、是否拥有专业技术资格证书等人口统计学特征和人力资本对其经济相对贫困产生显著影响。[④] 吴丽娟，罗淳（2021）研究发现以主观能动性为决定因素的心理健康是影响进城农民工多维贫困的重要因素。[⑤] 彭继权（2022）研究表明，男性农民工多维相对贫困的"顽固性"

① 刘程. 西方移民融合理论的发展轨迹与新动态［J］. 河海大学学报（哲学社会科学版），2015，17（2）：33–39+90.

② 谢小芹，王孝晴，廖丽华. 共同富裕背景下相对贫困的实践类型及其治理机制［J］. 公共管理学报，2023（8）：1–19.

③ 梁名双，袁青川. 城市居民与农民工收入分配差距及其影响因素研究［J］. 东南学术，2017（5）：136–144.

④ 杨帆，庄天慧. 父辈禀赋对新生代农民工相对贫困的影响及其异质性［J］. 农村经济，2018（12）：115–122.

⑤ 吴丽娟，罗淳. 心理健康与进城农民工的多维贫困［J］. 华南农业大学学报（社会科学版），2021，20（1）：84–95.

和"反复性"更强,暂时贫困和慢性贫困更严重。[①] 贺坤等(2022)研究证明年龄、户籍身份、婚姻状态、流动范围、子女数量等因素影响农民工贫困。[②] 张笑秋(2022)分析发现,个体的知识、经验、健康与能力对新生代农民工市民化存在显著正向影响。[③]

中国社会科学院(2020)调查显示:农民工存在工作时间长,流动性大,收入较低,社会保障参与度不高,对未来持乐观态度,但缺少清晰、可操作的规划的状况。新生代父母大多有打工经历并存在留守儿童的代际传递现象。[④] 个体的健康状况对工作能力和收入水平具有重要影响。

(二)人力资本与劳动技能

人力资本理论认为,教育和技能是农民工脱贫的关键。由于城乡之间的教育资源、社会保障等差距,导致农业转移人口在文化素养、知识结构、生产技能等方面具有"先天不足"。教育水平低限制了农民工获得更高薪酬和更好工作的机会,从而导致贫困。王春超,叶琴(2014)研究发现农民工因教育回报低而减少教育的投入,收入与教育维度的贫困对农民工多维贫困的贡献率较高。[⑤] 王美艳(2014)研究证明受教育水平、生活消费、居住、社会保险和子女受教育、就业和失业状况,显著影响农民工贫困。[⑥] 钱文荣,朱嘉晔(2018)指出由于城乡之间的教育资源、社会保障等差距,导致农业转移人口在文化素养、知识结构、生产技能等方面具有"先天不足"。[⑦] 孙咏梅(2019)表明,农民工隐性贫困度受到外部环境变动影响,提高劳动者自身素养等有助于摆脱隐性贫困状态。[⑧]

[①] 彭继权. 提高相对贫困识别质量:性别差异视角下多维动态测度及分解——以进城农民工为例 [J]. 宏观质量研究,2022,10(4):19-34.

[②] 贺坤,周云波,成前. 共同富裕视域下农民工多维贫困研究——基于城—城流动人口的比较分析 [J]. 现代财经(天津财经大学学报),2022,42(7):94-113.

[③] 张笑秋. 新生代农民工人力资本与市民化研究——以新人力资本理论为视角 [J]. 学海,2022(4):13-19.

[④] 中国社会科学院社会学研究所社会心理学研究中心课题组. 流动的"新市民"离融入城市还有多远 [B]. 光明日报,2020-10-09(7).

[⑤] 王春超,叶琴. 中国农民工多维贫困的演进——基于收入与教育维度的考察 [J]. 经济研究,2014,49(12):159-174.

[⑥] 王美艳. 农民工的贫困状况与影响因素——兼与城市居民比较 [J]. 宏观经济研究,2014(9):3-16+26.

[⑦] 钱文荣,朱嘉晔. 农民工的发展与转型:回顾、评述与前瞻"中国改革开放四十年:农民工的贡献与发展学术研讨会"综述 [J]. 中国农村经济,2018(9):131-135.

[⑧] 孙咏梅. 多维视角下的隐性贫困测度及其影响因素探究——基于我国建筑业农民工贫困度的调查 [J]. 社会科学辑刊,2019(6):100-108.

知识和技能的缺失所造成的失业成为导致农民工相对贫困的重要原因。供给侧结构性改革导向下，经济的高质量发展对劳动力的科技素质提出更高要求，农民工群体在文化素养、知识结构、生产技能等方面处于弱势。随着现代科技的发展和进步，用工单位的"机器换人"，一定程度上减少了对农民工用工需求，农民工失业风险增加。

（三）社会资本与社会网络

农民工往往面临着城市中缺乏社会关系和支持网络的挑战，他们在就业机会、信息获取和资源获取方面处于劣势位置。姚嘉（2016）证明家庭的人口特征、人力资本积累、经济基础、家庭经济行为及贫困家庭所在地区环境等因素影响贫困。[1] 杨帆，庄天慧（2018）认为父亲教育和父亲政治面貌总体上显著影响子辈新生代农民工的多维相对贫困而母亲禀赋影响不显著。[2] 马文武等（2018）指出长期贫困受到教育不足、家庭负担系数、房屋所有权、与县城的距离、医疗保障、自然灾害、社会资本或政治资本等因素影响。[3] 李梦娜（2019）认为由于空间隔离、制度隔离、自我隔离与社会隔离和影响，社会资本数量匮乏（质量低下）和制度性歧视所引起社会资本回报更低，导致农民工陷入贫困。[4] 于新亮（2022）证明家庭结构老龄化是贫困边缘家庭的主要致贫因素之一，自身人力资本的积累是减贫的内生动力。[5] 张车伟等（2022）认为农民工外出务工主要依托以亲缘、地缘关系为基础建立起来的社会信息网络。[6]

（四）地理环境

农民工贫困问题与地理位置相关，居住在贫困地区或缺乏基础设施的地方，如偏远农村地区，使个人更容易陷入贫困。贫困农民工集中在经济相对欠发达的地区，这使得他们在就业机会和资源分配方面处于不利地位。

二、结构性致贫因素

结构性致贫因素是指社会、经济和政治结构中的一系列因素，导致人们陷入贫

① 姚嘉. 我国贫困阶层的收入流动性研究：动态变化与影响因素 [D]. 浙江大学，2016.

② 杨帆，庄天慧. 父辈禀赋对新生代农民工相对贫困的影响及其异质性 [J]. 农村经济，2018（12）：115–122.

③ 马文武，杨少垒，韩文龙. 中国贫困代际传递及动态趋势实证研究 [J]. 中国经济问题，2018（2）：13–23.

④ 李梦娜. 社会资本视角下城市农民工反贫困治理研究 [J]. 农村经济，2019（5）：121–127.

⑤ 于新亮，孙峥岫，上官熠文，等. 相对贫困潜在增量治理：贫困边缘人群的识别路径和演化机制分析 [J]. 农业技术经济，2022（10）：53–68.

⑥ 张车伟，赵文，李冰冰. 农民工现象及其经济学逻辑 [J]. 经济研究，2022，57（3）：9–20.

困并难以摆脱贫困的情况。如这些结构性致贫因素相互作用，可能形成恶性循环，使贫困现象长期存在。农民工贫困是由社会结构和制度因素导致，通常包括以下几个方面：

（一）经济转型

贫困是经济发展的一种结果，经济增长放缓、生产力低下和失业都是造成贫困的原因。[①]库兹涅茨和刘易斯认为结构转型是通过包括劳动力在内的经济活动从农村部门向城市部门的逐步转移实现的。经济结构决定社会职业结构，而经济结构又受制于经济发展阶段，劳动力的技术水平、人力资本存量等因素。

1978年改革开放以来，我国经济体制由计划经济转向市场经济。劳动密集型产业蓬勃发展，中低端产业对中低技术技能劳动力需求加大，大部分就业岗位对劳动力素质技能水平的要求不高，农村劳动力提高受教育水平动力不足。1990—2021年，第一产业就业比重从60%下降到了22.9%，二、三产业就业比重分别从21%和19%上升到了29.1%和48%。大量农村劳动力从农业部门转移到制造业和服务业部门。各项制度改革与政策的非均衡推进，收入分配不完善和基本公共服务不均等造成农村相对贫困群体福利低于社会平均水平。[②]业结构调整、城市化进程加速、社会保障制度改革等因素构成了新的致贫机制，导致农业转移人口利益受损而被边缘化，成为贫困群体。

（二）城乡二元户籍制度

户籍制度是农民工现象产生的主要制度根源，也是制约农民工平等享受公共服务和福利待遇的最大制度障碍。1958年开始实施《户籍登记条例》确立农业和非农业两种户籍，多项福利待遇与户籍制度长期挂钩难以剥离。城乡户籍制度及其衍生出的劳动就业制度、社会保障制度、收益分配制度等，使户籍与医疗、社会保障、子女教育、养老、就业及公共服务相关联，公共服务在城乡之间差距骤然固化并持续拉大。[③]户籍制度成为取代阶级和所有权而维持社会秩序、资源分配秩序的基本制度，催生了中国社会整体的分层结构，决定了农民社会地位的特殊性与改变自身阶层方式的特殊性。[④]

①　Brady D. The Poverty of Liberal Economics [J]. Socio-Economic; Review, 2003, 1（3）: 369-409.

②　汪三贵，刘明月. 从绝对贫困到相对贫困：理论关系、战略转变与政策重点 [J]. 华南师范大学学报（社会科学版），2020（6）: 18-29+189.

③　邵磊，任强，侯一麟. 基础教育均等化措施的房地产资本化效应 [J]. 世界经济，2020，43（11）: 78-101.

④　李强. 当代中国社会分层 [M]. 北京：三联书店，2020: 78-79.

个人禀赋差异与户籍歧视造成的制度身份不同成为城乡收入差距的主要原因。城乡分割的二元户籍制度加大农业转移人口与流入地市民之间、农业转移人口内部之间、农业转移人口与农村人口之间的贫富差距，产生社会矛盾冲突。[①]《城市居民最低生活保障条例》（国务院令第 271 号）保障对象为持有非农业户口的城市居民，并没有非城镇户口的居民。扶贫政策的"户籍地"原则和政策体系的"城乡分割"，使乡－城流动人口陷入既脱离了农村扶贫体系，又不能进入城市社会救助体系的"两头落空"的困境。[②]何玉长，曾露（2017）指出推进农业转移人口市民化重在化解农民收入固化、农民身份固化及农村社会发展固化。[③]何宗樾，宋旭光（2018）研究发现户籍制度本身隐含着对流入人口的制度性歧视，教育机会、就业机会和收入水平是户籍制度影响农民工群体的多维贫困和不平等程度的主要途径。[④]闫辰聿，和红（2022）研究发现，户籍转变可以提高农业转移人口的生活满意度和收入，降低其抑郁风险但提高其超重肥胖风险。[⑤]陈思创等（2022）证明户籍迁移存在"家庭团聚效应"，农村三权均存在降低户籍迁移意愿的"滞留效应"。更多的农村权益导致多数农业转移人口家庭选择"城乡分离"的户籍策略，户籍迁移最终呈现出逆家庭化的特征。[⑥]

（三）社会保障与社会福利制度

人口条件、就业状况、公共福利、政策与制度设计和社会排斥等社会要素对贫困具有放大效应，社会保障（教育负担、医疗负担、工作稳定性）对居民陷入相对贫困具有显著的影响。[⑦]城乡二元治理模式中，户籍制度与土地制度改革促使资源进一步向城镇集聚，城乡间基本公共基础设施、基本公共教育、基本医疗、基本社会保障等基本公共服务差距加大。

相比城市居民，农民工面临着较少的社会保障和福利待遇。许多农民工缺乏社会保障，如医疗保险、养老保险和失业保险，也没有稳定的住房保障。这使得农民工在

① 左常升主编. 包容性发展与减贫［M］. 北京：社会科学出版社，2013：20-29.

② 郑功成. 中国流动人口的社会保障问题［J］. 理论视野，2007（6）：8-11.

③ 何玉长，曾露. 农业转移人口市民化重在化解城乡固化［J］. 深圳大学学报（人文社会科学版），2017，34（5）：79-85.

④ 何宗樾，宋旭光. 中国农民工多维贫困及其户籍影响［J］. 财经问题研究，2018（5）：82-89.

⑤ 闫辰聿，和红. 城镇化的微观健康效应——户籍转变对农业转移人口健康的影响［J］. 西北人口，2022，43（5）：37-48.

⑥ 陈思创，曹广忠，刘涛. 中国农业转移人口的户籍迁移家庭化决策［J］. 地理研究，2022，41（5）：1227-1244.

⑦ 张文宏，苏迪. 特大城市居民相对贫困影响因素实证分析——基于北京、上海、广州的研究［J］. 中共中央党校（国家行政学院）学报，2020，24（3）：100-109.

面对意外事故、失业、疾病等风险时，无法获得应有的保障和救助。劳动力市场分割引致的基本养老保险呈现"双轨制"特点，即《城镇职工养老保险》与《城乡居民养老保险》存在城乡保保障水平低、城职保参保机会不均等和养老保险待遇不均等。农民工往往被锁定在次要劳动市场，与主要劳动力市场的劳动者相比，除工资率低、工作不稳定外，更大的短板在于社会保障缺位。城市社会福利体系对农民工的排斥犹如一道"隐形户籍墙"，降低了他们社会融入感。

（四）土地制度

1954年，《中华人民共和国宪法》规定"国家依照法律保护农民的土地所有权和其他生产资料所有权"。[①] 我国的土地制度为全民所有制和劳动群众集体所有制。随着工业化和城镇化的发展，城乡土地二元结构造成的集体土地权属关系不清、流转制度不完善、权益保障制度不到位等弊端已成为制约农业农村经济发展以及农业转移人口进城落户的瓶颈。

（1）农村土地流转问题：部分农村劳动力通过土地流转等方式进入非农领域工作，但由于农村土地制度限制，农民工外出务工和土地流转不畅，农户经营规模过小和土地粗放经营甚至撂荒现象大量并存，土地权益难以成为农民的财产性收入。

（2）对闲置自建房无法重新配置。城镇居民购买商品房却可租、可售。农村宅基地属于集体所有，农民通过划拨方式获得，宅基地不能流转。

（3）农村集体经营性建设用地与国有建设用地不能同权、同价。

（4）征地补偿制度不健全，补偿标准偏低，农民难以凭借土地权益分享利益，对土地资源的乱占滥用和寻租腐败问题加剧。[②] 上述问题限制了农民工脱离农业、参与城市化进程和寻求更好就业机会的能力。

（五）住房制度

1988年2月，国务院批准印发了国务院住房制度改革领导小组《关于在全国城镇分期分批推行住房制度改革的实施方案》，改革鼓励职工买房，实现住房商品化。住房制度市场化改革之后，公有住房以极低的价格出售给居民，住房商品化相当于一次性地将公有财产转化为个人财产。[③]

---

① 《宪法》第九条和第十条规定，矿藏、水流、森林、山岭、草原、荒地、滩涂等，都属于国家所有，即全民所有，由法律规定属于集体所有的森林和山岭、草原、荒地、滩涂除外；城市的土地属于国家所有；农村和城市郊区的土地，除国家法律规定属于国家所有的以外，属于集体所有。

② 张车伟，赵文，李冰冰. 农民工现象及其经济学逻辑［J］. 经济研究，2022，57（3）：9-20.

③ 赵人伟，李实. 中国居民收入差距的扩大及其原因［J］. 经济研究，1997（9）：19-28.

在中国单位制解体、社会保障制度不完善背景下，影响城市居民住房获得与住房不平等的因素主要有：教育与家庭背景、职位变化、社会地位及单位制、住房制度变革、住房金融制度等。李实等（2000）指出福利分房制度是造成城镇住户间房产分配差距主要原因，货币化住房改革没有矫正传统分房制度遗留下来的不均等。[①] 崔凤等（2005）认为住房公积金政策、住房贷款政策、经济适用房政策等住房政策排斥是城市贫困家庭住房难的原因之一。[②] 陈琳，袁志刚（2012）指出相对于人力资本、社会资本，以房产价值和金融资产为代表的财富资本对城镇居民收入代际传递的解释力更高。[③] 孙伟增等（2015）认为地方财政支出与居民住房支付能力之间存在显著的正向关系。[④] 王建国（2016）认为农业人口流动是拉低城市总体住房水平、扩大住房不平等和加重住房贫困的重要因素。[⑤] 贺坤，周云波（2018）指出农民工住房维度下的住房公积金指标发生率最高。[⑥]

住房制度改革的分割性加速中国贫富分化。住房占有的差异已导致城乡居民"代际"之间不平等，住房代际分化累积，影响底层青年婚姻决策、择业置业、生活质量、幸福感与消费倾向等多个方面。受单位和户籍等制度因素、生命事件、家庭禀赋、职业地位和地区市场化程度影响，青年住房获得的时期、世代和城乡地域差异显著。在制度变迁、城市规模与城乡差异共同作用，家庭对青年群体的购房支持呈现两极分化。拥有城市产权住房的农业转移人口大多依靠家庭成员的"累积性"财富，家庭资助买房成为青年实现阶层跃升的一条捷径。相比来自农村地区、体制外工作、非本地户籍的家庭，大城市、在体制内工作、本地户籍的家庭能够为子女购房提供更多的支持。

---

① 李实、魏众、B.古斯塔夫森. 中国城镇居民的财产分配 [J]. 经济研究，2000（3）：1623+79.

② 崔凤，毛凤彦. 社会排斥与城市贫困家庭的住房问题 [J]. 学习与探索，2005（5）：129–132.

③ 陈琳，袁志刚. 授之以鱼不如授之以渔——财富资本、社会资本、人力资本与中国代际收入流动 [J]. 复旦学报（社会科学版），2012（4）：99–113+124.

④ 孙伟增，王定云，郑思齐. 地方财政支出、房价与居民住房支付能力 [J]. 清华大学学报（哲学社会科学版），2015，3016：165–177+193.

⑤ 王建国. 户口性质、人口流动与城市住房状况 [J]. 经济研究参考，2016（22）：69–77.

⑥ 贺坤，周云波. 精准扶贫视角下中国农民工收入贫困与多维贫困比较研究 [J]. 经济与管理研究，2018，39（2）：42–54.

第四章

农业转移人口相对贫困的识别与返贫监测

第一节　相对贫困识别方法

一、相对贫困识别指标

（一）相对贫困人群识别

贫困的评估包括设定"贫困线"、贫困者甄别、贫困者加总、计算综合贫困指数等步骤，关键在于贫困识别与贫困监测。相对贫困是指相对于社会平均水平，个人或家庭收入、财富或生活水平较低的状态。识别相对贫困人群是一个复杂的过程，主要考虑以下指标。

（1）收入水平：根据国家或地区的平均收入水平，将收入低于一定比例的人群定义为相对贫困人群。

（2）财富分配：财富包括房产、土地、投资和储蓄等，而资产则是指一切具有经济价值的资源。

（3）生活标准和基本需求：如果个体或家庭无法获得足够的食物、住房、医疗保健和基本服务，无法维持基本的生活水平，那么他们可能被认定为相对贫困。

（4）社会福利指标：如果一个社会的社会福利体系没有充分覆盖所有人，并且一部分人无法享受到基本的教育、医疗和社会保障等福利，这些人可能处于相对贫困状态。

（5）社会参与和机会：社会参与包括教育、就业、政治参与等。如果个体或家庭没有足够的机会参与社会生活，如无法接受良好的教育、缺乏就业机会或被排斥在决策过程之外，他们可能处于相对贫困状态。此外，相对贫困还体现困难群体主观层面的社会心理需求，他们会以物质层面的获取来判断自身是否贫困。

（二）相对贫困的识别手法

相对贫困的识别根据不同国家或地区的具体情况而有所不同，通常是设定一个阈值，低于该阈值的人被定义为相对贫困。相对贫困的识别方法可以采用以下几种方式。

（1）收入比较法：将个体或家庭的收入与社会平均收入进行比较，低于收入阈值，则被视为相对贫困。

（2）财富/资产比较法：将个体或家庭的财富或资产与社会平均水平进行比较，如低于财富/资产的阈值，则被视为相对贫困。

（3）生活水平比较法：将个体或家庭的生活水平与社会平均水平进行比较，如低于生活水平的阈值，则被视为相对贫困。

（4）社会参与度比较法：如果个体或家庭因经济原因受限，无法充分参与社会交往和活动，可能被认定为相对贫困。

二、基于相对贫困线的识别方法

（一）食物贫困线（简称 FPL）

食物贫困线是指为维持生存需要的最低收入水平，即满足最低"吃"方面的需求。基于贫困线的识别方法。

（1）一般用每人每天食物热值来表示，人均每天收入在食物贫困线以下者，为贫困人口或者饥饿人口。

（2）基本生活需求法：将最低平均食物热值转换为由各种食物组成的菜单，确定个体维持基本生活所必需的一些物品，通过价格计算出基本生活费用即为食物贫困线。[①]

（3）恩格尔系数法：恩格尔系数是联合国确定贫困线的重要依据，以食品消费占总收入的比值来表示。当恩格尔系数大于 59% 为绝对贫困、50%~59% 为勉强度日、40%~50% 为小康水平、30%~40% 为富裕；30% 以下为最富裕。

（4）预算标准法（又称市场菜篮子法）：是按照所在地市场价格计算，购买社会公认的维持家庭或个人生活必需品的种类与数量所需的现金金额，即贫困线。

---

① 余芳东. 国际上常用的贫困监测统计方法 [J]. 中国统计，2004（8）：53-54.

（二）基本贫困线（简称 TPL）

基本贫困线包括食物贫困线和包括吃、住、行、基本医疗卫生和教育等消费需求在内的非食物贫困线两部分。测量方法主要有中位数法、基尼系数法、马丁法。

（1）中位数法：国际上的普遍做法是以居民收入平均值或中位数的 30%—60% 作为相对贫困线，收入处于标准之下的个体被确定为相对贫困人口。

（2）基尼系数法：基尼系数是衡量收入或财富分配不平等程度的指标。在相对贫困监测中，基尼系数可以用于评估不同群体之间的贫富差距。系数越高，表示贫富差距越大。

（3）马丁法：1993 年，经济学家马丁（Martin）提出了包含最低非食物需求在内的贫困线标准即"马丁法"。"马丁法"核心理念是通过度量一个国家或地区居民食物消费支出与非食物消费支出制定"一高一低"贫困线动态衡量居民最低生存标准与最低生活标准。[①] 其中"低限"表示居民维持最低需求的食物支出与非食物支出之和，"高限"则表示居民达到最低生活标准的食物支出和非食物支出之和。

三、基于贫困指数的识别方法

（一）森指数

阿马蒂亚·森（1976）在《贫困与饥荒——论权利与剥夺》中提出了贫困度量的公理化方法并构造了森指数（Sen Index）用于对贫困人口的总度量。贫困指数必须满足单调性公理（减少贫困者的收入会增加贫困）与转移公理（将一个贫困者的部分收入转移给比他收入高的人会增加贫困），计算公式为

$$P=H\left(I+\left(1-I\right)G_p\right) \tag{5.1}$$

式（5.1）中，P 为贫困量，H 为贫困率（即被识别为穷人的人数比率），I 为收入缺口比率（即穷人的平均收入与贫困线的差距的百分比），G_p 是穷人之间收入分配的基尼系数。

（二）人类发展指数

联合国开发计划署（UNDP，1990，1997，2010 年）分别提出了人类发展指数（Human Development Index，HDI）、人类贫困指数（Human Poverty Index，HPI）及多维贫困指数（Multidimensional Poverty Index，MPI）。人类发展指数（HDI）建立在"人

---

① 李洪，蒋龙志，何思好. 农村相对贫困识别体系与监测预警机制研究——来自四川省 X 县的数据 [J]. 农村经济，2020（11）：69-78.

类发展"概念基础上，由出生时的预期寿命、预期受教育年限、实际人均国民生产总值三个维度指标组成。HDI 越大表明贫困程度越小、整体状况越好。

（三）人类贫困指数

人类贫困指数（HPI）分别用不同指标衡量发达国家与发展中国家的平均发展水平。从寿命、16～65 岁年龄组中缺乏技能的人口比例、人均可支配收入不到平均水平的比例及失业率 4 个维度衡量发达国家贫困水平；从寿命、读写能力、生活水平 3 个维度衡量发展中国家贫困水平。

（四）多维贫困指数

2010 年，联合国开发计划署（UNDP）《人类发展报告》中提出了多维贫困指数（Multidimensional Poverty Index，MPI），认为贫困不仅体现在收入不足，更表现为不良的健康营养状况、较低的受教育水平、缺乏谋生手段、粗劣的居住环境、社会排斥、社会参与缺乏等诸多方面。MPI 是对人类贫困指数（HPI）和人类发展指数（HDI）的进一步完善，可以反映不同个体或家庭在不同维度上的贫困程度。多维贫困指数分为两类，一类用于全球多维贫困测量及国别比较，另一类用于某个国家多维贫困的测量，由各国自行确定贫困的维度、指数、权重等。

第二节　农业转移人口相对贫困监测方法

一、相对贫困监测方法与步骤

贫困是一种复杂、多维度的现象，它是社会、文化、体制、地域和政治资源被剥夺并造成匮乏的过程，受此影响最大的是低收入群体。[①]

相对贫困监测是一种将个体或家庭的收入、消费或其他经济指标与社会平均水平进行比较来评估其贫困程度的方法。建立健全相对贫困监测机制，首先需要结合具体的国家或地区情况制定贫困标准，其次比较个体或家庭的经济状况与整个社会群体的平均水平或某个指定标准的差异。选取相对贫困监测方法时，需要考虑数据的有效性、可靠性以及适用性，并结合其他经济、社会和环境因素综合评估贫困状况。

农业转移人口相对贫困监测的一般步骤。

---

① 艾丽西娅·齐卡迪，沈晓雷. 贫困与城市不平等——以墨西哥城大都市地区为例［J］. 国际社会科学杂志（中文版），2017，34（4）：16–32+5+8.

（1）定义相对贫困：确定相对贫困的指标和标准，通常是根据收入或者财富的差距来进行度量。本研究中将城镇居民人均可支配收入作为相对贫困指标。

（2）数据收集：收集关于个人、家庭或社区收入、财富以及其他相关经济和社会指标的数据。

（3）设定贫困线：根据比较基准和数据，计算出相对贫困线。相对贫困线是一个阈值，用于判断个体或家庭是否处于相对贫困状态。通常，如果个体或家庭的指标低于相对贫困线，就被认为处于相对贫困状态。本研究中将城市居民最低生活标准作为绝对贫困线；城镇居民人均可支配收入的 50% 作为相对贫困线标准。

（4）数据处理和分析：对收集到的数据进行清理和整理，计算出每个个体或家庭的相对贫困指数。

（5）监测和评估：使用相对贫困指数来监测和评估社会中的相对贫困情况，以帮助政府、研究机构和社会组织了解不同群体的贫困状况，并制定相应的政策和措施。

（6）结果报告和沟通：分析和总结监测结果向利益相关方、政策制定者和公众进行报告和沟通，以提高社会认识，促进政策制定和社会行动。

（一）确定监测指标

用于监测相对贫困的指标，包括国家或地区发展目标、地区教育水平、医疗资源、住房条件等；家庭可支配收入、家庭消费支出、财富等经济指标。制定一套合理的指标体系，包括收入、就业、教育、医疗保障等方面的指标，用于评估贫困人口的脱贫情况和返贫风险。

（二）建立贫困信息共享数据库

为避免农业转移人口贫困信息质量参差不齐，分类口径不一，各监测单位各自为阵、条块分割，信息难以共享等问题，需要扶贫监测评价部门在实施分工合作的基础上，通过技术的标准化，建立共享数据库，达到扶贫资源的高效率使用。[①]收集涉及指标的数据，可以通过家庭调查、统计数据、政府工作报告等途径获取，确保数据收集方法的科学性和可靠性。

（三）确定比较基准

相对贫困的核心是将个体或家庭的指标与社会平均水平进行比较。因此，需要确定相对贫困的比较基准，如国家的平均收入、地区平均消费水平等。常用的指标

---

① 任婷瑛. 贵州省农村扶贫监测评价体系存在的问题及其对策建议——以黔东南州为例 [J]. 农业经济，2016（2）：97-98.

如下。

（1）相对贫困率（Relative Poverty Rate）：衡量收入或消费低于全国平均收入或消费水平的人口占总人口的比例。

（2）相对贫困深度（Relative Poverty Depth）：衡量相对贫困人口与相对贫困线之间的距离。

（3）相对贫困差距（Relative Poverty Gap）：相对贫困人口与相对贫困线之间的总差距。

（四）返贫风险评估

根据计算得到的相对贫困率或相对贫困人口数量，进行数据分析和解释，可以研究不同人群、地区或特定社会群体的相对贫困情况，探索背后的原因和影响因素。根据所得到的数据和分析结果，评估贫困人口的返贫风险。可以采用风险评估模型或指标体系，对个体或家庭进行风险评估，以便及时采取措施防止返贫。

（五）实施贫困动态监测评价

可以利用大数据、人工智能等技术手段进行动态监测，对贫困弱势群体做到预防与事后救助相结合。对经济收入水平降至贫困线以下的群体要及时进行确认，并将其纳入相对贫困扶持对象并享受相应的政策待遇。对已确认的贫困群体，其收入水平得以增加超过相对贫困线的人群要及时终止其享受的政策待遇。

二、相对贫困风险预警体系

（一）预警指标体系

相对贫困识别需要结合多维相对贫困评价体系，将"精准"思维与防贫监测预警机制结合起来划分不同预警等级与缓冲区进行动态调整。[1] 预警指标体系设计时应遵循以下原则：选取风险因素数量合适；减少风险因素指标间的相关性；增强风险因素指标体系的完备性[2]。在系统分析农业转移人口相对贫困的风险点基础上，构建农业转移人口相对贫困发生风险指标体系（详见表4-1），选择住房、社会保障、教育、户籍身份、婚姻状态、子女数量等具有高、较高影响的因子作为主要监测指标。

---

① 李洪，蒋龙志，何思好. 农村相对贫困识别体系与监测预警机制研究——来自四川省 X 县的数据［J］. 农村经济，2020（11）：69-78.

② 梁斌. 略论我国矿业海外投资项目的风险评价［J］. 中国国土资源经济，2011（2）：45-47.

表 4-1　农业转移人口相对贫困发生风险变量

贫困维度	致贫指标
收入	个人年总收入
生活条件	住房条件差、子女教育费用高、居住地环境污染问题严重、医疗支出难以承受、赡养老人负担重、家庭总体收支大
就业	日工作时长、工作持续性、劳动权益（劳动合同）
社会保障	养老保险或退休金、医疗保险、失业保险、工伤保险、生育保险
能力贫困	教育（学历）、互联网使用能力
权利贫困	政治选举权、工会参与

（二）相对贫困风险生成机理

　　农业转移人口相对贫困风险形成原因可以借助"风险触发器"原理，采用风险形成机理模型（图 4-1）来演示。相对贫困风险变量在贫困演化中所体现的适应性、支撑性、匹配性、创新性都具有一定的阈值，当系统中各要素间动态变动幅度超过阈值时，风险因素变化产生脉冲，脉冲达到一定强度通过阀门，产生潜在相对贫困风险。

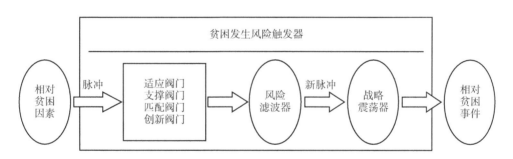

图 4-1　相对贫困风险因素触发形成相对贫困事件的原理

（三）相对贫困风险预警方法

　　贫困预警管理的功能包括监测、诊断、警报方式、信息、早期控制、对策库和失误矫正等。[①] 相对贫困风险预警的本质是预先对风险进行研判，从致贫风险因子、致贫风险评估的角度构建预测模型，进行全过程、全方位、实时、动态的预警。贫困发生风险预警体系包括预警的基本功能、方法和指标体系。预警系统基本目标为预报农业转移人口相对贫困的发生状态，并根据系统所显示的警报信号对相对贫困风险进行防范和控制。预警方法分为定性预警方法（德尔菲法、专家评议法、加权平均法）、

---

　　① 左停，李泽峰. 风险与可持续生计为中心的防返贫监测预警框架 [J]. 甘肃社会科学，2022（5）：35-46.

定性和定量相结合的预警方法（BP 神经网络法、多级模糊综合评价法、层次分析法）及模型预警方法三种。

1. 预警模型

为了说明预警原理，假设农业转移人口相对贫困主要受 B 个风险变量影响，建立预测模型为

$$Y = f(R, B) \tag{5.2}$$

式（5.2）中，Y 为函数；f 为农业转移人口相对贫困函数规则；R 为风险事件、同时也是 B 的函数，即随着相对贫困的致贫因素发生相应变化；B 为相对贫困的致贫因素变量。

2. 风险变动幅度预警

由于农业转移人口相对贫困的动态性和复杂性，设空间上有 a、b 两点，设 a 点是相对贫困开始监测的时点，由于六维贫困发生风险因素综合影响，经过时间 Δt（$\Delta t = t_1 - t_0$）后，贫困发生风险达到 b 点，设变量 B 为可观测，则它在 t_0，t_1 的值都是可知的，各类贫困发生风险因素的变化范围为

$$\Delta B_1 = B_{1b} - B_{1a} \tag{5.3}$$

若以 a 为基点，各维变量的变动率为 γ，则

$$\gamma_{B_1} = \frac{\Delta B_1}{B_{1a}} \tag{5.4}$$

监测预警主体可根据实际情况选择函数规则 F，则在 t_0 时刻贫困发生风险为

$$Y_a = F(B_a] \tag{5.5}$$

在 t_1 时刻贫困发生风险为

$$Y_b = F(B_b] \tag{5.6}$$

贫困发生风险变动幅度为

$$\Delta Y = Y_b - Y_a \tag{5.7}$$

贫困发生风险变动率为

$$\gamma_Y = \frac{\Delta Y}{Y_a} \tag{5.8}$$

根据农业转移人口相对贫困发生风险的预测，对上述预警指标的变动幅度给予假定：指标预警是根据预警指标数值大小的变动来发出不同程度的警报。假设影响农业转移人口贫困发生风险指标体系中的一个指标 B_{ij} 为需要进行报警的单项指标，且 B_{ij}

的安全区域为 $[B_{ija}, B_{ijb}]$，其初等危险区域为 $[B_{ijc}, B_{ija}]$ 和 $[B_{ijb}, B_{ijd}]$，其高等危险区域为 $[B_{ije}, B_{ijc}]$ 和 $[B_{ijd}, B_{ijf}]$，贫困发生风险因素单项指标预警域值详见图4-2。

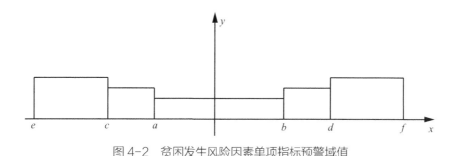

图4-2　贫困发生风险因素单项指标预警域值

基本警报准则如下：①当 $B_{ija} \leqslant B_{ij} \leqslant B_{ijb}$ 时，贫困发生风险较低，预警系统不发出警报；②当 $B_{ijc} \leqslant B_{ij} \leqslant B_{ija}$ 或 $B_{ijb} \leqslant B_{ij} \leqslant B_{ijd}$ 时，贫困发生风险一般，预警系统发出一级警报；③当 $B_{ije} \leqslant B_{ij} \leqslant B_{ijc}$ 或 $B_{ijd} \leqslant B_{ij} \leqslant B_{ijf}$ 时，贫困发生风险较高，预警系统发出二级警报；④当 $B_{ij} \leqslant B_{ije}$ 或 $B_{ij} \geqslant B_{ijf}$ 时，贫困发生风险高，预警系统发出三级警报。同理，可分别对其他贫困发生风险指标进行变化幅度预警。

3. 风险弹性预警

设风险弹性预警指标弹性系数为 l_B，则有

$$l_B = \frac{\Delta Y / Y_a}{\Delta B / B_a} \qquad (5.9)$$

假设影响风险指标体系中的一个指标为 B_{ij}，B_{ij} 的弹性系数 $l_{B_{ij}}$ 的弹性区间为 $[0, 1]$，则：①当 $|l_{B_{ij}}| > 1$ 时，B_{ij} 对相对贫困的影响富有弹性，相对贫困风险较低，预警系统不发出警报；②当 $|l_{B_{ij}}| = 1$ 时，B_{ij} 对相对贫困的影响为单一弹性，相对贫困风险一般，预警系统发出一级警报；③当 $|l_{B_{ij}}| < 1$ 时，B_{ij} 对相对贫困影响为缺乏弹性，相对贫困风险较高，预警系统发出二级警报；④当 $|l_{B_{ij}}| = 0$ 时，B_{ij} 对相对贫困影响完全无弹性，相对贫困风险高，预警系统发出三级警报。同理，可分别对其他相对贫困风险指标进行变化弹性预警。

综上，预警模型能实现农业转移人口相对贫困全过程的动态预警，但模型中的函数关系难以确定，本研究中因缺乏相关数据没有进行实证验证。相对贫困风险预警能否实现取决于：风险监控部门正确把握风险因素产生相对贫困促发规律、正确判断风险要素所产生的后果对贫困治理目标实现的影响程度。从"帮扶机制、瞄准机制、增

收机制、风险分散机制"等方面建立稳定可持续的相对贫困防范机制。[①]

第三节　农业转移人口相对贫困识别实证

一、研究背景

2022年，中国常住人口城镇化率达到65.22%，农业转移人口达到2.86亿人。农业转移人口已成为推动中国经济发展和社会变革的重要力量。由于城乡二元劳动力市场分割，国家经济发展中追求效率及产业结构调整等外部负效应，相比城镇户籍居民，农业转移人口对城镇经济社会发展成果分享较少。农业转移人口作为我国城乡二元社会结构的特殊群体，面临住房、健康、教育、就业、市民权利等多维贫困，成为新"城市贫民"的主要群体及"相对贫困"治理的主要对象。多维相对贫困强度的上升抑制了农民工城市永久迁移意愿，农业转移人口相对贫困的治理需要进行农业转移人口市民化、城乡基本公共服务共享、城乡间要素自由流动与平等交换、城乡社会协同治理等方面的配套改革。[②]

在城乡融合发展战略背景下，构建相对贫困识别指标体系，确定各维度指标权重，设定各指标的被剥夺临界值，划定相对贫困标准线，有助于政府精准瞄定"相对贫困"人口，提高贫困治理精准度，建立解决相对贫困的长效机制，推动减贫战略和工作体系平稳转型。

二、数据与研究方法

（一）测度方法

2008年，牛津大学贫困与人类发展研究中心的阿尔基尔（Alkire）和福斯特（Foster）在《计数和多维贫困测量》中提出计算多维贫困的识别、加总和分解方法的双界线法（the Dual-Cutoff Approach），也称A-F法。Alkire（2015）认为通过对"个人能力指数"（由个人健康状况、收入水平、学识能力因素构成）进行分解与测算，可以

---

①　陈茜、汪三贵. 规模性返贫的底线评判、潜在风险与防范机制［J］. 湖南农业大学学报（社会科学版），2023（9）：1–10.

②　潘文轩. "后脱贫时代"反贫困体系城乡一体化的前瞻性研究［J］. 经济体制改革，2021（2）：28–34.

为宏观层面的政策制定提供可靠信息。[①] A–F 方法从教育（Education）、健康（Health）、生活水平（Living Standard）三大维度 10 类指标，测算个体和家庭多维贫困程度，其中教育和健康方面的不良表现是判断多维贫困更敏感的因素，A–F 多维贫困方法指标及其权重详见表 4-2。如果一个人多维贫困指标加权计算后得分为 0.3，则处于多维贫困状态。[②]

表 4-2　A–F 多维贫困方法指标及其权重

维度	指标	贫困临界值	权重
教育	受教育年限	10 岁及以上人口未完成 5 年学校教育	1/6
	入学儿童	适龄儿童为入学	1/6
健康	儿童死亡率	家中有儿童死亡	1/6
	营养	有 70 岁以下成人或儿童营养不良的情况	1/6
生活水平	用电	家中不通电	1/18
	卫生厕所	厕所设施没有得到改善或需要与其他用户共用	1/18
	安全饮用水	家中不能获取安全用水或取水步行 30 分钟以上	1/18
	屋内地面	家中地面肮脏、沙土、有粪便或其他类型	1/18
	做饭用的燃料	家中使用粪便、木材、木炭或其他类型的燃料	1/18
	耐用消费品	家中没有收音机、电视、电话、自行车、摩托车或电冰箱中任一样，且没有小汽车或卡车	1/18

资料来源：Alkire S, A Conconi, et al., The Global Multidimensional Poverty Index（MPI）: 5 year methodogical note［R］. OPHI Briefing, 2016: 37

　　A–F 方法是诸种多维贫困测量方法中应用最广泛的方法，主要包括多维贫困的识别、剥夺的识别（各个维度的福利取值）、贫困加总、权重设置和贫困分解五项关键工作。

　　1. 计算多维贫困指数（MPI）

　　本研究参照 MPI 对维度、指标、权重及临界值的界定，计算农业转移家庭在所有指标上的加权剥夺分，如果加权剥夺分超过临界值，则被界定为多维贫困。具体步骤：①确定贫困的维度与指标；②确定各指标的剥夺临界值；③确定各维度与各指标权重；④计算每个家庭多维贫困剥夺分值，识别是否属于多维贫困；⑤计算多维贫困指数。

---

　　① Alkire S. The Capability Approach and Well–Being Measurement for Public Policy［M］. OPHI Working Paper 94, 2015.

　　② Alkire S, A Conconi, et al. The Global Multidimensional Poverty Index（MPI）: 5 year methodogical note［R］. OPHI Briefing, 2016: 37.

公式如下。

$$MPI = H \times A \qquad (5.10)$$

式（5.10）中，MPI 表示多维贫困指数；H 表示贫困发生率；A 表示贫困强度（贫困人口经受的平均剥夺比例）。MPI 取值越小，说明该个体或家庭贫困程度就越低，相反，则越高。

$$H = q / n \times 100\% \qquad (5.11)$$

式（5.11）中，q 是维度临界值为 k 时贫困人口数，n 为总样本。

$$A = \sum_{i=1}^{n} C_i(k) / q \qquad (5.12)$$

式（5.12）中，k 为贫困维度临界值，C_i 为个人 i 在所有 d 个维度上的总剥夺得分，如果 $C_i \geq k$，则该个体被界定为多维贫困，否则为非多维贫困。

$$C_i = \sum_{j=1}^{d} w_i g_{ij} \qquad (5.13)$$

式（5.13）中，w_i 为维度 j 的权重，g_{ij} 表示个人 i 在第 j 个指标上的剥夺得分，如果第 j 个指标上处于剥夺状态，则 $g_{ij} = 1$，否则为 0。

2. 多维贫困影响因素识别方法

采用二元 Logit 模型，以个人是否被测度为多维贫困作为因变量（是 = 1，否 = 0），研究农民工多维相对贫困的致贫因素，具体形式如下：

$$LogitP(Y = 1) = LN\left(\frac{P}{1-P}\right) = \alpha_0 + \beta_1 X_1 + \cdots\cdots + \beta_k X_k + \varepsilon \qquad (5.14)$$

式（5.14）中，P_i 为个人被测度为多维贫困的概率，$Y = 1$ 为个人被测度为多维贫困、α_0 为常数项，β_1 为自变量 X 待估计系数，表示可能影响个人多维贫困的因素，ε 为随机误差项。

（二）数据来源

样本数据来自 2019 年中国社会状况综合调查数据（CSS2019）。选取 CSS 问卷"农业户口"职业为"目前只从事非农工作"和"目前以从事非农工作为主，但同时也务农"、年龄在 18 岁以上的两类样本，得到全国 30 个省（自治区、直辖市区）有效样本 1295 个（调查中缺失新疆维吾尔自治区样本）。

（三）变量选取

参考联合国的千年发展目标（MDGs）、国际多维贫困指数（MPI）及相关研究，结合农业转移人口的贫困现状与相关数据的可得性等因素，选取包括收入、生活质量、就业、社会保障、能力、权利 6 个维度 18 项指标构建 MPI 指数。

（1）收入维度：包括个人年收入 1 项指标，以年收入总额指标为代表。国际上相对贫困线设定没有统一标准，多设定为低于全社会收入的中位数或平均数 40% ~ 60% 的社会群体属于相对贫困群体。以全国居民人均可支配收入中位数的 60%（2018 年全国居民人均可支配收入 28228 元的 60% 为 16936 元）作为农民工收入维度相对贫困线，低于相对贫困线赋值 1，高于相对贫困线赋值 0。

（2）生活条件维度：包括住房条件差、子女教育费用高、居住地环境污染问题严重、医疗支出难以承受、赡养老人负担重、家庭总体收支 6 项指标。

（3）就业维度：包括日工作时长、工作持续性、劳动权益 3 项指标。根据《中华人民共和国劳动法》相关规定，日工作时长指标是以"每日工作时长是否超过 8 个小时"作为临界值。

（4）社会保障维度：包括养老保险或退休金、医疗保险、失业保险、工伤保险、生育保险 5 个指标。

（5）能力贫困维度：包括教育（学历）、互联网使用能力 2 项指标。

（6）权利贫困：政治权利贫困主要体现为公民的选举权与组织权利的不公平，先用政治选举权 1 项指标表征，详见表 4-3。

表 4-3 多维度贫困测度的指标、剥夺临界值及权重

测量维度	指标	指标剥夺临界值	权重
收入	个人年总收入	年收入 16936 元为临界值，低于临界值则赋值 1，高于临界值则赋值 0	1/6
生活条件	住房条件差	没有自有住房且没有住公租房赋值 1，否则为 0	1/36
	子女教育费用高	子女教育费用高，赋值 1，否则为 0	1/36
	居住地环境污染问题严重	居住地环境污染问题严重，赋值 1，否则为 0	1/36
	医疗支出难以承受	医疗支出难以承受，赋值 1，否则为 0	1/36
	赡养老人负担重	赡养老人负担重，赋值 1，否则为 0	1/36
	家庭总体收支	收小于支，赋值 1，否则为 0	1/36
就业	日工作时长	日工作时长大于 8 个小时，赋值 1	1/18
	工作持续性	六个月内失业完全有可能、有可能，赋值 1	1/18
	劳动权益	未签订劳动合同，赋值 1，否则为 0	1/18
社会保障	养老保险或退休金	没有养老保险或退休金赋值 1，否则为 0	1/30
	医疗保险	没有医疗保险，赋值 1，否则为 0	1/30
	失业保险	没有失业保险，赋值 1，否则为 0	1/30
	工伤保险	没有工伤保险，赋值 1，否则为 0	1/30
	生育保险	没有生育保险，赋值 1，否则为 0	1/30

续表

测量维度	指标	指标剥夺临界值	权重
能力贫困	教育（学历）	初中及以下学历，赋值1，否则为0	1/12
	互联网使用能力	平时不上网赋值1，否则为0	1/12
权利贫困	政治选举权	最近5年没有参加过选举区县人大代表赋值1，否则为0	1/6

注：多维相对贫困临界值（$k = 30\%$），如果加权剥夺得分≥30%，则为多维相对贫困个人

资料来源：根据CSS2019年数据整理得到

MPI采用的是维度等权重方法，认为三个维度具有同样的重要性，即三个维度的权重分别是1/3，各个维度内部的指标是等权重的。国内外大部分贫困研究者普遍采取了等权重方法（即维度与指标的等权重），本研究也采用维度等权重方法，设定六个维度的权重分别是1/6，各个维度内部的指标是等权重的（详见表4-3）。

三、结果与分析

（一）相对贫困测量

对1295个有效样本的贫困发生率进行计算并同收入贫困进行对比分析，详见表4-4。

（1）多维贫困发生率：表4-4数据表明，36.89%样本人群处于多维贫困状态，仅20.23%样本人群处于收入贫困，说明多维贫困发生率高于收入贫困发生率。

（2）多维贫困指数的维度贡献率：对农民工的多维相对贫困指数进行维度和指标的分解，得到各个指标和维度的贡献率，并按贡献大小进行排名。结果显示，权利贫困（贡献率29.30%）、社会保障（贡献率23.28%）、就业（贡献率16.70%三个维度的贡献度排名居前三，贡献率之和达到69.28%。说明进城务工能够有效改善农业转移人口的收入水平，实现收入维度的减贫。但以初中文化程度为主体的农民工群体在就业市场处于弱势，在权利贫困、社会保障、就业方面面临的现实困境，尚未实现多维条件下的减贫。

（3）多维贫困发生率、贫困深度与强度，见表4-5。农业转移人口多维贫困强度（A）随着临界值k的增加而增大，表明贫困人口受到的多维贫困的深度不断增加。在相同情况下，多维贫困强度逐渐减小，说明k越大，相对贫困人口陷入多维贫困份额虽然增加，但贫困发生率下降，使得多维贫困指数（MPI）总体下降。

表 4-4 各维度贫困指标的剥夺比例、致贫贡献率

维度	指标	权重	单维贫困发生率	多维贫困发生率	指标贡献率	维度贡献率
收入	个人年总收入	1/6	20.23%	3.37%	9.14%	9.14%
生活条件	住房条件差	1/36	34.13%	0.95%	2.58%	11.22%
	子女教育费用高	1/36	23.24%	0.65%	1.76%	
	居住地环境污染问题严重	1/36	16.14%	0.45%	1.22%	
	医疗支出大，难以承受	1/36	24.25%	0.70%	1.90%	
	赡养老人负担重	1/36	14.44%	0.40%	1.08%	
	家庭总体收支	1/36	35.52%	0.99%	2.68%	
就业	日工作时长	1/18	39.58%	2.20%	5.96%	16.70%
	工作持续性	1/18	24.94%	1.39%	3.77%	
	劳动权益（劳动合同）	1/18	46.33%	2.57%	6.97%	
社会保障	养老保险或退休金	1/30	41.00%	1.37%	3.71%	23.28%
	医疗保险	1/30	16.60%	0.55%	1.49%	
	失业保险	1/30	68.34%	2.28%	6.18%	
	工伤保险	1/30	62.70%	2.09%	5.67%	
	生育保险	1/30	68.96%	2.30%	6.23%	
能力贫困	教育（学历）	1/12	19.15%	1.60%	4.34%	10.36%
	互联网使用能力	1/12	26.64%	2.22%	6.02%	
权利贫困	政治选举权	1/6	64.86%	10.81%	29.30%	29.30%
				36.89%	100%	100%

资料来源：根据 CSS2019 年数据整理得到

表 4-5 各维度贫困指标的剥夺比例、致贫贡献率

临界值（k）	多维贫困发生率（H）	多维贫困强度（A）	多维贫困指数（MPI）
30%	81.39%	48.02%	0.391
40%	57.92%	53.33%	0.309
50%	31.89%	60.31%	0.192
60%	14.67%	67.77%	0.099
70%	0.05%	76.31%	0.001

资料来源：根据 CSS2019 年数据整理得到

（二）相对贫困致贫因素分析

农民工作为一个异质群体，贫困的影响因素因人而异。结合海德（Heider）的归因理论，本研究重点探讨影响农业转移人口的贫困内部归因，即个人归因因素。相关

研究表明家庭规模、子女及老人数量、家庭劳动力数量、家庭女性人口占比等因素与家庭多维贫困显著相关。本研究选取家庭人口、性别、婚姻、年龄、年龄平方、学历、政治面貌、子女数量、兄弟姐妹数量9个变量及地区固定效应（1＝华北、2＝东北、3＝华东、4＝中南、5＝西南、6＝西北）。各变量赋值及描述性统计如表4-6。

表4-6 多维相对变量赋值及描述性统计

变量名称	变量赋值	最小值	最大值	均值	标准差	样本量
家庭人口	家庭人口数量	1	27	4.662	1.982	1295
性别	男＝1、女＝0	0	1	0.445	0.497	1295
年龄	CSS调查年份减去受访者出生年份	18	69	40.21	11.964	1295
婚姻	有配偶＝1、无配偶＝0	0	1	0.614	0.487	1295
学历	初中及以下学历，赋值1，否则为0	0	1	0.242	0.428	1295
政治面貌	中共党员＝1、非中共党员＝0	0	1	0.124	0.330	1295
子女数量	家庭子女数量	0	12	1.613	1.126	1295
兄弟姐妹	家庭兄弟姐妹数量	0	8	2.94	2.17	1295

资料来源：根据CSS2019年数据整理得到

表4-7 农民工多维贫困影响因素的回归结果

解释变量	回归系数及标准误	几率比
常量	0.525^{**} （0.299）	1.691
家庭人口	0.088^{**} （0.042）	1.716
性别	-0.02 （0.151）	0.98
年龄	-0.174^{***} （0.052）	0.84
年龄平方	0.003^{***} （0.001）	1.003
婚姻	-0.891^{***} （0.177）	0.41
学历	1.265^{***} （0.231）	3.208
政治面貌	-0.427^{***} （0.218）	0.652
子女数量	0.25^{***} （0.073）	1.288
兄弟姐妹数量	0.054 （0.038）	1.055

注：***、**、*分别表示在1%、5%、10%的水平上显著。括号内为标准误

运用二元 Logit 模型，以个人是否被测度为多维贫困作为因变量（是 = 1，否 = 0），进行回归估计，结果详见表 4-7。从表 4-7 可知，性别、兄弟姐妹数量对农民工多维相对贫困的影响不显著，说明农民工陷入多维相对贫困的概率不受性别、兄弟姐妹数量因素的影响。在 5% 显著性水平上，控制其他变量不变的前提下，家庭人口数、年龄、年龄平方、学历、政治面貌、子女数量对农民工的相对贫困产生显著影响。

（1）家庭人口数系数为 0.088，几率比为 1.716，说明家庭人口数对相对贫困产生正向影响，家庭每增加 1 人，相对贫困风险增加比率为 0.716。

（2）年龄变量的系数为负，年龄的平方变量系数为正，说明年龄因素对其相对贫困的影响呈正 U 形分布，老龄化将极大地影响农民工群体的多维相对贫困状况。

（3）婚姻系数为 –0.891，几率比为 0.41，说明有配偶农民工陷入多维相对贫困的几率比无配偶的农民工低 0.59。

（4）学历系数为 1.265，几率比为 3.208，说明学历对相对贫困产生正向影响，学历每增加 1 等级，相对贫困风险增加比率为 2.208。

（5）政治面貌系数为 –0.427，几率比为 0.652，说明中共党员农民工陷入多维相对贫困的几率比非中共党员的农民工低 0.348。

（6）子女数量系数为 0.25，几率比为 1.288，说明子女数量对相对贫困产生正向影响，子女每增加 1 人，相对贫困风险增加比率为 0.288。

四、结论与建议

本研究基于运用 A–F 方法从收入、生活条件、就业、社会保障、能力、权利 6 个维度选取 18 个指标构建多维贫困指数，以 2019 年中国社会状况综合调查（CSS）数据对农业转移人口的多维贫困发生率、多维贫困指数、贡献率等进行研究。借助 Logit 模型深入剖析影响家庭长期多维贫困及其不平等程度的主要致贫因素，揭示出致贫机理。研究结论表明：住房、社会保障和教育因素的致贫影响最为显著；年龄的致贫影响呈正 U 型分布，老龄化将极大地影响农民工群体的多维相对贫困状况；户籍身份、婚姻状态、子女数量等因素也有显著影响。本研究对精准辨识农民工多维相对贫困的致贫因素及其高效治理提供了理论依据和现实路径，助力农民工迈入中等收入群体和推进共同富裕具有重要意义。

第四节　农业转移人口相对贫困返贫监测实证

一、研究背景

"消除贫困、实现共同富裕"是社会主义的本质要求。《党的十九大报告》《中共中央国务院关于建立城乡融合发展体制机制和政策体系的意见》《中国共产党第十九届中央委员会第四次全体会议公报》等文件中提出要加快、健全农业转移人口市民化机制，推动未落户城镇的常住人口平等享有基本公共服务；坚决打赢脱贫攻坚战，建立解决相对贫困的长效机制。

农业转移人口是最容易返贫人群，解决农业转移人口的相对贫困是巩固脱贫攻坚成果、建立相对贫困长效机制的重要保障。农业转移人口可持续生计脆弱，个体性致贫因素与结构性致贫因素相互关联且相互影响，相对贫困具有隐蔽性、循环累积性、代际传递性特征。在实施城乡融合发展战略背景下，建立相对贫困群体返贫监测体系，对于巩固脱贫攻坚战成果，推进新型城镇化建设均具有重要的理论意义与实践意义。

二、研究区域

湛江，广东省地级市，位于中国大陆最南端、广东省西南部。总面积 13263 平方千米，下辖 4 个市辖区、3 个县级市、2 个县。2019 年末，湛江市常住人口 736 万人，城镇化率为 43.96%，低于全国平均水平。《2020 湛江市政府工作报告》提出"实现在现行标准下相对贫困人口 100% 脱贫、相对贫困村 100% 出列。建立解决相对贫困的长效机制，突出抓好产业扶贫，消费扶贫，积极推动社会扶贫，坚决打赢脱贫攻坚歼灭战。"

以湛江市为例，计算 2019 年湛江市相对贫困标准，确定湛江市潜在相对贫困群体，有助于湛江市政府精准瞄定"相对贫困"人口，制定组合式"反贫困"政策；提高贫困治理精准度，推动地方政府治理能力建设。

三、识别潜在相对贫困群体

（一）设定绝对贫困标准

本研究认为城市居民最低生活标准可以作为绝对贫困线，享受最低生活保障的城市居民则是城市贫困人口。根据广东省民政厅印发《关于发布 2019 年全省城乡低保最低标准的通知》（粤民发〔2019〕46 号）分四类地区制订广东城乡低保最低标准，湛江市属于第四类地区，详见表 4-8。按此标准，2019 年湛江市城镇居民绝对贫困标准为 8424 元 / 年，农村居民为 5808 元 / 年。如果人均家庭收入低于贫困线标准，则为绝对贫困人口。

表 4-8 2019 年广东全省城乡低保最低标准

单位：元 / 年

类别	城乡低保标准		适用地区
	城镇	农村	
一类	11760	11760	广州市、深圳市
二类	10381	10381	珠海市、佛山市、东莞市、中山市
三类	9072	9072	惠州市、江门（蓬江区、江海区、新会区、鹤山市）、肇庆（端州区、鼎湖区、高要区、四会市）
四类	8424	5808	汕头市、韶关市、河源市、梅州市、汕尾市、江门（台山市、开平市、恩平市）、阳江市、湛江市、茂名市、肇庆（广宁县、德庆县、封开县、怀集县）、清远市、潮州市、揭阳市、云浮市

数据来源：《关于发布 2019 年全省城乡低保最低标准的通知》（粤民发〔2019〕46 号）

（二）计算相对贫困标准

1. 中位数收入法

据《广东统计年鉴（2020）》显示，2019 年城镇居民人均可支配收入 39014 元，城镇居民人均支出为 28995 元，将城镇居民人均可支配收入的 50% 作为相对贫困线标准，换算成收入相对贫困线为 19507 元 / 年。据《湛江统计年鉴（2020）》显示，2019 年城镇居民人均可支配收入 31241 元，城镇居民人均支出为 21059 元，将城镇居民人均可支配收入的 50% 作为相对贫困线标准，换算成收入相对贫困线为 15620 元 / 年。湛江市相对贫困标准低于广东省平均水平。

2. 马丁法

"马丁法"核心理念是将贫困线由食物支出（达到一定热量需要所必需的支出）和非食物支出（自愿放弃基本的食物需求而花费的其他非必要的支出）构成，按维持最低需求与达到最低生活标准划分为低、高二条贫困线。计算公式为

$$MLS = FPL + NFPL \tag{5.15}$$

式（5.15）中，MLS 表示最低生活保障标准；FPL 表示食物线；NFPL 表示非食物线

"马丁法"依据区域实际生活水平进行测算，具有高度灵活性与现实性，实际操作与数据获取简便、理论完备。[1] 国内学者对马丁法进行了部分修正和改良，本研究采用李洪，蒋龙志，何思好（2020）改良后的马丁法计算相对贫困线[2]，公式如下。

$$2b_f - f(b_f) \leq Z_n \leq f^{-1}(b_f) \tag{5.16}$$

式（5.16）中 bf 表示基本食物支出水平，f 表示生活支出函数。

上限公式为 EC×DPI，下限为（2−EC）×C×EC。其中 EC 为恩格尔系数，DPI 为个人可支配收入，C 为居民人均支出。

依据湛江市《湛江统计年鉴（2020）》，2019 年湛江市农村居民人均生活消费支出为 12730.1 元，农村常住居民人均可支配收入 17343 元，农村居民恩格尔系数为 45.3。城乡收入差距为 1.8∶1（以农民收入为 1）。通过式（5.16）计算得到湛江市相对贫困线浮动区间为［7856.38，8921.14］，结合 2020 年我国最新绝对贫困线标准（4000 元），刚年人均可支配收入在［4000，8921.14］区间内的人群为潜在相对贫困群体。

（三）潜在相对贫困群体

根据《广东农村统计年鉴（2020）》数据，2019 年广东省农村居民人均生活消费支出为 16949.4 元，农村常住居民人均可支配收入 18818.4 元，农村居民恩格尔系数为 37.1。城乡收入差距为 2.56∶1（以农民收入为 1）。通过式（5.16）计算得到广东省相对贫困线浮动区间为［7071.58，10243.52］，结合 2020 年我国最新绝对贫困线标准（4000 元），则年人均可支配收入在［4000，10243.52］区间内的人群为潜在相对贫困群体。

湛江市相对贫困标准低于广东省平均水平。将省级相对贫困线作为市级相对贫困线的缓冲线，可以有效识别潜在相对贫困户，防范相对贫困的发生以城市居民最低生活标准作为绝对贫困线，分别采用中位数收入法与改良的马丁法为标准计算出湛江市相对贫困标准。以 2019 年相关数据测算，湛江市绝对贫困标准分别为：城镇居民人均可支配收入 8424 元/年，农村居民为 5808 元/年。相对贫困标准城镇居民人均可支配收入为［7856.38 元/年，8921.14 元/年］。年人均可支配收入在［4000 元/年，10243.52 元/年］区间内的人群为潜在相对贫困群体，研究结论详表 4−9。

---

[1]　檀学文. 走向共同富裕的解决相对贫困思路研究［J］. 中国农村经济，2020（6）：21−36.

[2]　李洪，蒋龙志，何思好. 农村相对贫困识别体系与监测预警机制研究——来自四川省 X 县的数据［J］. 农村经济，2020（11）：69−78.

表 4-9　2019 年湛江市绝对贫困与相对贫困标准

单位：元／年

贫困类型	人均可支配收入	备注
绝对贫困标准	城镇居民 8424 农村居民为 5808	依据 2019 年广东全省城乡低保最低标准
相对贫困线标准	［7071.58，10243.52］	将城镇居民人均可支配收入的 50% 作为相对贫困线标准
潜在相对贫困标准	［4000，10243.52］	依照"马丁法"计算的相对贫困标准

四、潜在相对贫困群体返贫监测

将年人均可支配收入在［4000 元／年，10243.52 元／年］区间内的人群列为潜在相对贫困群体，对其进行返贫监测工作。

（1）数据收集：收集潜在相对贫困群体的家庭背景、教育程度、就业状况、收入水平等相关数据。

（2）建立指标体系：制定一套合理的指标体系（包括收入水平、财产状况、社会保障等）来衡量潜在相对贫困群体的返贫情况。

（3）定期进行调查与监测，了解潜在相对贫困群体的经济状况和生活改善情况。运用适当的统计方法和数据分析工具进行数据进行处理和分析，以确定可能返贫的群体以及他们返贫的原因。

（4）预警和干预措施：定期对潜在相对贫困群体进行返贫情况的跟踪和监测。一旦发现潜在相对贫困群体有返贫的趋势，应及时进行预警并采取相应的干预措施，如提供就业培训、发放补助金、提供社会保障等。

（5）跟踪评估：定期对监测工作进行评估和反馈，以确保监测机制的有效性和可持续性。根据评估结果，及时调整监测策略和干预措施。

第五章
农业转移人口相对贫困与幸福感

第一节　相对贫困与幸福感的逻辑关系

一、相对贫困影响幸福感提升

3-D 福祉理论将个体福祉划分为物质福祉、主观福祉及关系福祉三部分，物质福祉体现个体对物质需求的满足程度；主观福祉反映了个体在精神层面的感受，关系福祉度量了个体在与其他主体的互动关系中社会需求的满足程度。[①] 依据前景理论，主观福利和客观福利都是牵制人们生活质量的福利构成。[②] 福利主义认为，效用所指的收益、优势、愉悦、满意及幸福，受绝对收入与相对收入的影响。在现代经济学中，个人的效用常表示为主观幸福感。[③]

主观幸福感是个体根据自己内心标准对其生活质量所做出情感性和认知性的整体性评价，具有主观性、整体性、相对稳定性等特点。[④] 幸福感作为"隐藏的国民财富"不仅包含个体对于生活状况的综合评价，而且反映出民众对政府治理绩效的认同。长期以来，幸福感被党和国家高度重视和关注，党的十九大报告指出"牢牢坚持人民的幸福线"，"中国共产党人的初心和使命，就是为中国人民谋幸福"。党的二十大报告

---

① McGregor J A, Pouw N. Towards an Economics of Well-being [J]. Cambridge Journal of Economics, 2017, 41 (4): 1123-1142.

② 黄艳敏、李春晓. 不平等厌恶偏好与村民相对贫困 [J]. 华南农业大学学报（社会科学版），2022, 21 (1): 54-66.

③ Asadullah M N, Chaudhury N. Subjective Well-being and Relative Poverty in Rural Bangladesh. Journal of Economic Psychology, 2012, 33: 940-950.

④ Dienr E. Subjective well-being. Psychological Bulletin, 1984, 95 (3): 542-575.

指出，要让人民群众获得感、幸福感、安全感更加充实、更有保障、更可持续，共同富裕取得新成效。

贫困是福祉（Well-Being）被剥夺的现象，在人们缺乏满足其基本需要的手段时发生。绝对贫困研究大多聚焦于客观福利欠缺，而相对贫困则是基于获得感、安全感与幸福感主观感受的评估。[①] 精准扶贫政策实施，增加了农村贫困人口物质和非物质福利及帮助他们建立积极态度，提高其幸福状况。[②] 相对贫困治理阶段提升人民幸福感的驱动力从过去"解决绝对贫困—改善物质条件—满足人民需求"转换为"缓解相对贫困—创造美好生活—实现人民幸福"。[③] 缩小城乡收入差距，提升居民幸福感已成为构建"以人为本，公平共享"的新型城镇化的核心要义。

二、增进幸福感是相对贫困治理的目标

相对贫困假说植根于经济学中的效用理论。相对贫困人类发展理论认为人类的发展是一个扩大选择，提升福祉水平的过程。相对贫困是一种主观感受，指人们相对于社会其他成员在经济、社会和文化方面的相对落后或欠缺，相对贫困源于公共产品匮乏和社会不公经历的相对剥夺感。参照群体理论认为，相对贫困群体的参照系一般是同类户籍的群体，相对剥夺感会给他们的生活信心与心理健康带来负面影响。当人们比参照群体相对收入越高，幸福感越强。[④]

相对贫困与幸福感之间存在一定的关系，幸福感是一个复杂而多维度的概念，受到个体自身价值观、文化背景和环境因素等多方面的影响。研究表明，相对贫困可能对个体的幸福感产生负面影响。当人们感到自己的经济、社会或文化资源相对不足时，可能会感受到不满、焦虑和失落，从而降低幸福感。幸福感并不仅仅取决于经济条件，即使处于相对贫困状态，个体在其他方面（良好的家庭关系、社交支持、自我实现、健康状况等）仍然可能获得满足感和幸福感。

相对贫困与主观相对贫困均会显著降低农民幸福水平，赋权、强能和包容均能缓

① 罗必良. 相对贫困治理：性质、策略与长效机制［J］. 求索，2020（6）：18-27.

② Yunbo Zhou，Xingzi Huang，Yangyang Shen，et al. Does targeted poverty alleviation policy lead to happy life? Evidence from rural China［J］. China Economic Review，2023（8）.

③ 罗必良，洪炜杰，耿鹏鹏，等. 赋权、强能、包容：在相对贫困治理中增进农民幸福感［J］. 管理世界，2021，37（10）：166-181+240+182.

④ Ferrer-I-Carbonell A. Income and Well-Being：An Empirical Analysis of the Comparison Income Effect［J］. Journal of Public Economics，2005，89（5-6）：997-1019.

解农民的相对贫困，进而增进农民幸福感。[1] 劳动力迁移抑制农民工的幸福感，外出务工虽以经济收入为回报，但却以牺牲幸福感为代价。亲密关系、居住环境、人际环境以及归属感的变化是迁移削弱幸福感的重要原因。[2] 此外，住房支出比重高、非家庭化迁移、户籍和地域等歧视感知、城市规模、机会不平等认知、劳动时间过长、跨省迁移等因素能显著降低农民工的幸福感。治理相对贫困需要强调可获性及可获质量的均等化。[3]

第二节 农业转移人口幸福感影响因素

一、农业转移人口幸福感现状

根据《中国统计年鉴》与《世界幸福感报告》数据，我国人均可支配收入由 2013 年的 1.8 万元上升到 2021 的 3.51 万元，幸福感指数由 4.978 上升到 5.339。2021 年我国人均 GDP 排名全球 59 位，幸福指数排名全球 84 位，详见表 5-1。中国经济的高速增长，使得居民人均可支配收入增长，但居民幸福感并没有得到明显改善，中国出现了"伊斯特林悖论"。

表 5-1　2013—2021 年中国居民人均可支配收入与主观幸福感变化

	2013	2014	2015	2016	2017	2018	2019	2020	2021
人均可支配收入（万元）	1.83	2.02	2.20	2.38	2.60	2.82	3.07	3.22	3.51
人口城镇化率	53.73	54.77	56.1	57.4	58.52	58.58	60.60	63.89	64.72
幸福感	4.978	5.059	5.14	5.245	5.273	5.246	5.191	5.124	5.339

数据来源：《世界幸福感报告》（2013—2021），《中国统计年鉴》（2014—2021 年）

受到城乡二元体制、就业与工资歧视、技能和文化素质较低等因素制约，农业转移人口与城镇居民在就业质量、劳动报酬以及社会经济地位等方面差距逐渐拉开。在快速城市化进程与劳动力高度流动背景下，农民工的角色转换与身份转换相分离、身

①　罗必良，洪炜杰，耿鹏鹏，等. 赋权、强能、包容：在相对贫困治理中增进农民幸福感 [J]. 管理世界，2021，37（10）：166-181+240+182.
②　曾迪洋，洪岩璧. 城镇化背景下劳动力迁移对农民工幸福感的影响 [J]. 南京农业大学学报（社会科学版），2016，16（6）：49-60，15-154.
③　周力，沈坤荣. 相对贫困与主观幸福感 [J]. 农业经济问题，2021（11）：102-114.

份转换滞后于职业和地域转换[①]，处于"留不下的城"与"回不去的乡"的尴尬境界，容易受到社会与当地居民排斥与歧视，面临着生存空间缺位、工资低、劳动生活条件差、社会网络融入困难等生存境遇，原有的认同取向和身份归属日渐式微。[②]

根据中国社会状况综合调查（CSS）2013、2015、2019 三个年度数据。选取 CSS 问卷"农业户口"样本中"目前只从事非农工作"和"目前以从事非农工作为主，但同时也务农"两类样本作为"农民工"限定条件，删除"不好说""不适用"和"拒绝回答"的样本（调查中缺失新疆维吾尔自治区样本），得到全国 30 个省（自治区、直辖市区）有效样本 4351 个。农民工主观幸福感均值为 2.68，认为自己很不幸福占比 9.61%、比较不幸福占比 34.66%、比较幸福占比 34.11%、很幸福为 21.63%，详见图 5-1。55.7% 的人幸福感程度在 3 以上，说明农民工整体感觉比较幸福。4351 份有效样本，中部地区、东部地区、西部地区样本人数分别为 1119 人、2065 人、1167 人，幸福感均值分别为 2.755、2.725、2.722，中部地区农民工幸福感最高、东部地区次之，西部地区最低。

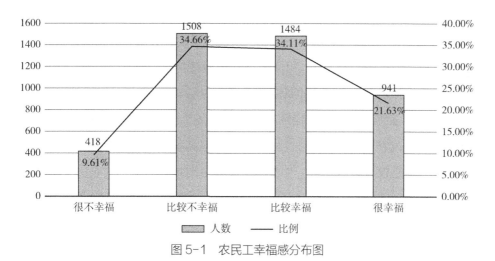

图 5-1　农民工幸福感分布图

二、农业转移人口幸福感影响因素

移民的主观幸福感的研究是幸福经济学中一个重要的分支。迁移者进行迁移决策

---

① 张波，周恩毅. 新生代农民工幸福感影响因素与对策研究［J］. 浙江社会科学，2017（1）：146-154+160.

② 周贤润. 新生代农民工的消费认同与主体建构［J］. 北京社会科学，2021（9）：121-128.

的重要动机是追求更高福祉，他们更愿意迁移至福利制度更慷慨的国家。[①] 移民的主观幸福感与东道主国家的人均收入、移民比例、移民接纳氛围、公共产品供给以及经济不平等程度等因素相关。移民在东道主国家的收入、工作福利、文化认可程度、积极的融合策略对其幸福感产生积极影响。移民的期望水平、社会阶层、社会公平感、社交活动和休息放松等幸福决定因素的绝对下降，会导致其幸福损失。

（一）人口学特征

主观幸福感定值理论认为，主观幸福感主要由人口学特征所决定。Bulent（2018）研究指出，性别、婚姻状况、子女数量、受教育水平、健康状况等因素对主观幸福感产生显著影响。[②] 受教育程度对农民工幸福感影响具有不确定性，有学者认为教育与幸福感之间呈显著的负相关，教育程度越高，幸福感越低；[③] 也有学者证明教育对农民工的生活幸福感影响存在"倒 U 型"结构。[④]

代际差异：老一代农民工是生计型就业，农民工流动的主要目的是增加家庭收入。新生代农民工旨在追求更好的发展机会和生活环境，而不再是为了摆脱家庭贫困。老一代与新生代农民工在成长经历、个人诉求、社会心态、身份认同、价值观念等方面呈现明显的差异，但主观幸福感的总体水平不存在显著差异。身心健康因素（健康状况、精神压力、自信心、积极情绪和消极情绪）对两代农民工主观幸福感均存在显著影响。外出务工、城市定居、工作类型、劳动报酬、工作质量及社会认知等因素对农民工幸福感的影响存在代际差异。外出务工能提升老一代农民工的幸福感，但不能提升新生代农民工幸福感。[⑤] 城市定居能提高新生代农民工的幸福感，但对老一代农民工幸福感没有显著影响。[⑥] 工作类型和劳动报酬对新生代农民工幸福感的影响显著高于老一代农民工；而劳动合同签订状况、是否参加养老保险和经济地位感知

　　① Corrado G, Jackline W. Welfare Migration［M］. IZA Discussion Paper, 2012.

　　② Bulent, D. Examining the perception of happiness and well-being at work in terms of demographic characteristics［J］. Journal of Social and Humanities Science Research, 2018, 24（5）：1603-1611.

　　③ 李丹丹. 教育程度提高了农民工的幸福感吗——来自 2015 年中国企业员工匹配调查的证据［J］. 经济理论与经济管理, 2017,（1）：39-54.

　　④ 肖慧, 黄龙俊江, 谢芳婷. 社会资本促进农民工幸福感的提高——基于 CLDS 2016 调查数据［J］. 云南农大学学报（社会科学版）, 2021, 15（3）：21-27.

　　⑤ 徐广路, 沈惠璋, 李峰. 不同代际农民外出务工对其幸福感影响的比较研究［J］. 西南大学学报（社会科学版）, 2016, 42（2）：113-121.

　　⑥ 赵亢. 城市定居对农民工幸福感的影响及其代际差异［J］. 科学决策, 2018（4）：54-70.

对老一代农民工幸福感影响更大。[1] 老一代农民工选择职业更关注收入的高低、工作稳定、社会保险等经济因素的作用，而新生代农民工更加关注工作稳定性、权益保障等非收入因素的影响。

性别差异方面，劳动力市场分割理论认为，性别是一种社会分类或社会屏蔽的机制，女性的劳动力市场地位相对较弱更容易发生脆弱就业现象。[2] 女性幸福感受到不同国家、历史时期的性别观念及女性经济状况等因素综合影响，其中家庭和配偶是主要因素。由于性别与户籍双重歧视，女性农民工被经济边缘化与社会隔离程度更严重。女性农民工幸福感的研究聚焦在城市融合、[3] 生计资本与城市发展意愿、[4] 家庭暴力与婚姻质量、[5] 流动模式与婚姻稳定性[6]、职业流动与收入效应[7]、生命轨迹与职业流动、[8] 子女随迁与劳动参与等方面。城乡二元体制、就业与工资歧视、技能和文化素质较低、社会支持力度不够、身份认同尴尬等因素制约女性农民工经济地位提升，其生计资本和城市发展意愿均低于男性农民工。

（二）收入和就业机会

Brickman 和 Campbell（1971）指出人们对收入持续增长产生自动适应心理，经济条件的持续改善对提高幸福没有实质性作用。[9] Easterlin（1974）提出"伊斯特林悖论"认为国民幸福感并不会随着国家整体收入水平的增加而继续提升，原因在于

---

① 卢海阳、杨龙、李宝值. 就业质量、社会认知与农民工幸福感 [J]. 中国农村观察，2017（3）：57-71.

② 陈爱丽，王小林. 中国城乡居民多维就业脆弱性测度与分析 [J]. 劳动经济研究，2021，9（6）：19-39.

③ 方聪龙，芮正云. 城市融入视角下的农民工生活满意度——基于上海市外来农民工的调查 [J]. 农业经济问题，2018（12）：57-65.

④ 龚冬生，李树苗，李艳. 男女农民工的生计资本对其城市发展意愿的影响 [J]. 城市问题，2019（2）：96-103.

⑤ 朱丽洁，顾于蓝，邹芫芷，等. 女性农民工家庭暴力与婚姻质量：婚姻态度和夫妻互动的多重中介作用 [J]. 中国临床心理学杂志，2019，27（5）：1026-1030.

⑥ 李卫东. 流动模式与农民工婚姻稳定性研究：基于性别和世代的视角 [J]. 社会，2019，39（6）：23-61.

⑦ 李旻，王秋兵. 已婚女性农民工的职业流动与收入效应——基于辽宁省的实证分析 [J]. 华中农业大学学报（社会科学版），2017（5）：79-86+147.

⑧ 董云芳，范明林. 女性农民工的生命轨迹与职业流动：生命历程视角的分析 [J]. 华东理工大学学报（社会科学版），2020，35（4）：26-38.

⑨ P Brickman, D T Campbell. Hedonic Relativism and Planning the Good Sciety [M]. M.H.Appley（ed.），Adaptation Level Theory：A Sympoium New York：Academic Press，1971：287-305.

相对收入（比绝对收入）对主观幸福感更为重要。[1] Veenhoven（1991）指出伴随需求层次的升级，收入对幸福感影响呈现边际递减效应。[2] Diener 和 Seligman（2004）认为个体收入对幸福感影响存在门槛限制，突破门槛值后，幸福感与收入的增长无关。[3] Jebb 等（2018）认为伴随需求层次升级，经济地位、健康水平、婚姻质量、就业保障、正向情绪等非经济因素对幸福感作用增强。[4] 收入对幸福感的影响还可能存在"隧道效应"，即收入不平等及其预期对幸福感产生正向效应。

就业机会和相应的收入水平对农民工的幸福感具有重要影响，就业质量是农民工获得幸福的重要渠道[5]，农民工的个人能力与工作组织之间的匹配程度、[6] 受到企业管理者尊重、[7] 工作合同性质、[8] 就业类型、[9] 工作保障、防护措施、家庭发展能力[10] 均能影响农民工工作幸福感。更稳定、公平和体面的工作机会以及合理的薪酬可以提高其生活满意度。

（三）社会保障和住房福利

在幸福经济学领域，住房是影响幸福的重要因素。住房状况体现着个体（家庭）的社会地位、通过连接社区环境与社会资本、公共服务等资源影响着个体的心理健康、未来发展和主观福祉。Huang 和 Wang（2019）认为拥有住房产权意味着住房财富积累及社会地位提升。[11] Hu 等（2020）证明住房与个人结婚、生育、职位变迁等

① Easterlin R. Does Economic Growth Improve the Human Lot? Some Empirical Evidence David P, Reder M（eds. Nations and Households in Economic Growth［C］. New York and London：Academic Press，1974：89–125.

② R. Veenhoven.ls Happiness Relative?［J］. Social Indicators Research，1991，24（1）：1–34.

③ Diener，Seligman. Beyond Money：Toward an Economy of well-Being［J］. Psychological Science in the Public Interest，2004，5（1）：1–31.

④ Jebb A，Tay L，Diener E，et al. Happiness，income satiation and turning points around the world［J］. Nature Human Behaviour，2018（2）：33–38.

⑤ 卢海阳、张敏. 融合策略、歧视感知与农民工幸福感——基于福建省 2393 个农民的调查数据［J］. 社会发展研究，2020，7（2）：90–109，243–244.

⑥ 赵斌、朱朋、李新建. 新生代农民工工作幸福感研究：个人—组织多重匹配的分析视角［J］. 华东经济管理，2014，28（8）：124–131.

⑦ 陈爱华. 中国农民工幸福感影响因素探究［J］. 重庆大学学报（社会科学版），2015，21（5）：35–43

⑧ 盛光华、张天舒. 新生代农民工主观幸福的影响因素［J］. 城市问题，2015（12）：89–96.

⑨ 杨巧、宛昆. 城市规模与农民城市生活幸福感［J］. 农林经济管理学报，2017，16（6）：707–715.

⑩ 姜春云. 就业质量对农民工主幸福感的影响及其作用机制——基于 CHIP2013 的实证分析［J］. 安徽农业大学学报（社会科学版），2020，9（5）：65–73.

⑪ Cui C，Y Q Huang，F L Wang. A Relay Race：Intergenerational Transmission of Housing Inequality in Urban China.［J］. Housing Studies，2019（6）：35–67.

生命事件紧密相关，居住满意度与幸福感呈正相关。[①] 易成栋等（2020）指出房价和住房不平等通过主观社会地位影响幸福感。[②] 任娟娟（2022）研究发现，提高居民住房拥有率及未来购房的可能性可以提升幸福感。[③] 冯明和赵佳涵（2022）认为房价上涨通过"挤占效应""悲观预期效应"及"财富效应"加大住房不平等，引发无房者的悲观预期，影响其身体健康，幸福感降低。[④] 魏万青（2023）指出住房产权对幸福感的影响受到经济效应与社会效应的叠加。住房产权带来的居住效应与财富效应，拥有住房产权可以提升安全感与婚姻稳定性，增加幸福感。[⑤] 购买社会保险[⑥]、缴纳住房公积金[⑦] 等能提升农民工幸福感。

（四）社会认同和尊重

1. 社会经济地位

主观社会经济地位（Subjective Social Economic Status）是个人对其在社会结构中所处经济和社会位置的主观感知和判断，常以阶层认同、职业地位、收入水平、受教育程度等因素的差异来替代。[⑧] 社会经济地位提升能够带来尊重、权力感、控制感及资源优势，[⑨] 主观社会经济地位越高，对自身经济收入、财产状况和社会地位现状的满意度越高，主观幸福水平越高。[⑩]

根据剥夺论，社会比较是构成个体公平感知的主要心理机制，个人的幸福感通常是与他人的比较中建构。主观社会经济地位是影响人们阶层自我评价的主要因素之

---

①　Mingzhi Hu, Yulu Yang, Xiaofen Yu. Living better and feeling happier: An investigation into the association between housing quality and happiness [J]. Growth and Change, 2020, 51（3）: 110-125.

②　易成栋，任建宇，高璇. 房价、住房不平等与居民幸福感——基于中国综合社会调查 2005、2015 年数据的实证研究 [J]. 中央财经大学学报，2020（6）: 105-117.

③　任娟娟. 住房公积金是否提升了居民幸福感——基于中国家庭金融调查的实证研究 [J]. 财经理论与实践，2022，43（5）: 123-130.

④　冯明，赵佳涵. 物价房价、预期与居民幸福感 [J]. 财贸经济，2022，43（7）: 68-86.

⑤　魏万青. 资源优势抑或安全纽带——住房状况、产权归属与幸福感 [J]. 社会学研究，2023，38（3）: 159-179+229.

⑥　程名望，华汉阳. 购买社会保险能提高农民工主观幸福感吗？——基于上海市 2942 个农民工生活满意度的实证分析 [J]. 中农村经济，2020（2）: 46-61.

⑦　殷俊，周翠俭. 住房公积金、城市定居与农民工幸福感 [J]. 西安财经大学学报，2020，33（6）: 93-101.

⑧　王恬，谭远发，付晓珊. 我国居民获得感的测量及其影响因素 [J]. 财经科学，2018（9）: 120-132.

⑨　胡荣，叶丽玉. 主观社会经济地位与城市居民的阶层认同 [J]. 黑龙江社会科学，2014（5）: 90-96+2.

⑩　Zhao, W. Economic Inequality, Status Perceptions, and Subjective Well-Being in China's Transitional Economy [J]. Research in Social Stratification and Mobility, 2012, 30（4）: 433-450.

一。主观社会经济地位差异源于人们在自我期望以及与其他群体比较中产生的相对剥夺感。[①] 主观社会经济地位对生活满意度存在显著影响，对农民工的心理健康具有正向作用。[②] 农村居民社会阶层定位存在幸福效应，相对城镇居民，其社会阶层变化的幸福效应更敏感。以城镇居民为比较，农民工就业层次较低、公共服务获取能力较差，易产生"相对剥夺感"。因此，农民工幸福感的提升，不仅源于相对收入的提高，还源于经济状况的比较及改善预期、自评经济地位的提高。

2. 主观阶层认同

根据社会认同理论，人们依据相似的文化特征区分"内群体"和"外群体"，通过与"外群体"的有利比较来提高自尊，产生"内群体"偏好及"外群体"偏见和排斥。学界从本体论与建构论两个方面来界定"身份认同"。本体论将身份认同视为由遗传、性格、认知能力等个体自身独特性决定，强调"内里的""深藏的"内核观以及对"真我""深我"的认知观。建构论则强调社会认同是个体对其从属的特定社会群体的感知。

社会阶层强调个人相对于社会中其他人的感知等级，阶层认同即人们对自己在社会阶层结构中所占位置的感知，包括社会经济地位和社会联结两部分。[③] 先赋因素与自致因素共同制约经济社会地位的获得，收入和资产对地位认同具有显著正效应。社会阶层客观上常用收入、教育、职业及家庭资源禀赋等指标测量。主观社会阶层强调个人相对于社会中其他人的感知等级[④]，反映个体对自身所处社会阶层的主观认知是民众获得感的重要组成部分。阶层认同差异源于人们在自我期望以及与其他群体比较中产生的相对剥夺感。[⑤]

社会阶层认同是衡量个体主观幸福感、透视社会公平的重要维度，阶层越高，从经济社会发展进程中获益的可能性就越大，幸福感越高。[⑥] 社会阶层认同及其向上流

① Howell R, Howell C. The Relation of Economic Status to Subjective Well-Being in Developing Countries: A Meta-Analysis [J]. Psycholgical Bulletin, 2008, 134 (4): 536.

② 程菲，李树苗，悦中山. 中国城市劳动者的社会经济地位与心理健康——户籍人口与流动人口的比较研究 [J]. 人口与经济，2018 (6): 42-52.

③ Jackman M R, R W Jackman.An Interpretation of the Relation Between Objective and Subjective Social Status [J]. American Sociology Review, 1973, 38 (10): 569-582.

④ 王敏. 社会阶层认同的性别差异研究——基住房视角的实证分析 [J]. 社会学评论，2021, 9 (06): 215-232.

⑤ 殷金朋，陈永立，倪志良. 公共教育投入、社会阶层与居民幸福感——来自微观混合横截面数据的经验证据. 南开经济研究，2019 (2): 147-167.

⑥ 魏钦恭. 多元视角下"幸福-收入"的异质关系 [J]. 青年研究，2019 (6): 12-23+91.

动预期影响居民的健康水平、公平感及安全感，并正向影响其幸福感。

由于城乡差异、文化隔阂等原因，农民工遭到歧视或排斥，当社会给予他们应有的尊重和平等对待时，他们的幸福感会提升。

（五）社会公平与正义

社会公正强调每个人都有平等的机会和享有基本权利，不应因为个人身份、出身和资源的差异而受到不公平待遇。社会正义强调社会资源应该按照公平和平等的原则进行分配，以实现社会的共同利益。

社会公平感是人们在判断社会公平问题时产生的主观心理感受，是认知幸福感的重要影响因素。社会公平感影响机制主要有社会结构论、相对剥夺论和归因论。根据社会结构论，社会公平感知受到个体所处的情境、个人立场及价值观念等影响，与个体人际信任、社会安全感知、社会认可度、对政府的评价等密切关联。[①] 社会不平等引发了相对剥夺，相对剥夺与隧道效应已成为影响农民工幸福感的心理机制。[②] 根据"相对剥夺理论"，农民工通过选择城市居民、本村村民以及其他农民工作为参照群体进行横向比较来感知自身处境和地位，当个人相比群体关系结构中其他人的收入与经济地位处于劣势时，产生"相对剥夺感"，而处于相对优势时会产生较高的公平感。

社会比较是构成个体公平感知的主要心理机制，主观阶层等级越高，对未来阶层流动上升预期越高的人群，幸福感越强。[③] 社会经济地位的主观认知与社会公平感联系紧密，社会地位对社会公平感知具有显著正向效应。[④] 公平的社会环境、良好的社会公平感知、广泛的社会参与能增强居民获得感，公平度上升对增强居民获得感、提升幸福感具有正向效应。

（六）社交支持和家庭关系

1. 子女养育

子女数量、子女性别、性别次序、子女婚姻年龄、赡养关系等作用于生育对幸福感的影响。Schult 等（2017）认为养育子女可以给父母带来生育的荣誉感，经济上的

---

① 李炜. 近十年来中国公众社会公平评价的特征分析. 山东大学学报（哲学社会科学版），2016（6）：3–14.

② 吉木拉衣，李涛，王政岚. 比较心理对农民工幸福感的影响——基于收入和阶层定位的双重视角［J］. 安徽农业大学学报（社会科学版），2021，30（3）：83–91.

③ 孙大鹏，孙治一，于滨铜，李阳. 非农就业提高农村居民幸福感了吗？［J］. 南方经济，2022（3）：17–36.

④ 曾迪洋，洪岩璧. 城镇化背景下劳力迁移对农民工幸福感的影响［J］. 南京农业大学学报（社会科学版），2016，16（6）：49–60，153–14.

安全感及情感上的满足等 9 大幸福感。[1] 王恬等（2018）指出世界各国经验表明总和生育率约为 2 时，居民幸福指数相对较高，随着子女增加，居民幸福感呈 "倒 U 型" 变化趋势。[2] 宫汝娜和张涛（2020）[3]、刘庆和蔡迎旗（2022）[4]、李强等（2021）[5] 认为，子女数量是父母养育压力的潜在诱因，子女的增加会加剧家庭成员矛盾与冲突、抑制家庭收入提升、减少家庭享受型消费，增加家庭经济压力、加大父母抑郁度并导致父母幸福边际效用递减。

2. 家人随迁

农民工外出打工，远离家乡和家人，长期无法与家人团聚、缺乏亲情支持可能导致孤独感和心理压力。携父母随迁、携配偶随迁 [6] 可以缓解他们在城市中的孤独感和心理压力，提高他们的幸福感。

3. 人际关系

良好的人际关系可以提供情感支持和安慰，使人们感到被理解和接受，从而增强幸福感。其次，人际交往也可以提供社会支持，如共享信息、资源和机会等，帮助个体应对生活中的挑战，提高生活的满意度。此外，人际交往还可以促进个人成长和发展，通过与他人的交往，人们可以学习新的知识和技能，提高自我认知和自尊，从而提高幸福感。吴丽娟，罗淳（2021）认为应该建立常态化的心理健康扶贫工作机制，由疏导帮扶转为提前预防，增进农民工幸福感和获得感。[7] 袁爱清，朱国丽（2022）认为新生代农民工的主观幸福感总体处于中等水平，网络社会支持的不同维度对不同代际新生代农民工主观幸福感的影响存在显著差异。[8]

---

① Schult M. Parenthood and life satisfaction in Europe: The role of family policies and working time flexibility [J]. European Journal of population, 2017, 34 (3): 387-411.

② 王恬、谭远发、付晓雨. 我国居民获得感的测量及其影响因素 [J]. 财经科学, 2018 (9): 120-132.

③ 宫汝娜、张涛. 子女数量对家庭生活质量的影响研究——基于二孩家庭消费视角的分析 [J]. 价格理论与实践, 2020 (09): 72-75+178.

④ 刘庆、蔡迎旗. 城市青年父母的养育压力及其影响因素研究 [J]. 青年探索, 2022 (1): 71-81.

⑤ 李强、董隽含、张欣. 子女数量和子女质量对父母自评幸福度的影响 [J]. 华东师范大学学报（哲学社会科学版）, 2021, 53 (4): 150-165+184.

⑥ 陈素琼、张广胜. 城市农民工家庭化迁移模式变迁及其幸福效应——基于 CGSS 数据的追踪研究 [J]. 农业技术经济, 2017 (8): 67-80.

⑦ 吴丽娟、罗淳. 心理健康与进城农民工的多维贫困 [J]. 华南农业大学学报（社会科学版）, 2021, 20 (1): 84-95.

⑧ 袁爱清、朱国丽. 新生代农民工网络社会支持与主观幸福感研究 [J]. 江西师范大学学报（哲学社会科学版）, 2022, 55 (6): 88-98.

第三节　人口城镇化与农业转移人口幸福感实证

一、研究背景

2022 年，我国常住人口城镇化率达到 65.22%，城镇化发展成为推动区域经济增长与提升国民福利的战略性选择。城镇化能够促进幸福感的提升，但当城市基本公共服务供给滞后于城镇化进程时，快速城市化发展引起的资源短缺、环境污染、房价高涨、生育率低下等"城市病"则导致居民幸福感下降。城镇化发展与居民幸福感之间出现"幸福悖论"，其中作用机制尚不清晰，研究人口城镇化对居民幸福感的影响及其作用机制，对于推动高质量城镇化建设，持续改善民生福祉具有重要现实意义。

城镇化最突出的特征是农业人口转化为城镇人口，城镇化发展对农村居民与城镇居民产生不同的福利影响。现有研究已关注人口城镇化、住房、生育子女对居民福利的影响，鲜有研究将三者联系起来，探讨人口城镇化对居民幸福感的作用机制。基于此，本书构建"人口城镇化—幸福感"分析框架，引入房价收入比、子女数量两个中介变量，运用 2019 年中国社会状况综合调查数据（CSS2019），研究人口城镇化对居民幸福感的影响及其作用机制，以期为提升新型城镇化建设中社会福利水平提供参考。

二、理论分析与研究假设

（一）人口城镇化与居民幸福感

根据城市经济学理论，聚集与规模效应是城市发展的两大特征，人口城镇化通过规模效应和拥挤效应影响居民主观幸福感。城镇化进程中存在"正反两面"福利效应。[①] 城镇化促进要素聚集、信息流动、产业转型与分工深化、提高就业率、改善人均收入水平及城市优越感等，提升居民幸福感。[②] 随着城镇化进程加快，劳动力资源和其他高质量生产要素的聚集对人口产业结构和就业结构产生重大影响。由于公共服务供给与城镇化发展不协调，人口持续向城镇集聚导致环境恶化、交通拥挤以及房价

---

① 段巍，王明，吴福象. 中国式城镇化的福利效应评价（2000—2017）——基于量化空间模型的结构估计 [J]. 经济研究，2020（5）：170–180.

② 罗必良，洪炜杰. 城镇化路径选择：福利维度的考察 [J]. 农业经济问题，2021（9）：5–17.

高涨等"城市病"，造成居民生活成本提高、社交信任安全感下降，生活质量与幸福感降低。随着人口城镇化推进，城市公共服务供给能力与政府治理能力的提高，居民幸福感持续提升。

冯婧，陈志鸿（2015）证明城镇化发展通过产业结构调整、基础设施投资等有效地缩小城乡差距。[①] 王丽艳等（2016）认为城镇化质量是决定居民幸福感的主要因素。[②] 樊娜娜（2017）[③]、张浩然（2022）[④] 证明城镇化发展与公共服务供给的协调度、城市规模与城市舒适性体验、城镇化模式及城乡一体化等因素影响居民幸福感。陈素琼和张广胜（2017）指出，人口城镇化促进了农民的非农就业、户籍身份转换，社会保障完善，提高其相对福利水平。由于非家庭化迁移、机会不平等、户籍和地域歧视等因素影响，城镇化对农民存在"福利博弈"。[⑤] 霍鹏等（2018）认为城镇化促进了户籍身份转换，通过公共服务与社会保障质量的提升，增强了个体的抗风险能力，增加了幸福感。[⑥] 王玉玲，程瑜（2019）认为由于区域经济发展及城市发展差异，新型城镇化的推进对减贫的作用并不显著，对降低收入分配差距的作用亦不显著。[⑦] 马志远和刘珊珊（2021）[⑧]、邢占军和胡文静（2022）[⑨] 研究发现，政府技术质量改进，政府民主质量提升、社会和谐、地区富裕程度、文化教育等促进居民幸福感提升。马红鸽和席恒（2020）研究证明，收入分配、区域差距、生态环境、公共安全风险等抑制了居民幸福感。[⑩]

---

① 冯婧，陈志鸿. 城乡差距对城乡居民主观幸福感影响的实证研究［J］. 中国人口·资源与环境，2015，25（S2）：150-153.

② 王丽艳，杨楠，张颖，王振坡. 幸福感视域下我国新型城镇化质量提升路径探讨［J］. 城市发展研究，2016，23（8）：14-21.

③ 樊娜娜. 城镇化、公共服务水平与居民幸福感［J］. 经济问题探索，2017（9）：86-93.

④ 张浩然. 城市规模与主观幸福感——基于认知主体异质性的视角［J］. 社会科学战线，2022（5）：83-91.

⑤ 陈素琼，张广胜. 城市农民工家庭化迁移模式变迁及其幸福效应——基于 CGSS 数据的追踪研究［J］. 农业技术经济，2017（8）：67-80.

⑥ 霍鹏，张冬，屈小博. 城镇化的迷思：户籍身份转换与居民幸福感［J］. 农业经济问题，2018（1）：64-74.

⑦ 王玉玲，程瑜. 新型城镇化对缓解贫困的作用［J］. 城市问题，2019（11）：30-37.

⑧ 马志远，刘珊珊. 政府治理、国民幸福感及其增进适配路径——基于定性比较分析方法（QCA）［J］. 厦门大学学报（哲学社会科学版），2021（3）：56-67.

⑨ 邢占军，胡文静. 我国居民幸福感的变迁（2002—2019）：一项横断历史元分析［J］. 山东社会科学，2022（5）：129-138.

⑩ 马红鸽，席恒. 收入差距、社会保障与提升居民幸福感和获得感［J］. 社会保障研究，2020（1）：86-98.

利益威胁论认为，基于理性人的假设，个体心理认知、行动原则和策略是实现自身利益的最大化。移民会危及本地市民的固有利益使其情感和态度受到影响。[①] 祝瑜晗和吕光明（2020）研究证明，城镇居民因外来人口涌入，公共资源与工作机会被挤占、生活成本提高、社交信任安全感下降，生活质量与幸福感降低。人口流动规模对城镇本地居民的幸福感影响由负转正的拐点为 40.50% 左右，城镇本地居民与流动人口最终能达成平衡和谐共存局面。[②] 城市化、基本公共服务供给对居民主观幸福感的影响存在地域差异，均等和包容的城镇化有利于改善居民的社会公正感知，提升幸福感。基于上述分析，提出假说：

H1：人口城镇化促进居民幸福感提升，但具有门槛效应（临界）影响，即人口城镇化率达到一定程度时，人口城镇化率的增加会提升幸福感。

（二）房价收入比的中介作用

城镇化是影响房地产市场运行的重要因素，[③] 城镇化对房价上涨有推动作用，也存在一定的抑制效应。高波等（2012）基于房价收入比门槛效应，指出房价上涨阻碍了我国人口城市化的进程。[④] 朱金霞（2015）研究发现房价的持续上涨拉大贫富差距，导致城乡居民"代际"之间不平等。[⑤] 王建国（2016）指出农业人口流动是拉低城市总体住房水平、扩大住房不平等和加重住房贫困的重要因素。[⑥] 于静静等（2017）研究发现较低的住房支付能力降低了农村劳动力迁移到城市就业的概率。[⑦] 赵敏，马周剑（2018）研究证明人口密度、就业人员工资、环境污染因素对居民住房支付能力具有显著的反向作用。[⑧]

城镇化通过城市人口流入，增加住房需求及房产增值预期，推高房价。住房支付能力受到家庭收入、住房供需、交通成本、社会预期和住房偏好、金融与房地产政策

①　柳建坤，许弘智. 利益威胁、政府工作满意度与市民对进城农民的接纳意愿：基于 CSS2011 数据的实证分析 [J]. 社会，2019，39（2）：133–159.

②　祝瑜晗，吕光明. 城镇化进程中人口流动的主观福利效应考察 [J]. 统计研究，2020，37（10）：115–128.

③　范百灵. 城镇化对房价影响及其区域差异性研究 [J]. 价格理论与实践，2021（3）：39–42+69.

④　高波，陈健，邹琳华. 区域房价差异劳动力流动与产业升级 [J]. 经济研究，2012（1）：66–79.

⑤　朱金霞. 我国城镇居民财产及财产性收入与贫富差距问题研究 [D]. 东北师范大学，2015.

⑥　王建国. 户口性质、人口流动与城市住房状况 [J]. 经济研究参考，2016（22）：69–77.

⑦　于静静，王英杰. 住房支付能力影响农业人口流动的实证研究 [J]. 财经理论与实践，2017，38（3）：124–129.

⑧　赵敏，马周剑. 产业集聚与居民住房支付能力——基于省级面板数据的实证研究 [J]. 南京审计大学学报，2018，15（6）：39–46.

等因素影响，房价收入比客观地反映房价收入效应对城镇化的影响。房价收入比通过改变个人的生活充实度及对未来预期来间接影响幸福感。[①] 房价与收入变化对劳动力流动产生"拉力"和"阻力"。高房价的城市发展前景好、就业机会大，吸引人才流入，促进城镇化发展。当房价与居民收入增长的差距拉大，将挤压消费时，减少居民预期收益，阻碍人口城镇化进程。基于上述分析，提出假说：

H2：人口城镇化发展推高房价收入比；

H3：房价收入比对人口城镇化与居民幸福感的影响中具有中介效应，即人口城镇化推高房价收入比，提高房价收入比居民幸福感降低。

（三）子女数量的调节作用

新家庭经济学认为家庭生育面临成本—收益及孩子的数量—质量权衡。[②] 城市化具有抑制生育水平的作用，低生育现象是工业化、城市化社会的重要人口特征。[③] 父母幸福感的变化与城乡经济发展差异、公共服务水平不均密切相关。[④]

理论上，房价对生育具有消费挤出效应与财富效应，一方面高房价通过挤出有购房意愿家庭的消费，降低生育。另一方面房价上涨使有房产家庭的收入增长，提高居民生育意愿，促进生育。房价与生育之间关系的研究普遍认为房价上涨对于生育率有着显著的负向作用。[⑤] 房价对生育的影响体现在子女数量、生育年龄、性别偏好等方面，由于产育成本与住房成本相竞争，许多中低收入家庭只能在生孩子与买房子之间二选一。高房价变相增加养育子女成本，住房负担转化成多种形式的物质困难，降低居民幸福感。基于上述分析，提出假说：

H4：子女数量对人口城镇化与居民幸福感的影响中发挥的调节作用，通过房价收入比的中介作用实现，即子女数量越多，人口城镇化通过房价收入比对幸福感的负向影响增强。

---

① 李昕曈. 房价收入比对居民幸福感的影响研究——来自 CGSS2017 的微观数据 [J]. 价格月刊，2021（9）：18-25.

② 张芬，方迎风，彭浩宸. 房价对家庭生育决策的作用机制——基于中国家庭追踪调查数据的实证研究 [J]. 人口研究，2023，47（2）：96-111.

③ 聂爱霞，张敬彦. 生命历程视角下子女对父母幸福感的影响 [J]. 人口与社会，2021，37（3）：59-73.

④ 陈友华，苗国. 城市化、低生育率与人口负增长 [J]. 人口与健康，2020（12）：10-13.

⑤ 方慧芬，陈江龙，袁丰，等. 中国城市房价对生育率的影响——基于长三角地区 41 个城市的计量分析 [J]. 地理研究，2021，40（9）：2426-2441.

三、实证研究

（一）数据来源

样本数据来源自 2019 年中国社会状况综合调查数据（CSS2019），覆盖全国 30 个省（自治区、直辖市）样本（调查中缺失新疆维吾尔自治区），剔除缺失值和异常值后，得到有效样本 8475 个，具有一定的代表性。常住人口城镇化率数据来源于中商产业研究院大数据库；地区平均房价数据来自国家统计局官网。

（二）变量选择

1. 因变量

被解释变量为幸福感，选择生活满意度作为代理变量。生活满意度是人们对自己职业、收入、住房、休闲、家庭生活等各方面的满意度高低的评估，是度量认知幸福的主要标准。采用 CSS2019 问卷中"总体来说，您对生活满意度"的回答，将生活满意度由"非常不满意"到"非常满意"分为 5 个等级，数值越高说明幸福感越强。

2. 核心解释变量

以人口城镇化率与人口城镇化率的平方项作为核心解释变量，人口城镇化率用常住人口城镇化率来表征。常住人口城镇化率采用样本所在地区城镇常住人口占该地区总人口的比例。

3. 中介变量

用房价收入比反映房价收入效应对人口城镇化的影响。房价收入比使用样本地区平均房价与人均住房面积的乘积与个人年收入的比值。地区平均房价：采用受访者所在地区 2019 年每平方米住宅商品平均销售价格。人均住房面积：采用 2019 年全国城镇居民人均住房建筑面积均值 39.8 平方米。个人年收入根据 CSS2019 问卷中"请您告诉我，去年（2018）您个人的收入"选项取值。

4. 调节变量

采用 CSS2019 问卷中"你现在有几个亲生子女"的回答选项，无子女 = 0，独生子女 = 1，两个及以上 = 2，数字越大，说明子女越多。

5. 控制变量

借鉴前人研究，本研究控制性别、年龄、年龄平方、婚姻状况、学历、民族、政治面貌、自有住房 8 个变量及地区固定效应，以消除个体社会经济特征及同一地区内部人口城镇化水平以外因素对幸福感的影响。各变量赋值及描述性统计如表 5-2。

表5-2　变量赋值及描述性统计

变量名称	符号	变量赋值	最小值	最大值	均值	标准差	样本量
幸福感	Satis	生活很不满意 = 0，生活不太满意 = 1，生活一般满意 = 2，生活较为满意 = 3，生活非常满意 = 4	0	4	2.768	1.031	8475
人口城镇化率	urban	各地区人口城镇化率（取对数）	3.450	4.480	4.098	0.146	8475
房价收入比	hpi	各地区商品房平均房价 * 人均住房面积 / 个人年收入（取对数）	0.02	12.69	3.170	1.422	8475
子女数量	Child	无子女 = 0、独生子女 = 1、两个及以上 = 2	0	2	1.413	0.715	8475
性别	Gender	男 = 1、女 = 0	0	1	0.458	0.498	8475
年龄	Age	调查年份减去受访者出生年份	17	68	46.825	13.946	8475
婚姻状况	Marry	未婚、同居、离婚、丧偶 = 0；初婚有配偶、再婚有配偶 = 1	0	1	0.862	0.345	8475
学历	Edu	初中以下 = 1、高中（中专或职高技校）= 2、大专 = 3、本科及以上 = 4	1	4	2.754	0.856	8475
民族	Race	汉族 = 1，其他 = 0	0	1	0.915	0.280	8475
政治面貌	Pol	非中共党员 = 0、中共党员 = 1	0	1	0.112	0.316	8475
自有住房	House	无房 = 0、1 套房 = 1、2 套及以上 = 2	0	2	1.153	0.494	8475

（三）模型构建

参照温忠麟等（2022）[①]的方法，构建检验人口城镇化对居民幸福感作用机制的 4 个测量模型。由于被解释变量"幸福感"属于有序多分类变量，选择有序 Logistic 回归模型进行拟合，采用依次检验法与 Bootstrap 法相结合，进行中介效应、调节效应检验，以保证统计效率且控制检验错误率。

$$Satis = \beta_0 + \beta_1 urban + \beta_2 Con + \varepsilon_1 \tag{6.1}$$

$$hpi = \gamma_0 + \gamma_1 urban + \gamma_2 Con + \varepsilon_2 \tag{6.2}$$

$$Satis = \alpha_0 + \alpha_1 urban + \alpha_2 hpi + \alpha_3 Con + \varepsilon_4 \tag{6.3}$$

$$Satis = \phi_0 + \phi_1 urban + \phi_2 hpi + \phi_3 Child + \phi_4 hpiChild + \phi_5 Con + \varepsilon_4 \tag{6.4}$$

其中，$Satis$ 表示幸福感、$urban$ 为人口城镇化、hpi 为房价收入比、$Child$ 为子女数量、Con 为控制变量集合，β、γ、α、ϕ 为变量系数、ε 为误差项。模型（6.1）用于检验人口城镇化发展对幸福感的总效应。若假说 1 成立，则 β_1 显著为正。模型（6.2）用

---

① 温忠麟，方杰，谢晋艳，等. 国内中介效应的方法学研究. 心理科学进展，2022（8）：1–11.

于检验人口城镇化对房价收入比的影响效应。若假说 2 成立，则 γ_1 显著为正。模型（6.3）用于检验房价收入比影响人口城镇化与幸福感的中介效应。如系数 γ_1 和 α_2 均显著，且 γ_1 和 α_2 乘积的符号与 α_1 符号一致，说明人口城镇化通过房价收入比对幸福感产生正向影响，反之，则房价收入比遮掩了人口城镇化作用于幸福感的直接效果。若假说 3 成立，则 γ_1 和 α_2 乘积、α_1 均显著为负。模型（6.4）用于检验子女数量的调节效应，如果房价收入比与子女数量的交互项系数 ϕ_4 显著，说明子女数量在人口城镇化通过房价收入比影响幸福感关系中起到调节作用。若假说 4 成立，则 ϕ_4 显著为负。

（四）结果与分析

1. 描述性统计和相关性分析

运用 SPSS 20 软件进行主要变量的描述性统计，结果如表 6-2 所示；主要变量相关性检验结果如表 5-3 所示。由表 6-3 可知，人口城镇化率与幸福感具有显著正相关，房价收入比、子女数量与幸福感具有显著负相关。房价收入比、子女数量与人口城镇化率具有显著负相关，房价收入比与子女数量存在显著正相关。对变量进行共线性诊断，各变量的方差膨胀因子（VIF）均小于 10，说明模型不存在多重共线性，且数据通过有序 Logistic 回归的平行性检验。

表 5-3　主要变量相关系数矩阵

	幸福感	人口城镇化率	房价收入比	子女数量
幸福感	1			
人口城镇化率	0.016[*]	1		
房价收入比	−0.098[**]	−0.019	1	
子女数量	−0.046[**]	−0.1[**]	0.155[**]	1

注：*、** 表示在 0.005、0.01 水平（双侧）上显著相关

2. 传导机制检验

（1）主效应检验。进行有序 Logistic 模型回归检验，分析结果如表 6-4 所示。由表 6-4 可知，模型（6.1）中，控制性别、年龄等 8 个变量，人口城镇化率对幸福感的回归系数为 −9.833，人口城镇化率平方项对幸福感的回归系数为 1.152，两者均通过显著性检验，说明人口城镇化对幸福感呈现"正 U 型"影响，人口城镇化率对幸福感影响由负转正的拐点约为 71.36%，即当人口城镇化率达到 71.36% 时，随着人口城

镇化率上升，居民幸福感增强，反之，则居民幸福感增强降低，假说1成立。本研究样本城市城镇化均值仅为60.21%尚未达到拐点值，因此，人口城镇化率对于居民幸福感呈现负向影响。但这种负向冲击可能是暂时性的，随着新型城镇化战略的推进与城市治理能力提升，负向冲击将会转为正向。模型（6.2）中，在1%的显著水平上，人口城镇化率对房价收入比产生显著正向影响，影响效应为0.293，说明人口城镇化发展推高房价收入比，假说2成立。模型（6.3）中，在1%的显著水平上，人口城镇化率、房价收入比均对幸福感产生显著负向影响，人口城镇化率系数由模型（6.1）中的 −9.833 变为 −10.670。模型（6.4）中，在1%的显著水平上，房价收入比与子女数量的交互项系数为 −0.044，对幸福感产生显著负向影响。控制变量中，在1%显著性水平下，性别对幸福感存在显著负向影响，说明相对男性，女性幸福感更高。学历、政治面貌、婚姻状况、自有住房对幸福感均存在显著正向影响，说明拥有中国共产党党员身份、学历越高、有配偶、有自有住房的居民幸福感更高。年龄对居民幸福感影响为先下降后上升，说明年轻时和老年时幸福感更强，而中年时期幸福感较低。

（2）中介效应检验。基于SPSS20软件宏程序PROCESS的模型4（抽样次数为5000次，置信区间为95%），运用Bootstrap方法进行中介效应检验，预先假设"人口城镇化不通过房价收入比作用于居民幸福感"，结果见表5-5。由表5-5可知，房价收入比的中介效应为 −0.019，95% 置信区间为 [−0.033，−0.007]，不包含0，拒绝预假设。说明人口城镇化通过房价收入比作用于居民幸福感，提高房价收入比人口城镇化对幸福感的负向影响增强。假设3成立。说明城市住房支付能力直接关系到民生福祉，房价收入比是人口城镇化影响幸福感的重要路径之一。提高房价收入比影响居民租购选择、家庭金融市场参与、降低家庭房产财富弹性，对居民幸福感产生显著负向影响。

（3）调节效应检验。基于SPSS20软件宏程序PROCESS的模型4（抽样次数为5000次，置信区间为95%），运用Bootstrap方法进行调节效应检验，结果见表5-6。由表5-6可知，子女数量的调节效应为 −0.006，95% 置信区间为 [−0.015，−0.002]，不包含0，调节效应显著。说明随着子女的增加，人口城镇化率通过房价收入比对幸福感的负向影响逐渐增强，假说4成立。说明住房是组建家庭、生儿育女的保障，房价上涨影响居民生育决策，高租金或高房价抑制生育率。子女数量在人口城镇化与居民幸福感关系中起的调节作用部分通过房价收入比的中介作用实现。

表 5-4　人口城镇化、房价收入比、子女数量对幸福感影响的回归估计

变量名称	幸福感（模型 6.1）		房价收入比（模型 6.2）		幸福感（模型 6.3）		幸福感（模型 6.4）	
	coeff	se	coeff	se	coeff	se	coeff	se
人口城镇化率	-9.833^{***}	3.478	0.293^{***}	0.099	-10.670^{***}	3.486	-10.739^{***}	3.497
人口城镇化率平方	1.152^{***}	0.425	–	–	1.260^{***}	0.427	1.267^{***}	0.427
房价收入比	–	–	–	–	-0.113^{***}	0.016	-0.052^{*}	0.031
子女数量	–	–	–	–	–	–	0.111	0.687
房价收入比 * 子女数量	–	–	–	–	–	–	-0.044^{**}	0.192
性别	0.054	0.041	-0.513^{***}	0.281	-0.118^{***}	0.042	-0.117^{***}	0.419
年龄	-0.099^{***}	0.011	-0.099^{***}	0.007	-0.113^{***}	0.011	-0.109^{***}	0.011
年龄平方	0.001^{***}	0.001	0.001^{***}	0.001	0.001^{***}	0.001	0.001^{***}	0.011
学历	0.165^{***}	0.029	-0.517^{***}	0.197	0.107^{***}	0.031	0.101^{***}	0.031
婚姻状况	0.026^{***}	0.072	-0.298^{***}	0.049	0.224^{**}	0.072	0.246^{***}	0.083
民族	0.108	0.786	-0.015	0.434	0.078	0.078	0.099	0.079
政治面貌	0.465^{***}	0.066	-0.300^{***}	0.045	0.433^{***}	0.067	0.433^{***}	0.066
自住住房	0.313^{***}	0.040	-0.123^{***}	0.076	0.301^{***}	0.040	0.302^{***}	0.040
地区固定效应	控制	控制	控制	控制	控制	控制	控制	控制
N	8475	8475	8475	8475	8475	8475	8475	8475
Pseudo R^2	0.014		0.022		0.021		0.016	

注：所有回归系数为非标准化系数，***、**、* 分别表示在 1%、5%、10% 的水平上显著

表 5-5　房价收入比的主效应、直接效应、中介效应

房价收入比		Effect	SE	t	LLCI	ULCI
人口城镇化→幸福感	主效应	-0.140	0.079	-1.756^{**}	-0.297	0.016
	直接效应	-0.121	0.079	-1.520^{*}	-0.277	0.035
		Effect	BootSE		BootLLCI	BootULCI
	中介效应	-0.019	0.007		-0.033	-0.007

注：所有回归系数为非标准化系数，N = 8475，Bootstrap = 5000，LL = 下限，UL = 上限，为 95% 置信区间，***、**、* 分别表示在 1%、5%、10% 的水平上显著

表 5-6　子女数量的调节效应

子女数量		Effect	BootSE	BootLLCI	BootULCI
有调节的中介效应（房价收入比）	低水平（M-1SD）	-0.015	0.006	-0.027	-0.005
	中水平（M）	-0.020	0.007	-0.034	-0.006
	高水平（M+1SD）	-0.023	0.008	-0.040	-0.008
		-0.006	0.004	-0.015	-0.002

注：所有回归系数为非标准化系数，N = 8475，Bootstrap = 5000，-1SD、+1SD 分别在平均值基础上减去或加上一个标准差，LL = 下限，UL = 上限，为 95% 置信区间

3. 异质性检验

根据北京国民经济研究所编制的"2019 年中国分省份市场化指数",按市场化指数均值 5.8 将样本区域划分为低、高两个竞争地区。高竞争地区样本 6163 个,幸福感均值为 2.80,低竞争地区样本 2312 个,幸福感均值为 2.68,低竞争区幸福感更高。用模型 6.3 进行区域差异的分组检验,结果见表 5-7。

(1)在控制其他自变量不变的情况下,在 1% 显著性水平上,人口城镇化率对高、低竞争地区居民幸福感呈现"U 型"影响。

(2)房价收入比对高、低竞争地区居民幸福感均产生负向影响,影响系数分别为 -0.031 与 -0.132,说明相比低竞争地区,随着房价收入比的提高,高竞争地区的居民幸福感降低更明显。

(3)房价收入比与子女数量的交互项对高竞争地区居民幸福感产生负向影响,而对低竞争地区影响不显著。说明在高竞争地区,人口城镇化率越高居民幸福感越低。原因在于在经济发展水平、消费水平较高的地区,居民房价收入比高、生育子女成本过高、子女数量越多,幸福感越低。

表 5-7　异质性检验与稳健性检验结果

检验类型	异质性检验				稳健性检验			
变量名称	高竞争地区		低竞争地区		生活充实度		有序 probit 模型	
	coeff	se	coeff	se	coeff	se	coeff	se
人口城镇化率	-24.732***	5.848	-26.133***	8.352	-7.649*	3.374	-7.519***	2.056
人口城镇化率平方	2.911***	0.702	3.365***	1.081	0.057*	0.412	0.902***	0.251
房价收入比	-0.031*	0.036	-0.132***	0.059	-0.112***	-0.029	-0.324*	0.184
子女数量	0.197	0.078	0.067	0.127	-0.174	0.067	0.064	0.041
房价收入比 * 子女数量	-0.627***	0.022	0.008	0.037	-0.044*	0.187	-0.025*	0.011
控制变量	控制		控制		控制		控制	
地区固定效应	控制		控制		控制		控制	
N	6163		2312		8475		8475	
Pseudo R²	0.016		0.015		0.021		0.016	

注:低竞争区域为:山西、内蒙古、吉林、黑龙江、广西、海南、贵州、云南、西藏、陕西。高竞争区域为:北京、天津、河北、辽宁、上海、江苏、浙江、安徽、福建、江西、山东、河南、湖北、湖南、广东、重庆、四川、甘肃、青海、宁夏。***、**、* 分别表示在 1%、5%、10% 的水平上显著

4. 稳健性检验

为确保实证结果的科学性,采用变量替换法与换取模型法进行稳健性检验。

（1）变量替换法。根据 CSS 问卷中"您对休闲／娱乐／文化活动的评分"的回答表征生活充实度，赋值为 1～5，数值越高说明生活充实度越高。将生活充实度来代替幸福感进行回归分析，结果见表 6-7。

（2）换取模型法。以有序 probit 模型替代有序 Logistic 模型加以检验，结果如表6-7。由表 6-7 可知，在控制其他自变量不变的情况下，在 1% 显著性水平上，人口城镇化率对居民幸福感呈现"U 型"影响，房价收入比、房价收入比与子女数量的交互项均对幸福感产生显著负向影响。两种稳健性检验表明，本研究中人口城镇化、房价收入比、子女数量与居民幸福感关系的研究结论是稳健的。

四、结论与建议

本研究基于 CSS2019 数据，采用有序 Logistic 模型与 Bootstrap 方法检验人口城镇化对居民幸福感的影响及其传导机制，研究结果表明：①人口城镇化对居民幸福感呈现"U 型"影响，幸福感达到拐点时对应的人口城镇化率为 71.36%；性别、学历、政治面貌、婚姻状况、自有住房及年龄对居民幸福感影响显著；②人口城镇化对居民幸福感的作用呈现出受调节的中介效应，其中房价收入比起到了中介作用，子女数量发挥调节作用。房价收入比强化了人口城镇化对幸福感的负向效应，且随着子女数量增加，人口城镇化通过房价收入比对居民幸福感的负向影响增强。

基于研究结论，提出政策建议如下。

（1）推进城镇化包容性发展，建设宜居宜业城市。健全经济、社会、文化、生态等方面的包容性发展制度，统筹城镇化发展与公共服务供给均等化，改善居民的社会公正感知，促进社会公平。加强社会治理，提高城市服务的配置效率，满足居民对优质公共服务、生态环境及健康安全等需要。

（2）城市住房支付能力直接关系到民生福祉，房价收入比是人口城镇化影响幸福感的重要路径之一。加强可支付住房供应，推动人口城镇化与房地产市场协调发展。综合运用土地、金融、税收手段精准调控房地产市场，建立土地和住房联动机制，维持地价和房价稳定，形成合理的房价收入比、房租收入比。完善户籍、社保、住房等制度，扩大公积金覆盖范围，缩小居民住房负担能力差距。增加可支付住房供应，推进"租购同权"，实现住有所居。

（3）完善生育支持政策，营造"婚育友好"社会。子女数量对持续提升居民幸福感具有调节和催化作用，应该重视女性在生育、抚育及家庭劳动中产生的社会价值，缓解妇女生育与就业冲突的支持不足。重视购房能力对于生育率的影响，通过实施税收、住房、教育、就业等方面的支持措施，提高居民购房能力，以提升育龄人群的生育意愿，提高人口出生率、促进人口长期均衡发展。

第四节　非农收入与农业转移人口幸福感实证

一、研究背景

2022年，中国常住人口城镇化率达到65.22%，农民工总量达到29251万人。兼具"农民"和"移民"双重身份的农业转移人口已成为推进城镇化发展的主力军。非农就业已成为农村家庭的重要生计来源，非农收入对改变农民收入结构，提升农民工及其家庭消费水平，促进本地减贫及相邻地区贫困缓解具有直接效应与溢出效应，[1]显著促进了农户共同富裕。

随着非农收入增加及生活条件的改善，相对贫困问题开始显现时，城乡收入差距对农村劳动力迁移的拉力逐渐减弱，收入与主观幸福感之间出现"伊斯特林悖论"[2]。农业转移人口幸福诉求呈现出"谋生"到"发展"转化，机会平等、参与平等及获得平等对幸福感的影响增强。城乡二元体制、国民待遇缺失、劳动就业与工资分配歧视、技能和文化素质较低、收入的满意度较低、社会支持力度不够、身份认同尴尬等因素制约，长期非农就业并不能显著提升其社会地位感知。[3]自评社会阶层、社会公平感、社交活动及休息放松等成为导致农民工幸福损失的重要原因。

现有研究已关注非农收入对农业转移人口福利的影响，但其中的中介机制还不清晰，阶层认同、社会公平有可能是非农收入影响幸福感的路径。基于此，本研究在"收入—幸福感"分析框架中，引入社会经济地位、社会公平中介变量，运用CSS2013、CSS2015、CSS2019三期微观数据，实证检验非农收入、阶层认同、社会公平对农业转移人口幸福感的影响及其作用机制。本研究可能的边际贡献在于验证农业转移人口的非农收入与幸福感之间存在"伊斯特林悖论"，揭示出非农收入、主观阶

---

① 黄大湖，丁士军，谭昶. 农村劳动力转移的减贫及其空间溢出效应——基于省级面板数据的分析. 中国农业资源与区划. 2022，43（4）：227-236.

② 黄祖辉，朋文欢. 对"Easterlin悖论"的解读——基于农民工的视角［J］. 浙江大学报（人文社会科学版），2016，46（4）：158-173.

③ 孙鹏，孙治一，于滨铜，等. 非农就业提高农村居民幸福感了吗？［J］. 南方经济，2022（3）：1-36.

层认同、社会公平感共同作用幸福感且存在性别与地区异质性，为提升新型城镇化建设中农业转移人口福利水平提供参考。

二、理论分析与研究假设

（一）收入与幸福感

据"预期收入理论"，农业转移人口迁移的最终目标是实现个人预期收入最大化与家庭迁移效用风险最小化，追求较高的经济收益是驱使劳动力乡城流动的主要因素。非农就业可以帮助他们改善家庭环境及生活条件、提高城市生活适应性，获得政治权利和城市保障、促进个体效用达到较高水平。经济能力是农民工实现社会融合的基础，非农收入的提高帮助他们获得更高的教育水平，更好工作环境、生活环境及生活方式，获得政治权利和城市保障、提高城市生活适应性，缓解乡—城迁移带来的负面影响。非农收入的增加通过"收入—消费—效用—幸福感"的传递链，对幸福感产生正向预测性。但幸福感变化与收入增长并非同步，当居民收入普遍提升，相对贫困问题开始显现时，收入之外的其他指标开始成为关注的焦点。农民工收入与主观幸福感之间出现"伊斯特林悖论"，由劳动力迁移带来的资源获取、生活期望以及文化适应上的冲击[①]、住房支出比重高、非家庭化迁移、户籍和地域等歧视感知、城市规模、机会不平等认知[②]、劳动时间过长、跨省迁移、工作倦怠、健康问题等非收入因素能显著降低农民工的幸福感。精准扶贫政策实施，增加了农村贫困人口物质和非物质福利及帮助他们建立积极态度，提高其幸福状况。[③]

基于上述分析，提出假说：

H1：非农收入促进幸福水平提升，由于乡城迁移带来幸福损失，非农收入增加对幸福感的提升效应减弱，呈倒"U"形关系。

（二）主观阶层认同与幸福感

农民工社会融合与其所处社会阶层呈正相关关系，社会阶层认同及阶层的向上流动预期对幸福感有显著的正向效应。[④] 城乡空间的迁移，农业转移人口积极的社会阶

① 李旻，谭晓婷. 人力资源能力对女性农民工职业流动的影响分析——基于 1242 份农民工调查数据［J］. 中国农业资源与区划，2021，42（8）：48–57.

② 陈前恒，胡林元，朱祎. 机会不平等认知与农村进城务工人员的幸福感［J］. 财贸研究，2014，25（6）：45–52.

③ Yunbo Zhou, Xingzi Huang, Yangyang Shen, et al. Does targeted poverty alleviation policy lead to happy life? Evidence from rural China［J］. China Economic Review，2023，81（1）：15–38.

④ 闫丙金. 收入、社会阶层认同与主观幸福感［J］. 统计研究，2012，29（10）：64–72.

层认同及其向上流动预期影响其健康水平、公平感及安全感，并正向影响其幸福感。[1]因此，农民工幸福感的提升，不仅源于相对收入的提高，还源于经济状况的比较及改善预期、自评经济地位的提高。主观阶层认同越高，从经济社会发展中获益的可能性就越大，对自己的认可度越高，对自身经济收入、财产状况和社会地位现状的满意度越高。增加收入、提高社会公平满意度均是提升阶层认同的重要途径。基于上述分析，提出假说：

H2：非农收入对主观阶层认同产生正向影响；

H3：主观阶层认同促进幸福感提升，主观阶层认同弱化了非农收入对农业转移人口幸福感的负向效应。

（三）主观阶层认同、社会公平感与幸福感

社会公平感是影响认知幸福感的重要因素，影响机制主要有社会结构论、相对剥夺论和归因论。[2] 根据社会结构论，社会公平感知受到个体所处的情境、个人立场及价值观念等影响，与个体人际信任，社会安全感知、社会认可度、对政府的评价等密切关联。[3] 居民的主观阶层认同与社会公平感联系紧密，社会资本、价值观及机会均等因素显著作用于主观幸福感。社会比较是构成个体公平感知的主要心理机制，社会地位对社会公平感知具有显著正向效应。[4] 公平的社会环境、良好的社会公平感知、广泛的社会参与能增强居民获得感、提升幸福感。[5]

社会公平感是影响认知幸福感的重要因素，收入对幸福感的负面影响并非收入不平等的实际水平而是个体对收入分配是否公正的知觉。受到城乡二元体制、就业与工资歧视、技能和文化素质较低等因素制约，农业转移人口与城镇居民在就业质量、劳动报酬以及社会经济地位等方面差距逐渐拉开。提高社会公平感，能够降低收入水平及其差距对其幸福感负面影响。基于上述分析，提出假说：

① Howell R, Howell C. The Relation of Economic Status to Subjective Well-Being in Developing Countries: A Meta-Analysis [J]. Psychological Bulletin, 2008, 134（4）：536.

② 李路路，马睿泽. 住房分层与中国城市居民的公平感——基于 CGSS2003、CGSS2013 数据的分析 [J]. 中央民族大学学报（哲学社会科学版），2020，47（6）：56-65.

③ 李炜. 近十年来中国公众社会公平评价的特征分析. 山东大学学报（哲学社会科学版），2016（6）：3-14.

④ 曾迪洋，洪岩璧. 城镇化背景下劳动力迁移对农民工幸福感的影响. 南京农业大学学报（社会科学版），2016，16（6）：49-60，153-154.

⑤ 阳义南. 获得感、公平度与国民幸福感提升——基于 CGSS 微观调查数据的分析 [J]. 社会科学辑刊，2022（3）：50-59.

H4：社会公平感促进幸福感提升，在非农收入通过主观阶层认同影响幸福感的过程中起到正向调节作用。

三、实证研究

（一）数据来源

本研究所用数据来源于三期中国社会状况综合调查（Chinese Social Survey，简称CSS）数据（CSS2013、CSS2015、CSS2019），包括全国30个省（自治区、直辖市），总样本量为30371个（调查中缺失新疆维吾尔自治区样本）。根据国家统计局《农民工监测调查报告》对"农民工"的界定，选取"农业户口"样本中"目前只从事非农工作"和"目前以从事非农工作为主，但同时也务农"为限定条件，经严格数据清理，得到有效样本2197个，各变量赋值与描述性统计详见表6-8。

（二）变量选取

1. 被解释变量

采用幸福感作为被解释变量，研究中采用受访者对自身幸福水平的主观评价作为代理变量。根据CSS问卷中"总的来说，我是一个幸福的人"的回答，将幸福程度等级赋值为1~4，分别代表"非常不幸福""比较不幸福""比较幸福""非常幸福"，数值越大则幸福感越强。

2. 核心解释变量

为更好地测度不同非农收入对幸福感的影响，设定"非农收入"与"非农收入平方"为核心解释变量。将CSS问卷中"今年以来，这份非农工作平均每月给您带来多少收入？"的回答进行统计，计算每个样本的年非农收入并取对数，以确保数据接近正态分布。

3. 中介变量

采用主观阶层认同作为中介变量，研究中以受访者对社会经济地位的主观评价作为代理变量。参照CSS问卷中"您认为本人的社会经济地位在本地大体属于哪个层次？"回答，将主观社会经济地位赋值为1~5，分别代表"下层""中下层""中层""中上层""上层"，数值越高则主观阶层认同等级越高。

4. 调节变量

采用社会公平感作为调节变量，研究中以受访者对社会总体公平公正的主观评价作为代理变量。参照CSS问卷中"请用1~10分，来表达您对现在社会总体公平公正情况的评价"回答，将社会公平感等级赋值为 1 ~ 4，分别代表"非常不公平""不太公平""比较不公平""非常公平"，数值越大说明社会公平感越强。

5. 控制变量

借鉴相关研究，选取性别、年龄、年龄平方、政治面貌、受教育程度、婚姻状况、社会保障、自有住房 8 个变量作为控制变量，此外还控制了地区固定效应，以控制个人社会经济特征及消除同一地区非农收入以外因素对幸福感的影响。

（三）模型设定

基于理论假说，构建非农收入对幸福感作用机制的 4 个测量模型，由于被解释变量"幸福感"属于有序多分类变量，选择有序 logit 回归模型进行拟合，采用 Bootstrap 方法进行中介效应、调节效应检验。

$$Happy = \alpha_1 + \beta_1 Income + \beta_2 Con + \varepsilon_1 \tag{6.5}$$

$$Status = \alpha_2 + \gamma_1 Income + \gamma_2 Con + \varepsilon_2 \tag{6.6}$$

$$Happy = \alpha_3 + \delta_1 Income + \delta_2 Status + \delta_3 Con + \varepsilon_3 \tag{6.7}$$

$$Happy = \alpha_4 + \phi_1 Income + \phi_2 Status + \phi_3 Fair + \phi_4 IncomeFair + \phi_5 Con + \varepsilon_4 \tag{6.8}$$

其中，*Happy* 表示幸福感，*Income* 为非农收入，*Status* 为主观阶层认同，*Fair* 为社会公平感，*Con* 控制变量集合，包括人口统计学变量、地区变量；β、γ、δ、ϕ 为变量系数、α 与 ε 为截距项与随机误差项。模型（6.5）用于检验非农收入对幸福感的影响，β_1 为非农收入对幸福感的总效应。若假说 1 成立，则 β_1 显著为正。模型（6.6）用于检验非农收入对主观阶层认同的影响，γ_1 为非农收入对主观阶层认同的效应。若假说 2 成立，则 γ_1 显著为正。模型（6.7）用于检验主观阶层认同影响非农收入与幸福感的中介效应。基于中介效应原理，如果 γ_1 和 δ_2 均显著，且 γ_1 和 δ_2 乘积的符号与 δ_1 的符号一致，说明主观阶层认同强化了非农收入对幸福感的影响程度，若 γ_1 和 δ_2 乘积的符号与 δ_1 的符号相反，说明主观阶层认同在一定程度上抵消了非农收入对幸福感的总效应，回归分析中呈现遮掩效应。若假说 3 成立，则 γ_1 和 δ_2 乘积的符号与 δ_1 的符号相反。模型（6.8）用于检验社会公平感的调节效应，如果非农收入与社会公平感的交互项系数 ϕ_4 显著，说明社会公平感在非农收入通过主观阶层认同影响幸福感的过程中起到调节作用。若假说 4 成立，则 ϕ_4 显著为正。

（四）结果分析

1. 描述性统计和相关性分析

运用 SPSS 20 软件进行主要变量的描述性统计与相关性检验，对研究假设进行初步验证，结果如表5-8、表5-9。

（1）描述性统计：由表6-8可知，幸福感均值为2.685，说明大部分农民工对自己的生活状况较为满意。主观阶层认同最小值为1、最大值为5、均值为2.293，说明农民工对自身社会阶层定位处于中等偏下水平。非农收入最小值1，最大值5，均值1.741，说明受访者非农收入差距较大且整体水平偏低。社会公平感均值为2.868，说明农民工认为社会总体公平公正水平较高。

（2）相关性检验：由表5-9可知，幸福感与非农收入、非农收入与社会公平感的交互项显著负相关、与主观社会阶层认同正相关。非农收入与主观阶层认同、非农收入与社会公平感的交互项显著正相关。主观阶层认同与社会公平感、非农收入与社会公平感的交互项显著正相关。

表5-8 变量赋值及描述性统计

变量名称	变量赋值	最小值	最大值	均值	标准差	样本量
幸福感	非常不幸福=1、比较不幸福=2、比较幸福=3、非常幸福=4	1	4	2.685	0.917	2197
非农收入	个人年非农收入取自然对数	1	5	1.741	0.719	2197
主观阶层认同	下层=1、中下层=2、中层=3、中上层=4、上层=5	1	5	2.293	0.867	2197
社会公平感	非常不公平=1、不太公平=2、比较公平=3、非常公平=4	1	4	2.868	0.666	2197
性别	男=1、女=0	0	1	0.54	0.50	2197
年龄	CSS调查年份减去受访者出生年份	18	70	40.38	11.436	2197
政治面貌	中共党员=1、非中共党员=0	0	1	0.073	0.260	2197
受教育程度	初中以下=1、高中（中专或职高技校）=2、大专=3、本科=4、研究生及以上=5	1	5	1.695	0.969	2197
婚姻状况	有配偶=1、无配偶=0	0	1	0.745	0.436	2197
社会保障	参加社保=1、没有参加社保=0	0	1	0.921	0.269	2197
自有住房	有=1、无=0	0	1	0.666	0.472	2197

表5-9 主要变量相关系数矩阵

变量	幸福感	非农收入	主观阶层认同	社会公平感	非农收入 * 社会公平感
幸福感	1				
非农收入	−0.49[*]	1			
主观阶层认同	0.074[**]	0.082[**]	1		
社会公平感	−0.25	−0.027	0.126[**]	1	
非农收入 * 社会公平感	−0.044[*]	0.0763[**]	0.160[**]	0.492[**]	1

注：*、** 分别表示在0.005和0.01（双侧）上显著相关

2. 作用机制检验

（1）中介效应检验。计算各变量的方差膨胀因子（VIF）平均值为 1.19，说明各变量之间不存在多重共线性，且数据通过有序 Logistic 回归的平行性检验，回归分析结果如表 5-10。由表 5-10 可知，模型（6.5）中，控制性别、年龄等 8 个变量，在 1% 显著水平下，非农收入的系数为负，非农收入平方的系数为正，非农收入对幸福感出现"倒 U 型"影响，对幸福感的总效应为 -0.536，说明非农收入较低时，随着非农收入上升，居民幸福感增强；当非农收入达到某一阈值后，提升非农收入，居民幸福感降低。假说 1 成立。可能的原因在于，依据马斯洛需求层次理论，收入的增加会使得农业转移人口的生理和安全需求得到有效的满足，此后，他们更加渴望公平权益、职业发展、城市融入等高层次需求，非农收入对于幸福感的促进作用出现停滞甚至反向抑制状态。模型（6.6）中，非农收入对主观阶层认同产生显著正向影响，影响效应为 0.569。说明主观阶层认同能提升非农收入，假说 2 成立。模型（6.7）中，主观阶层认同对幸福感产生显著正向影响，而非农收入系数在 1% 水平上显著且为负，非农收入系数由模型（6.5）中的 -0.536 变为模型（6.7）中 -0.587，说明主观阶层认同抵消了非农收入对幸福感的负向效应，呈现遮掩效应。采用 SPSS 宏程序 PROCESS 的模型 4，运用 Bootstrap 方法进行中介效应检验。结果见表 5-11。由表 5-11 可知，主观社会阶层认同的中介效应为 0.011，95% 置信区间为 [0.011，0.021]，不包含 0，中介效应显著，假说 3 成立。

表 5-10　非农收入、主观阶层认同、社会公平感对幸福感影响的回归估计

变量	幸福感 模型（6.5）		阶层认同 模型（6.6）		幸福感 模型（6.7）		幸福感 模型（6.8）	
	coef	se	coeff	se	coeff	se	coef	se
非农收入	-0.536^{**}	0.184	0.569^{***}	-0.192	-0.587^{**}	0.185	-0.580^{***}	0.193
非农收入平方	0.089^{**}	0.039	-0.069^{*}	0.041	0.095^{**}	0.039	0.097^{**}	0.041
主观阶层认同	–	–	–	–	0.205^{***}	0.047	0.213^{***}	0.047
社会公平感	–	–	–	–	–	–	0.889^{*}	0.063
非农收入 * 社会公平感	–	–	–	–	–	–	3.194^{***}	0.127
性别	0.237^{***}	0.084	-0.318^{***}	0.085	0.259^{***}	0.084	0.259^{***}	0.084
年龄	-0.144^{***}	0.079	-0.079	0.079	-0.137^{*}	0.079	-0.142^{*}	0.079
年龄平方	0.001	0.001	0.001	0.001	0.002	0.001	0.001	0.001
政治面貌	0.002	0.158	0.326^{**}	0.158	-0.033	0.158	-0.026	0.158

续表

变量	幸福感 模型（6.5）		阶层认同 模型（6.6）		幸福感 模型（6.7）		幸福感 模型（6.8）	
	coef	se	coeff	se	coeff	se	coef	se
受教育程度	–0.118*	0.046	0.125***	0.046	–0.129***	0.046	–0.129***	0.046
婚姻状况	0.306**	0.118	0.259*	0.121	0.283**	0.118	0.280*	0.118
社会保障	–0.109	0.142	0.310**	0.145	–0.137	0.143	–0.138	0.143
自有住房	–0.033	0.084	0.501***	0.04	–0.076	0.084	–0.076	0.085
地区固定效应	控制	控制	控制	控制	控制	控制	控制	控制
Pseudo R^2	0.007		0.021		0.011		0.011	

注：所有回归系数为非标准化系数，***、**、* 分别表示在1%、5%、10% 的水平上显著

表 5-11　主效应、直接效应、中介效应

	主观阶层认同	Effect	SE	t	LLCI	ULCI
非农收入→幸福感	主效应	–0.081	0.032	–2.741**	–0.132	–0.021
	直接效应	–0.091	0.032	–3.132***	–0.152	–0.031
		Effect	BootSE		BootLLCI	BootULCI
	中介效应	0.011	0.011		0.011	0.021

注：所有回归系数为非标准化系数，N = 2197，Bootstrap = 5000，LL = 下限，UL = 上限，为 95% 置信区间，***、**、* 分别表示在1%、5%、10% 的水平上显著

（2）调节效应检验。由表 5-10 可知，模型（6.8）中，非农收入与社会公平感的交互项对幸福感产生显著负向影响。运用 SPSS 宏程序 PROCESS 模型 5，采用 Bootstrap 方法，检验社会公平感的调节作用，结果见表 5-12。由表 5-12 可知，随着社会公平感的提升，非农收入对幸福感的反向影响逐渐减弱，社会公平感的调节效应为 0.011，95% 置信区间为［0.011，0.021］，不包含 0，调节效应显著，假说 4 成立。

表 5-12　社会公平感的调节效应

	社会公平感	Effect	BootSE	BootLLCI	BootULCI
有调节的中介效应 （阶层认同）	低水平（M–1SD）	–0.041	0.041	–0.122	0.032
	中水平（M）	–0.091	0.032	–0.151	–0.041
	高水平（M+1SD）	–0.152	0.041	–0.231	–0.071
		0.011	0.011	0.011	0.021

注：所有回归系数为非标准化系数，N = 2197，Bootstrap = 5000，–1SD、+1SD 分别在平均值基础上减去或加上一个标准差，LL = 下限，UL = 上限，为 95% 置信区间

控制变量中政治面貌、社会保障、自有住房3个对幸福感影响不显著。性别、年龄、年龄平方、教育程度、婚姻状况5个变量对幸福感存在显著影响。说明男性、学历低、有配偶的农民工幸福感更强。教育与幸福感之间呈显著的负相关。年龄与幸福感呈U型曲线关系，说明年轻和老年时幸福感更强，而中年时期幸福感较低。

3. 异质性检验

（1）性别异质性检验。2197份有效样本中，女性1008人，幸福感均值为2.75，男性1189人，幸福感均值为2.72；女性幸福感略高于男性。用模型（6.8）进行幸福感的性别差异分组检验，结果见表5-13。在1%显著性水平下，非农收入对男性幸福感的影响显著为负，非农收入平方对男性幸福感的影响显著为正，说明非农收入对男性幸福感呈"倒U"形影响，但对女性影响不显著。可能的原因在于：女性农民工需要承担工作、生育、照顾家庭的重任，就业能力与自我发展能力均较低，生计资本和城市发展意愿均低于男性，幸福感普遍低于男性。

（2）区域异质性检验。根据北京国民经济研究所编制的《2019年中国分省份市场化指数》，按市场化指数均值5.8将样本区域划分为高、低市场竞争区域。在低市场竞争区就业587人，幸福感均值2.71，在高市场竞争区就业1610人，幸福感均值2.75，在高竞争区内就业的农民工幸福感更强。用模型（6.8）进行区域差异分组检验，结果见表5-13。在10%显著水平下，非农收入对低竞争区域就业农民工幸福感的影响显著为负，非农收入平方对其幸福感的影响显著为正，说明非农收入对低竞争区域就业农民工的幸福感呈"倒U"形影响，而对高竞争区域就业农民工幸福感的影响不显著。可能的原因在于，相比于高竞争区域，低竞争区域的就业竞争压力较小、交通、住房等生活成本降低，幸福感损失效应较小。因此低竞争区域非农收入变化对农业转移人口幸福影响更敏感。

表5-13 异质性检验与稳健性检验

变量	异质性检验								稳健性检验			
	女性		男性		低竞争区域		高竞争区域		生活满意度		有序 probit 模型	
	coeff	se	coeff	se	coeff	se	coeff	se	coeff	se	coeff	se
非农收入	−0.140	0.321	−1.048[***]	0.261	−1.195[*]	0.822	−0.008	0.413	−0.178[*]	0.188	−0.366[***]	0.005
非农收入平方	0.005	0.073	0.194[***]	0.053	0.057[*]	0.126	0.069	0.613	0.071[*]	0.039	0.061[**]	0.025
阶层认同	0.078	0.07	0.337[***]	0.064	0.358[*]	0.104	0.179[*]	0.055	0.317[***]	0.046	0.114[***]	0.027

续表

变量	异质性检验								稳健性检验			
	女性		男性		低竞争区域		高竞争区域		生活满意度		有序 probit 模型	
	coeff	se	coeff	se	coeff	se	coeff	se	coeff	se	coeff	se
社会公平感	-0.223	0.147	-0.066	0.685	-0.08	0.357	0.607*	0.195	0.169*	0.978	-0.062	0.028
控制变量	控制	控制	控制	控制	控制	控制	控制	控制	控制	控制	控制	控制
地区固定效应	控制	控制	控制	控制	控制	控制	控制	控制	控制	控制	控制	控制
N	1008		1189		587		1610		2197		2197	
Pseudo R^2	0.010		0.022		0.029		0.016		0.013		0.011	

注：***、**、* 分别表示在 1%、5%、10% 的水平上显著

4. 稳健性检验

为确保实证结果的科学性，采用变量替换法与换取模型法进行稳健性检验。

（1）变量替换法：以生活满意度代替幸福感进行检验。生活满意度指群体或个体对自身生活状况的总体评价，是幸福感的核心方面。采用 CSS 问卷中"总体来说，您对生活满意度"的回答选项，将生活满意度由"非常不满意"到"非常满意"分为 1~10 个等级，数值越高说明生活满意度越高。采用有序 logit 模型将生活满意度作为因变量进行回归分析，结果如表 5-13。在 5% 显著水平下，非农收入对生活满意度的影响显著为负，非农收入平方对生活满意度的影响显著为正，说明非农收入对生活满意度呈"倒 U"形影响。

（2）换取模型法：以有序 Probit 模型替代有序 Logistic 模型加以检验，结果见表 5-13。在 5% 显著水平下，非农收入对幸福感的影响显著为负，非农收入平方对幸福感的影响显著为正，说明非农收入对幸福感呈"倒 U"形影响。两种稳健性检验研究结果表明，非农收入与农业转移人口幸福感之间的关系是稳健的。

四、结论与政策启示

本研究在"收入—幸福"分析框架下，基于三期中国社会状况综合调查数据，构建有序 Logistic 回归模型，借助中介调节效应分析法检验非农收入对农业转移人口幸福感的影响效应及其作用机制。研究结果表明如下。

（1）非农收入能够显著促进农业转移人口幸福水平提升，呈"倒 U"形关系，即

非农收入较低时，增加非农收入能够显著促进幸福水平提升，但随着非农收入增加，非农收入对幸福感的促进效应下降。

（2）作用机制检验表明：主观阶层认同促进幸福感，主观阶层认同弱化了非农收入对幸福感的负向效应；社会公平感促进幸福感提升，在非农收入通过主观阶层认同影响幸福感的过程中起到正向调节作用。

（3）基于人力资本特征与务工情境的异质性分析，发现非农收入对农业转移人口幸福感的影响存在性别差异与务工区域差异。

本研究的政策启示：①提升非农就业的幸福促进效应，健全农业转移人口持续增收机制。建设城乡统一的劳动力市场和公共就业创业服务体系，消除不平等的就业限制及歧视，创造更多的非农就业岗位，提升农业转移人口职业发展空间，推动职业结构升级。②建立有效社会流动机制，缓解城乡社会分层。推进户籍制度改革，增强农民工认同感和融入感。提高农业转移人口的素质和技能，建立合理的收入分配体制，缩小城乡居民收入差距与阶层差距，促进向上流动。③推进包容性城镇化建设，促进社会公平正义。健全以"居住证"为载体的公共服务均等化提供机制，完善民生保障制度，促进城乡居民同工同酬、同人同权、文化互融互认。维护政策和规则的公开和透明、重视农业转移人口的政治参与和意见表达增进社会融合。

第五节　住房与农业转移人口幸福感实证

一、研究背景

住房可支付问题一直是困扰全球发展和治理的突出难题，联合国将消除住房贫困列为2015—2030可持续发展目标之一。党的十九大、二十大和十九届二中、三中、四中、五中全会要求突出住房的民生属性，促进实现全体人民住有所居。

近年来，由于土地、财税、金融政策不配套，城镇化有关政策和规划不到位，房地产市场供求关系扭曲，房地产市场发展严重偏离了居住本质属性和改善民生的目标。伴随房价快速上涨以及家庭财富向房产集中，住房成为中国阶层内聚和排斥的主要形式。住房充当了家庭背景与后代教育相联系的桥梁机制参与了阶层的再生产，住房代际分化现象不断累积，带来了住房不平等。住房产权已经成为阶层和家庭地位的主要表征，自用产权住房承担着城市配置公共资源的重要功能，有可能替代户籍成为未来阻碍农业转移人口社会流动的主要因素。住房分层社会政策设计的不足对农业转移家庭住房贫困代际传递有着重要影响，城市住房分层加剧了社会贫富差距。

我国农业转移人口以家庭迁移取代过去个体的流动，随迁子女数量呈逐年增长的趋势，住房是农业转移家庭迁移并完全融入城市的重要标志。高房价对农业转移人口地区间流动的排斥效应、门槛效应逐步显现，农业转移人口住房贫困问题已引起社会关注。

二、理论分析与研究假设

（一）住房与幸福感

奥尔斯（1975）认为提供住房货币补贴政策比政府直接为低收入者新建住房的政策更有效。[1] Ludwig & Sloek（2002）指出房价的上升必然带来财富效应（兑现与未兑现）、流动性约束效应、信心效应、预算约束效应、替代效应[2]。阿瑟·奥沙利文（2003）认为改革造成住房隔离的住房政策有助于消除城市贫困。[3] Ravit Hananel（2015）分析了以色列、美国、瑞典三国的公共住房位置，发现公共住房建造在偏远地区会造成或加剧社会分裂和族群隔离，建造在人口密集的地区则会产生集中贫困与贫民区，导致高失业率与犯罪率问题。[4] Ortiz Selena E（2018）研究美国住房负担能力对公众健康的相关性，认为住房负担能力促进健康，还研究了由党派和收入驱动负担得起的住房与健康之间的联系[5]。Dewilde Caroline（2018）认为西欧国家低收入家庭住房负担能力与住房制度、福利制度、人口指标和住房市场金融化相关。[6] Bokyong Seo（2018）研究发现：为推进地方自治，韩国政府采取社会等级细分方式对不同阶层实施不同的公共住房政策。[7] Liao L 等（2018）研究发现：法国政府通过制定与公

① James C, Ohls. Public Policy toward Low-income Housing and Filtering in Housing markers［J］. Journal of Urban Economic, 1975（2）: 144-171.

② Ludwig A, Sloek T. The impact of changes in stock prices and house prices on consumption in OECD countries［J］. International Monetary Fund, 2002, 2（1）.

③ 阿瑟·奥沙利文. 城市经济学［M］. 苏晓燕等，译. 北京：中信出版社，2003：353-355.

④ Ravit Hananel, Sharon Perlman Krefetz, Ami Vatury.Housing Matters: Public Housing Policy in Israel, the United States, and Sweden［R］. Israel: The Gazit-Globe Real Estate Institute, 2015.

⑤ Ortiz Selena E, Johannes Bobbie L. Building the case for housing policy: Understanding public beliefs about housing affordability as a key social determinant of health.［J］. SSM-population health, 2018, 6.

⑥ Dewilde Caroline. Explaining the declined affordability of housing for low-income private renters across Western Europe.［J］. Urban studies（Edinburgh, Scotland）, 2018, 55（12）.

⑦ Seo B, Joo Y M. Housing the very Poor or the young? Imlications of the changing public housing Policy in South Korea［J］. Housing Studies, 2018（1）: 1-19.

共住房政策相结合的城市管理政策，控制和减少由于公共住房造成的社会分割。[1]

城乡居民的住房状况在权属、价格、地理位置、社区环境、社区文化特征等方面差异日益扩大，住房获得的代际差异已经取代阶层差异，呈现住房阶层的分化与代际转移。廉思，赵金艳（2017）指出住房代际分化累积，阻碍了底层青年通过自身努力获得更高社会经济地位的机会，影响青年婚姻决策。[2] 黄建宏（2018）认为住房充当了家庭背景与后代教育发生相互联系的重要桥梁机制，参与阶层再生产，政府扶贫政策应从资金援助转向住房援助，即"扶贫必扶住"。[3] 李路路和马睿泽（2020）认为住房资源已成为城市居民社会地位获得与向上流动的基础。[4] 鉴于此，提出假设1。

H1：自有住房对农民工幸福感有显著正向影响。

（二）住房与社会经济地位认同

近年来，伴随房价快速上涨以及家庭财富向房产集中，住房日益与收入、教育、职业等反映个体客观经济地位的因素交互重叠，成为阶级身份构建以及区隔符号，中国阶层内聚和排斥的主要形式。

住房资源不仅成为居民社会地位获得与向上流动的基础且对其社会认知与评价产生持续影响，住房充当了家庭背景与后代教育发生相互联系的重要桥梁机制，参与了阶层的再生产。住房代际分化现象不断累积。房产的财富继承效应已成为代际财富不平等传递主要途径，城乡家庭财富代际分化加剧。住房资源不仅成为城市居民社会地位获得与向上流动的基础，且对民众的社会认知与评价产生重要且持续影响。住房成为阶级身份构建以及符号区隔的综合反映，社会成员因住房资源占有不同而形成住房分层结构，各阶层住房获得的代际差异已经取代阶层差异，呈现住房阶层的代际转移。郭小弦，周星辰（2023）认为住房产权通过提升青年群体的公平感知正向影响其阶层认同，其中住房的安居效应、财富效应、公共服务效应对不同青年群体阶层认同存在差异性影响。[5] 鉴于此，提出假设2。

---

① Liao L, Chong Z. The Evolution of Public Houseing Policy in France and Its Implications [J]. Journal of Urban Studies, 2018（3）：11-18.

② 廉思，赵金艳. 结婚是否一定要买房？——青年住房对婚姻的影响研究 [J]. 中国青年研究，2017（7）：61-67.

③ 黄建宏. 住贫困与儿童学业：一个阶层再生产路径 [J]. 社会学评论，2018，6（6）：57-70.

④ 李路路，马睿泽. 住房分层与中国城市居民的公平感——基于 CGSS2003、CGSS2013 数据的分析 [J]. 中央民族大学学报（哲学社会科学版），2020，47（6）：56-65.

⑤ 郭小弦，周星辰. 住房产权与青年群体的阶层认同：三种效应的检验 [J]. 中国青年研究，2023（3）：57-66.

H2：自有住房对社会经济地位认同有显著正向影响。

基于上述分析，自有住房、社会经济地位认同均对农民工幸福感产生重要影响，自有住房还可能通过社会经济地位认同间接影响农民工幸福感，社会经济地位认同的提高能够强化农民工的幸福效应。鉴于此，提出假设3。

H3：自有住房通过社会经济地位认同对幸福感产生正向影响。

三、实证研究

（一）数据来源

样本数据来自2013年、2015年、2019年中国社会状况综合调查数据（Chinese Social Survey，简称CSS）。国家统计局《农民工监测调查报告》将"农民工"界定为：户籍仍在农村，本地从事非农产业或外出从业6个月及以上的劳动者。本研究通过户口性质与工作状况信息界定农业转移人口，即在"您目前的户口性质"中选取"农业户口"样本，然后在"您目前的工作状况是？"中选取"目前只从事非农工作"和"目前以从事非农工作为主，但同时也务农"两类样本作为"农业转移人口"限定条件，删除"不好说"、"不适用"和"拒绝回答"的样本，得到全国31个省（自治区、直辖市）有效样本4351个。

（二）变量选择及定义

1. 因变量

因变量为幸福感，幸福感作为一种心理感受其临界值无法观察与量化。研究中根据CSS问卷中"总的来说，我是一个幸福的人"的回答，将幸福程度等级设置为1~4，分别表示"非常不幸福""比较不幸福""比较幸福""非常幸福"。

2. 核心解释变量

基于研究假设，解释变量有自有住房与社会经济地位认同两个。

（1）自有住房：被访者家庭有无自有住房，有赋值为1，无赋值为0。

（2）社会经济地位认同：参照CSS问卷中"您认为本人的社会经济地位在本地大体属于哪个层次？"的回答，将社会经济地位认同等级赋值为1~5，分别代表"下层""中下层""中层""中上层""上层"，数值越高意味着社会经济地位的等级越高。

3. 控制变量

为了控制其他可能影响农民工幸福感的因素，借鉴前人研究，将非农收入、性别、年龄、政治面貌、受教育程度、婚姻状况、社会保障、社会公平公正8个变量作为控制变量。其中，社会公平公正变量，参照 CSS 问卷中"请用 1～10 分，来表达您对现在社会总体公平公正情况的评价"的回答，将社会公平公正等级赋值为 1～4，分别代表"非常不公平""不太公平""比较不公平""非常公平"，数值越高社会公平公正等级越高。各变量定义与赋值详见表 5-14。

（三）模型设定

由于被解释变量"农民工幸福感"属于有序多分类变量，选择有序 Logistic 回归模型进行拟合，构建因果中介分析三个测量模型，采用因果逐步回归检验法对社会经济地位认同影响自有住房与幸福感的中介效应展开机制检验，以保证统计效率的同时控制检验错误率。

$$Happy = \alpha_1 + \beta_1 House + \beta_2 Con + \varepsilon_1 \tag{6.9}$$

$$Status = \alpha_2 + \gamma_1 House + \gamma_2 Con + \varepsilon_2 \tag{6.10}$$

$$Happy = \alpha_3 + \delta_1 House + \delta_2 Status + \delta_3 Con + \varepsilon_3 \tag{6.11}$$

其中，$Happy$ 表示农民工幸福感，$House$ 为自有住房，代表核心变量；$Status$ 为社会经济地位，代表中介变量，Con 为控制变量集合，α 为常数项，β、γ、δ 为变量系数、ε 为误差项。模型（6.9）用于检验自有住房对幸福感的影响，系数 β_1 为自有住房对幸福感的总效应。模型（6.10）用于检验自有住房对社会经济地位认同的影响，系数 γ_1 为自有住房对社会经济地位认同的效应。模型（6.11）用于检验社会经济地位认同影响自有住房与幸福感的中介效应。系数 δ_1 为控制了自有住房的影响后，社会经济地位认同对幸福感的效应。δ_2 为控制了社会经济地位认同的影响后，自有住房对幸福感的直接效应。基于中介效应基本原理，如果 δ_1、δ_2 均显著，同时 δ_1 比 β_1 明显缩小，则意味着存在"部分中介效应"，即社会经济地位认同是自有住房作用于农民工幸福感的路径之一。采用系数乘积法计算中介效应占总效应的比重，即 γ_1 与 δ_2 乘积为中介效应。

（四）实证结果与分析

1. 描述性统计

4351 份有效样本主要变量的描述性统计结果见表 6-14。

（1）农民工主观幸福感均值为 2.68，认为自己很不幸福占比 9.61%、比较不幸福占比 34.66%、比较幸福占比 34.11%、很幸福为 21.63%。55.7% 的人幸福感程度在 3 以上，说明农民工整体感觉比较幸福。

（2）自有住房均值为 0.73。说明大部分农民工有自有住房（含在农村的住房）。

（3）社会经济地位认同的均值为 2.31，最大值为 5，最小值为 1。说明农民工对于自身社会经济地位的认同处于中等偏下水平。

（4）非农收入均值为最小值 1，最大值 5，均值 1.59，说明受访者非农收入差距较大，且整体收入水平偏低。

（5）性别的均值为 0.57，说明调查中男女样本的比例基本均衡。

（6）受访者在 18～70 岁，均值为 40.38 岁。

（7）政治面貌均值为 0.08，说明农民工中中共党员占比极小。

（8）教育程度均值为 1.46，说明农民工学历普遍在高中以下，学历普遍低。

（9）婚姻状况的均值为 0.83，大部分受访者有配偶。

（10）社会保障的均值为 0.94，说明大部分农民工有社会保障。

（11）社会公平公正均值为 3.81，高于中位数，说明农民工认为社会公平公正水平较高。

表 5-14　变量定义及描述统计结果

变量名称	变量编码	均值	中位值	标准差	极小值	极大值	有效样本数
幸福感	非常不幸福 = 1、比较不幸福 = 2、比较幸福 = 3、非常幸福 = 4	2.68	3	0.918	1	4	4351
自有住房	有 = 1、无 = 0	0.73	1	0.444	0	1	4351
社会经济地位	下层 = 1、中下层 = 2、中层 = 3、中上层 = 4、上层 = 5	2.31	2	0.889	1	5	4351
非农收入	个人年非农收人取自然对数	1.59	1.53	0.665	1	5	4351
性别	男 = 1、女 = 0	0.57	1	0.494	0	1	4351
年龄	CSS 调查年份减去受访者出生年份	40.38	40	11.436	18	70	4351
政治面貌	中共党员 = 1、非中共党员 = 0	0.08	0	0.273	0	1	4351
受教育程度	初中以下 = 1、高中（中专或职高技校）= 2、大专 = 3、本科 = 4、研究生及以上 = 5	1.46	1	0.804	1	5	4351
婚姻状况	有配偶 = 1、无配偶 = 0	0.83	1	0.372	0	1	4351
社会保障	参加社保 = 1、没有参加社保 = 0	0.94	1	0.243	0	1	4351
社会公平公正	非常不公平 = 1、不太公平 = 2、比较公平 = 3、非常公平 = 4	3.81	3	2.106	1	10	4351

2. 中介效应检验

由于被解释变量"农民工幸福感"属于有序多分类变量，选择有序 Logistic 回归模型进行拟合。计算得到各变量的方差膨胀因子（VIF）均小于 2，平均值为 1.137，说明各变量之间不存在多重共线性且模型不存在过度拟合。采用因果逐步回归检验法检验中介效应，回归结果见表 5-15。从表 5-15 可知，模型（6.9）中，自有住房系数在 1% 显著水平下显著且为正，自有住房对幸福感的总效应为 0.05，假设 1 成立。模型（6.10）中，自有住房系数在 5% 显著水平下显著且为正，说明拥有自有住房能提高社会经济地位认同，假设 2 成立。模型（6.11）中，自有住房系数在 1% 上显著且为正，自有住房对幸福感的直接效应为 0.01；社会经济地位认同的系数在 1% 水平上显著且为正，自有住房系数由模型 6.9 中的 0.05 下降至模型 6.11 中的 0.01，说明社会经济地位认同在自有住房影响幸福感的过程中存在部分中介效应，假设 3 成立。

表 5-15   有序 Logistic 回归结果

变量	模型 6.9	模型 6.10	模型 6.11
自有住房	0.05*** （0.73）	0.53*** （8.19）	0.01** （0.20）
社会经济地位			0.14*** （4.43）
非农收入	0.02* （0.24）	0.28*** （6.63）	0.01* （0.22）
性别	0.18*** （3.19）	−0.27*** （−4.59）	0.20*** （3.41）
年龄	−0.01*** （−4.11）	0.01 （0.24）	−0.11** （−4.09）
政治面貌	0.11 （1.05）	0.49*** （4.41）	0.08 （0.76）
受教育程度	−0.08 （−2.16）	0.15*** （3.74）	−0.09** （−2.39）
婚姻状况	0.27*** （3.28）	0.11 （3.19）	0.26*** （3.19）
社会保障	−0.02 （−0.17）	0.30* （2.57）	−0.04 （−0.33）
社会公平公正	−0.01 （−0.30）	0.30*** （6.91）	−0.03 （−0.67）
样本量	4351	4351	4351

续表

变量	模型 6.9	模型 6.10	模型 6.11
LR Chi	34.17	238.91	53.85
Pseudo R^2	0.003	0.022	0.005
P	0	0	0

注：***、**、* 分别表示在1%、5%、10%的水平上显著，括号内值为 t 值

控制变量中，非农收入、性别、年龄、教育程度、婚姻状况 5 个变量对农民工幸福感存在显著影响。政治面貌、社会保障、社会公平公正 3 变量对幸福感影响不显著。

（1）非农收入回归系数在 1% 显著性水平上显著且为正，说明提高非农收入，提升幸福感。

（2）性别变量回归系数在 1% 显著性水平上显著且为正，说明相对于女性，男性幸福感更高。

（3）年龄回归系数在 5% 显著性水平上显著且为负，说明相对于年长者，年轻人幸福感更高。

（4）教育程度变量的回归系数在 5% 显著性水平上显著为负，说明教育程度对农民工幸福感具有负向效应，农民工对自身受教育程度的投资，并未同步产生相应的幸福收益。

（5）婚姻状况变量系数在 1% 显著性水平上为正，说明有配偶的人幸福感高于没有配偶。婚姻的稳定性，某种程度上有利于提高农民工的幸福感。

3. 异质性检验

借鉴相关研究将 1980 年作为农民工代际划分标准，1980 年及以后出生为新生代农民工。4351 份有效样本中，新生代农民工幸福感均值为 2.69，略高于老一代农民工的 2.67，但差异不显著，说明农民工主观幸福感呈现代际延续态势，并未出现代际改善的迹象。用模型（6.11）进行农民工幸福感的代际差异分组检验，结果见表 5-16。

（1）自有住房在 10% 显著性水平对"老一代农民工"幸福感的影响显著为正，在 1% 显著性水平上对"新生代农民工"幸福感的影响显著为正，说明拥有自有住房有助于显著提高农民工幸福感。

（2）社会经济地位认同对"老一代农民工"幸福感的影响不显著，但在 1% 显著性水平上对新生代农民工幸福感的影响显著为正，说明社会经济地位认同对农民工幸福感的影响存在代际差异。

表 5-16　异质性检验与稳健性检验

变量	异质性检验				稳健性检验	
	老一代农民工	新生代农民工	低市场竞争区域	高市场竞争区域	生活满意度	有序probit模型
自有住房	0.001* （0.001）	0.04*** （0.03）	0.001* （0.00）	0.003* （0.08）	0.01** （2.05）	0.01** （2.5）
社会经济地位	0.06 （1.51）	0.21** （4.52）	0.299*** （3.96）	0.017*** （4.52）	0.29*** （9.25）	0.01*** （3.89）
其他变量	控制	控制	控制	控制	控制	控制
样本量	2154	2197	1952	2399	4351	4351
LR Chi	28.09	53.43	121.58	80.6	140.31	55.07
Pseudo R^2	0.005	0.0094	0.020	0.012	0.0074	0.0049
P	0	0	0	0	0	0

注：***、**、* 分别表示在 1%、5%、10% 的水平上显著，括号内值为 t 值

进一步考察区域差异对农民工幸福感的影响，根据北京国民经济研究所编制的"2019 年中国分省份市场化指数"，按市场化指数均值 5.8 将样本区域划分为低竞争区域与高竞争区进行分组检验[①]，检验结果见表 5-16。

（1）非农收入在 10% 显著性水平上对高竞争地区与低竞争区域农民工幸福感的影响显著为正，系数分别为 0.001 与 0.003，说明非农收入对农民工幸福感的促进作用在高竞争地区更强。

（2）社会经济地位认同在 1% 显著性水平上对高竞争地区与低竞争区域农民工幸福感的影响显著为正，系数分别为 0.299 与 0.017，说明在低竞争地区，社会经济地位认同对农民工幸福感的影响更大。

4. 稳健性检验

为确保实证结果的科学性，采用变量替换法与换取模型法进行稳健性检验。

（1）变量替换法：以生活满意度代替幸福感进行检验。主观幸福感由生活满意度与情感平衡两个部分构成，生活满意度指群体或个体对自身生活状况的总体评价，是主观幸福感的核心方面。采用 CSS 问卷中"总体来说，您对生活满意度"的回答选项，将生活满意度由"非常不满意"到"非常满意"等为 1～10 个等级，数值越高说

---

① 低竞争区域为：山西、内蒙古、吉林、黑龙江、广西、海南、贵州、云南、西藏、陕西。高竞争区域为：北京、天津、河北、辽宁、上海、江苏、浙江、安徽、福建、江西、山东、河南、湖北、湖南、广东、重庆、四川、新疆、甘肃、青海、宁夏。

明生活满意度越高。采用有序 Logistic 模型将因变量换为生活满意度进行回归分析，结果如表 5-16。自有住房在 5% 显著水平对生活满意度产生正向影响，社会经济地位认同在 1% 显著水平对生活满意度产生正向影响，中介效应为 0.082，在总效应中占比为 44.3%。

（2）换取模型法：以有序 Probit 模型替代有序 Logistic 模型加以检验，结果如表 5-16。自有住房在 5% 显著水平下显著促进农民工幸福感与社会经济地位认同的提高，社会经济地位认同在 1% 显著水平下对农民工幸福感产生正向影响，中介效应为 0.003，在总效应中占比为 35.08%。

两种稳健性检验的方法得出的研究结果表明，本研究的自有住房、社会经济地位认同与农民工幸福感的关系研究结论是稳健的。

四、结论与政策启示

本研究在理论分析基础上，提出了自有住房、社会经济地位认同影响农民工幸福感的三个假设，基于 2013、2015、2019 年 CSS 微观数据，采用有序 Logistic 模型与中介效应模型进行假设检验，并进行农民工代际、区域的异质性检验以及稳健性检验。研究结果表明：①拥有自有住房有助于显著提高农民工幸福感；②社会经济地位认同在自有住房影响农民工幸福感中呈现部分中介效应；③异质性分析发现，自有住房、社会经济地位认同对农民工幸福感的影响存在代际差异与区域差异。

本研究验证了自有住房对农民工幸福感的正向影响，对中国促进城镇化高质量发展具有一定的政策价值：①自有住房对农民工幸福感产生积极影响。以居住年限为标准，将农业转移人口逐步纳入城镇住房保障体系，发挥住房公积金对提高农业转移人口住房支付能力的作用；增加过渡性住房供给，构建与农业转移人口住房需求特点相匹配的区域差别化住房支持政策。[①] ②社会经济地位认同是影响农民工幸福感的关键因素。政府应重视非收入因素对农民工幸福感提升的影响，关注农民工基于社会比较的心理机制演变，促进就业、创业、教育、投资机会均等，引导农民工积极地感知社会地位。③兼顾农民工内部的异质特征，把握农民工群体的社会态度和行为，构建农民工不断向上流动的社会机制，提高农民工收入与阶层定位比较的幸福效应，增进农民工社会融合。

[①] 任荣荣，贺志浩. 多途径解决农业转移人口住房问题——基于 2020 年农民工问卷调查的分析 [J]. 宏观经济管理，2022（4）：47-54.

第六节　社会阶层认同与女性农民工幸福感实证

一、研究背景

2022 年，农民工总量达到 29251 万人，其中女性农民工 10501 万人，占比 36%，女性农民工逐渐成为推进工业化与城镇化的主力军。在城市价值观与生活方式冲击下，女性农民工面临收入、赋权、机会、能力等多重障碍，社会角色转换与身份转换相分离、身份转换滞后于职业和地域转换、被经济边缘化与社会隔离程度更严重。由于女性和农民工双重弱势身份，女性农民工幸福诉求由单纯的经济收入向渴望公平权益、职业发展、子女随迁、城市融入等非收入因素转变，呈现出"谋生"到"发展"的变化。女性农民工幸福感对其国家治理认同有正向预测，研究主观阶层认同对女性农民工幸福感的影响效应及其作用机制，对于构建"以人为本，公平共享"的新型城镇化，持续增进民生福祉具有重要意义。

文献梳理发现，现有研究已关注收入与非收入因素对女性农民工福祉的影响，但缺乏对社会阶层认同影响女性农民工幸福感的作用机制和情境研究。基于此，本研究运用三期中国社会状况综合调查数据（CSS2013、CSS2015、CSS2019），从非农收入和社会公平两个维度考察了社会阶层认同对女性农民工幸福感的影响及其作用机制。本研究边际贡献在于：一是基于社会认同理论，构建"社会阶层认同 – 农民工幸福感"研究框架，为农民工主观幸福感研究提供全新视角。二是揭示出非农收入和社会公平感在社会阶层认同影响女性农民工幸福感过程中的潜在作用及作用机制。三是本研究成果可为持续提升农民工幸福感，推动城镇化高质量发展提供经验证据与理论支撑。

二、理论分析与研究假设

（一）主观阶层认同与幸福感

女性的主观阶层认同来源于家庭出身、配偶地位、父母的社会地位及自身社会经济地位的共同影响。从阶层流动视角分析，传统文化、家庭环境、打工经历、家庭责任等因素共同内化形成女性农民工身份标准。[①] 在城市生存和就业的双重压力下，积

---

① 甘洁，郭靖. 女性农民工的身份形成及其对工作表现与心理体验的影响：基于叙事研究视角 [J]. 中国临床心理学杂志，2020，28（2）：245-253.

极主体意识在女性农民工向上流动中发挥了核心作用。她们通过塑造美丽的身体形象、搭建女性社会关系网，形成对身份歧视、文化排斥的制度性抗争。她们采取被动模仿打工城市语言习俗、生活方式、消费观念等策略以提高城市适应性，力求通过提升阶层地位实现"去乡村化女性"。[①]社会经济地位提升能够给她们带来尊重、权力感、控制感及资源优势，促进身心健康。社会阶层认同越高，从经济社会发展进程中获益的可能性就越大，对自身经济收入、财产状况和社会地位现状的满意度越高。基于上述分析，提出假说：

H1：主观阶层认同对女性农民工幸福感产生正向影响。

（二）非农收入与女性农民工幸福感

收入与幸福感之间存在"伊斯特林悖论"，国民幸福感并不会随着国家整体收入水平的增加而继续提升。个体收入对主观幸福感影响存在门槛限制，伴随需求层次升级，人们会产生自动适应心理，收入对幸福感影响呈现边际递减效应，突破门槛值后，幸福感与收入的增长无关。收入水平并不是幸福感的唯一决定因素，收入较高的群体更关注非收入因素，经济状况的比较及改善预期、经济地位、健康水平、婚姻质量、就业状态及正向情绪等同样影响幸福感。收入对幸福感的影响还可能存在"隧道效应"，即收入不平等及其预期对幸福感产生正向效应。

依据"预期收入理论"，女性农民工进城务工的最终目标是实现个人与家庭效用水平的最大化与迁移风险最小化。非农就业可以帮助她们改善家庭环境及生活条件，提高城市生活适应性，获得政治权利及城市保障，[②]促进个体和家庭效用最大化。非农就业质量是其获得幸福的重要保障，个人能力与工作组织之间的匹配程度、受到企业管理者尊重、工作合同性质、就业类型、工作保障及防护措施等因素影响农民工幸福感。[③]经济能力是女性农民工实现社会融合的基础，非农收入通过"收入—消费—效用—幸福感"的传递链，帮助她们提升自身及其家庭消费水平，获得更好的发展机会与生活质量。基于上述分析，提出假说：

H2：提高女性农民工主观阶层认同可以促进非农收入增加；

H3：非农收入在主观阶层认同对女性农民工幸福感的影响中发挥中介作用。

---

① 邱幼云. 女性农民工的城市生活适应研究 [J]. 理论月刊，2018（9）：177-182.

② 黄大湖，丁士军，谭昶. 农村劳动力转移的减贫及其空间溢出效应——基于省级面板数据的分析 [J]. 中国农业资源与区划. 2022，43（4）：227-236.

③ 卢海阳，张敏. 融合策略、歧视感知与农民工幸福感——基于福建省2393个农民工的调查数据 [J]. 社会发展研究，2020，7（2）：90-109，243-244.

（三）社会公平感与女性农民工幸福感

社会公平感是人们在判断社会公平问题时产生的主观心理感受，是认知幸福感的重要影响因素。社会公平感的影响机制主要有社会结构论、社会比较论及相对剥夺论，相对剥夺与隧道效应理论是形成农民工幸福感的心理机制。[①]"社会结构论"认为，处于不同社会位置的成员会出于利己主义动机而对不平等持不同的看法。[②]根据社会结构论，社会公平感知受到个体所处的情境、个人立场及价值观念等影响，与个体人际信任，社会安全感知、社会认可度、对政府的评价等密切关联。[③]社会比较是构成公平感知的主要心理机制，公平感形成受到个体感知到的社会不平等程度及个体认为可接纳的不平等程度的影响。女性农民工受到职业内工资歧视，甚至职业性别隔离，处于持久性收入劣势，政治参与边缘化、经济边缘化及社会隔离，强化了其不平等的传统性别角色。相比单身女性农民工，已婚女性在职业选择，工作环境、薪酬、社会福利等方面劣势更明显。依据"相对剥夺理论"，女性农民工通过比较来感知自身处境和地位，当比参照群体的收入或经济地位处于相对优势时，幸福感越强；当她们认为客观不平等的现象超出个体的心理承受能力时，会产生社会不公平感，影响幸福感。基于上述分析，提出假说：

H4：社会公平感促进幸福感提升，在社会阶层认同通过非农收入影响幸福感的过程中起到正向调节作用。

三、实证研究

（一）数据来源

样本数据来自2013、2015、2019年三期中国社会状况综合调查（CSS）数据，包括全国30个省（自治区、直辖市），总样本量为30371个（调查中缺失新疆维吾尔自治区样本）。根据国家统计局《农民工监测调查报告》对"农民工"的界定，选取CSS问卷"农业户口"性别为"女"、职业为"目前只从事非农工作"和"目前以从事非农工作为主，但同时也务农"的两类样本为"女性农民工"，得到有效样本

① 吉木拉衣，李涛，王政岚. 比较心理对农民工幸福感的影响——基于收入和阶层定位的双重视角 [J]. 安徽农业大学学报（社会科学版），2021，30（3）：83-91.

② 许琪，贺光烨，胡洁. 市场化与中国民众社会公平感的变迁：2005—2015 [J]. 社会，2020，40（3）：88-116.

③ 李炜. 近十年来中国公众社会公平评价的特征分析. 山东大学学报（哲学社会科学版），2016（6）：3-14.

1712 个。

（二）变量设置

1. 被解释变量

采用幸福感作为被解释变量，幸福感作为一种心理感受其临界值无法观察与量化，采用自陈主观幸福感作为代理变量。依据 CSS 问卷中"总的来说，我是一个幸福的人"的回答，将幸福程度等级由"非常不幸福"到"非常幸福"赋值为 1 ~ 10，数值越大则幸福感越强。

2. 核心解释变量

采用社会阶层认同作为核心解释变量，研究中用主观社会经济地位来表征。主观社会经济地位是个人对其在社会结构中所处经济和社会位置的主观感知和判断，是影响阶层自我评价的主要因素之一。参照 CSS 问卷中"您认为本人的社会经济地位在本地大体属于哪个层次？"回答，将主观社会经济地位赋值为 1 ~ 5，分别代表"下层""中下层""中层""中上层""上层"，数值越高则主观阶层认同等级越高。

3. 中介变量

采用非农收入作为中介变量。将 CSS 问卷中"今年以来，这份非农工作平均每月给您带来多少收入？"的回答进行统计，计算每个样本的年非农收入并取对数，以确保调查中数据接近正态分布。

4. 调节变量

采用社会公平感作为调节变量，研究中以受访者对社会总体公平公正的主观评价作为代理变量。参照 CSS 问卷中"请用 1 ~ 10 分，来表达您对现在社会总体公平公正情况的评价"回答，将社会公平感等级赋值为 1 ~ 4，分别代表"非常不公平""不太公平""比较不公平""非常公平"，数值越大说明社会公平感越强。

5. 控制变量

相关研究表明，性别、年龄、健康状况、婚姻状况、子女数量、绝对收入、医疗支出、购买社会保险、缴纳住房公积金、携配偶随迁等个体特征因素影响农民工幸福感。选取年龄、政治面貌、受教育程度、婚姻状况、社会保障、自有住房 6 个变量作为控制变量，此外还控制了地区固定效应，以控制个人社会经济特征及消除同一地区社会阶层认同以外因素对幸福感的影响。各类变量赋值及描述性统计见表 5–17。

（三）研究方法

基于理论分析，构建主观社会阶层认同对幸福感作用机制的 4 个测量模型。由于被解释变量"幸福感"属于有序多分类变量，选择有序 Logistic 回归模型进行拟合。运用 SPSS 软件中的 PROCESS 插件，采用依次检验法与 Bootstrap 法相结合，进行中介效应、调节效应检验，以保证统计效率的同时控制检验错误率。

$$Happy_i = \alpha_1 + \beta_1 Status_i + \beta_2 Con + \varepsilon_1 \tag{6.12}$$

$$Income_i = \alpha_2 + \gamma_1 Status_i + \gamma_2 Con + \varepsilon_2 \tag{6.13}$$

$$Happy_i = \alpha_3 + \delta_1 Status_i + \delta_2 Income_i + \delta_3 Con + \varepsilon_3 \tag{6.14}$$

$$Happy_i = \alpha_4 + \theta_1 Status_i + \theta_2 Income_i + \theta_3 Fair_i + \theta_4 Status_i Fair_i + \theta_5 Con + \varepsilon_4 \tag{6.15}$$

其中，$Happy_i$ 表示幸福感、$Status_i$ 为社会阶层认同、$Income_i$ 为非农收入、$Fair_i$ 为社会公平感，Con 为控制变量集合，α 为常数项，β、γ、δ、θ 为变量系数、ε 为误差项。模型（6.12）用于检验社会阶层认同对幸福感的影响，若假说 1 成立，则 β_1 显著为正。模型（6.13）用于检验社会阶层认同对非农收入的影响。若假说 2 成立，则 γ_1 显著为正。模型（6.14）用于检验非农收入影响社会阶层认同与幸福感的中介效应。基于中介效应原理，如果 γ_1 和 δ_2 均显著，且 γ_1 和 δ_2 乘积的符号与 δ_1 的符号一致，说明非农收入强化了社会阶层认同对幸福感的影响程度，反之，说明非农收入在一定程度上抵消了社会阶层认同对幸福感的总效应，回归分析中呈现遮掩效应。若假说 3 成立，则 γ_1 和 δ_2 乘积、δ_1 均显著为正。模型（6.15）用于检验社会公平感的调节效应，如果社会阶层认同与社会公平感的交互项系数 θ_4 显著，说明社会公平感在社会阶层认同通过非农收入影响幸福感的过程中起到调节作用。若假说 4 成立，则 θ_4 显著为正。

（四）实证结果与分析

1. 描述性统计

运用 SPSS 20 软件进行 1712 份有效样本主要变量的描述性统计与相关性检验，对研究假设进行初步验证，结果如表 5-17、表 5-18。

（1）描述性统计：由表 5-17 可知，幸福感均值为 6.590，说明女性农民工幸福感总体处于中等偏上水平。社会阶层认同最小值为 1、最大值为 5、均值为 2.340，说明女性农民工社会阶层认同处于中等偏下水平。非农收入最小值 0.020，最大值 4.571，均值 1.370，说明受访者非农收入差距较大且整体水平偏低。社会公平感均值为 2.780，说明女性农民工认为社会总体公平公正水平较高。

（2）相关性检验：由表 5-18 可知，幸福感与社会阶层认同、非农收入、社会公平感均显著正相关，且非农收入与社会阶层认同存在显著正相关、社会公平感与社会阶层认同存在显著正相关。

表 5-17　变量赋值及描述性统计

变量名称	符号	变量赋值	均值	标准差	极小值	极大值	样本数
幸福感	Satis	"非常不幸福"到"非常幸福"分为 1—10 等	6.590	2.005	1	10	1712
社会阶层认同	Status	下层 = 1、中下层 = 2、中层 = 3、中上层 = 4、上层 = 5	2.340	0.883	1	5	1712
非农收入	Income	个人年非农收入取自然对数	1.370	0.649	0.020	4.571	1712
社会公平感	Fair	非常不公平 = 1、不太公平 = 2、比较公平 = 3、非常公平 = 4	2.780	0.664	1	4	1712
年龄	Age	CSS 调查年份减去受访者出生年份	39.26	10.65	18	70	1712
政治面貌	Pol	中共党员 = 1、非中共党员 = 0	0.050	0.226	0	1	1712
受教育程度	Edu	初中以下 = 1、高中（中专或职高技校）= 2、大专 = 3、本科 = 4、研究生及以上 = 5	1.450	0.813	1	5	1712
婚姻状况	Marry	有配偶 = 1、无配偶 = 0	0.850	0.354	0	1	1712
社会保障	Saf	参加社保 = 1、没有参加社保 = 0	0.930	0.249	0	1	1712
自有住房	House	有 = 1、无 = 0	0.730	0.442	0	1	1712

表 5-18　主要变量相关系数矩阵

变量	社会阶层认同	非农收入	社会公平感	幸福感
社会阶层认同	1			
非农收入	0.259***	1		
社会公平感	0.101***	−0.027	1	
幸福感	0.259***	0.104***	0.205***	1

注：*** 表示在 1% 水平（双侧）上显著相关

2. 传导机制检验

（1）中介效应检验。首先对变量进行共线性诊断，各变量的方差膨胀因子（VIF）均小于 10，说明模型不存在多重共线性且数据通过有序 Logistic 回归的平行性检验，基准回归分析结果如表 5-19。由表 5-19 可知，模型（6.12）中，控制年龄、政治面貌、地区等 7 个变量，在 1% 显著性水平上，社会阶层认同对幸福感有显著正向影响，说明社会阶层认同提高有助于提升女性农民工幸福感，假说 1 成立。模型（6.13）中，在 1% 显著性水平上，社会阶层认同对非农收入产生显著正向影响，影响效应为 0.074，说明提高女性农民工社会阶层认同可以增加非农收入，假说 2 成立。模型（6.14）中，在 1% 显著性水平上，社会阶层认同、非农收入均对幸福感产生显著正向影响，社会阶层认同系数由模型（6.12）中的 0.513 变为 0.468，说明非农收入在社会阶层认同影响幸福感的过程中承担部分中介效应。采用 SPSS 宏程序 PROCESS 的模型 4（抽样次数为 5000 次，置信区间为 95%），运用 Bootstrap 方法进行非农收入的中介效应检验，结果见表 5-20。由表 5-20 可知，非农收入的中介效应为 0.015，95% 置信区间为［0.044，0.029］，不包含 0，中介效应显著，假说 3 成立。

表 5-19　社会阶层认同、非农收入、社会公平感对幸福感的回归估计

变量名称	幸福感 模型（6.12）	非农收入 模型（6.13）	幸福感 模型（6.14）	幸福感 模型（6.15）
社会阶层认同	0.513***	0.074***	0.468***	0.471**
	（0.051）	（0.018）	（0.053）	（0.053）
非农收入	－	－	0.200***	0.200***
	－	－	（0.073）	（0.073）
社会公平感	－	－	－	0.569***
	－	－	－	（0.069）
社会阶层认同 * 社会公平感	－	－	－	0.185**
	－	－	－	（0.075）
年龄	−0.007	−0.011***	−0.007	−0.007
	（0.005）	（0.002）	（0.005）	（0.005）
政治面貌	0.535***	−0.08	0.519**	0.520**
	（0.210）	（0.071）	（0.214）	（0.214）
受教育程度	0.219***	0.089***	0.255***	0.251***
	（0.061）	（0.022）	（0.067）	（0.066）
婚姻状况	0.038	0.099	0.180	0.179
	（0.132）	（0.046）	（0.139）	（0.139）
社会保障	0.440***	（0.037）	0.393**	0.396**
	（0.169）	0.061	（0.183）	（0.183）
自有住房	0.200**	−0.132***	0.241**	0.245**
	（0.987）	（0.035）	（0.106）	（0.106）
地区	控制	控制	控制	控制
Pseudo R^2	0.025	0.082	0.132	0.135

注：回归系数为非标准化系数，括号内为稳健性标准误，***、**、* 分别表示在 1%、5%、10% 的水平上显著

表 5-20　主效应、直接效应、中介效应

	非农收入	Effect	SE	t	LLCI	ULCI
社会阶层认同→ 幸福感	主效应	0.483	0.526	9.173***	0.379	0.586
	直接效应	0.475	0.528	8.859***	0.364	0.571
		Effect	BootSE		BootLLCI	BootULCI
	中介效应	0.015	0.006		0.044	0.029
	主效应	0.007	0.003		0.002	0.013

注：所有回归系数为非标准化系数，N = 1712，Bootstrap = 5000，LL = 下限，UL = 上限，为 95% 置信区间，***、**、* 分别表示在 1%、5%、10% 的水平上显著

（2）调节效应检验。由表 5-20 可知，模型（6.15）中，为了验证社会公平感对"社会阶层认同 – 幸福感"的影响，引入社会阶层认同与社会公平感的交互项。在 5% 的显著性水平上，社会阶层认同与社会公平感的交互项系数为 0.185，显著为正。运用 SPSS 宏程序 PROCESS 的模型 5（抽样次数为 5000 次，置信区间为 95%），采用 Bootstrap 方法，检验社会公平感的调节作用，结果见表 5-21。由表 5-21 可知，随着社会公平感的提升，社会阶层认同对非农收入的正向影响逐渐增强，调节效应为 0.014，95% 置信区间为 [0.004，0.028]，不包含 0，调节效应显著，说明社会公平感在非农收入对阶层认同与幸福感的中介效应中起到正向调节作用，假说 4 成立。

控制变量中，在 5% 显著性水平下，政治面貌、受教育程度、社会保障、自有住房 4 个变量对幸福感均产生显著正向影响，而年龄、婚姻状况对幸福感影响不显著。说明拥有中共党员身份、受教育程度越高、有社会保障、有自有住房的女性农民工幸福感更高。

表 5-21　社会公平感的调节效应

	社会公平感	Effect	BootSE	BootLLCI	BootULCI
有调节的中介效应 （非农收入）	低水平（M−1SD）	0.348	0.072	0.208	0.489
	中水平（M）	0.471	0.053	0.368	0.575
	高水平（M+1SD）	0.595	0.074	0.450	0.739
		0.014	0.006	0.004	0.028

3. 异质性检验

相关研究表明，外出务工、城市定居、工作类型、劳动报酬、工作质量及社会认

知等因素对农民工幸福感的影响存在代际差异。[①] 用模型（6.15）进行代际差异分组检验，结果见表 5-21。由表 5-21 可知，在 1% 显著性水平上，社会阶层认同对两代女性农民工幸福感均产生正向影响且对老一代影响更大。在 5% 显著性水平上，非农收入对于新生代幸福感产生显著正向影响，对老一代幸福感影响不显著。在 1% 显著性水平上，社会公平感对两代女性农民工幸福感均产生正向影响，且对新生代影响更大。总体而言，1712 份有效样本中，新生代女性农民工 1001 人，幸福感均值为 6.67，老一代女性农民工 711 人，幸福感均值为 6.27。两代女性农民工虽然在价值观、生活方式，以及自我期望等方面存在较大差异，但幸福感没有出现明显的代际改善，新生代女性农民工更加关注收入的高低、权益保障、社会公平公正等因素。

为检验女性农民工社会阶层认同与幸福感存在务工区域不平衡特征，参照许海平等（2020）[②] 的经验，根据《2019 年中国分省份市场化指数》，按市场化指数均值 5.8 将样本区域划分为高、低竞争两个区域。高竞争区样本 1393 个，幸福感均值为 6.61；低竞争区样本 319 个，幸福感均值为 6.51。用模型（6.15）进行区域差异的分组检验，结果见表 5-22。控制性别、年龄等 8 个变量不变的情况下，在 1% 显著性水平上，社会阶层认同对高、低竞争区域女性农民工幸福感均产生正向影响，且对高竞争地区促进作用更强。在 10% 显著性水平上，非农收入对高、低竞争区域女性农民工幸福感均产生正向影响，且对低竞争地区促进作用更强。在 1% 显著性水平上，社会公平感对高、低竞争区域女性农民工幸福感均产生正向影响，且对低竞争区域促进作用更强。可能的原因在于，低竞争区域的就业竞争压力较小，交通、住房等生活成本降低，幸福感损失效应较小。因此低竞争区域非农收入变化对农业转移人口幸福影响更敏感。

表 5-22　异质性检验与稳健性检验

变量	异质性检验				稳健性检验	
	老一代	新生代	低竞争区域	高竞争区域	生活满意度	有序 probit 模型
社会阶层认同	0.511[**]	0.394[***]	0.363[***]	0.484[***]	0.461[**]	0.252[***]
	（0.076）	（0.700）	（0.117）	（0.575）	（0.515）	（0.397）
非农收入	0.132	0.213[**]	0.265[*]	0.140[*]	0.168[*]	0.102[**]
	（0.097）	（0.095）	（0.156）	（0.747）	（0.674）	（0.038）

---

① 梁土坤. 代际延续还是适应转化：新生代农民工主观幸福感研究——基于城市适应理论的实证分析[J]. 中国青年研究，2018（2）：66-74.

② 许海平，张雨雪，傅国华. 绝对收入、社会阶层认同与农村居民幸福感——基于 CGSS 的微观经验证据. 农业技术经济，2020（11）：56-71.

续表

变量	异质性检验				稳健性检验	
	老一代	新生代	低竞争区域	高竞争区域	生活满意度	有序 probit 模型
社会公平感	0.547***	0.646***	0.630***	0.580***	0.609**	0.312***
	（0.102）	（0.093）	（0.156）	（0.075）	（0.685）	（0.038）
Con	控制	控制	控制	控制	控制	控制
地区	控制	控制	控制	控制	控制	控制
N	711	1001	319	1393	1712	1712
Pseudo R²	0.040	0.039	0.000	0.034	0.039	0.036

注：回归系数为非标准化系数，括号内为稳健性标准误，***、**、*分别表示在1%、5%、10%的水平上显著

4. 稳健性检验

为确保实证结果的科学性，采用变量替换法与换取模型法进行稳健性检验。

（1）变量替换法：用生活满意度替代幸福感进行检验。生活满意度是度量认知幸福的主要标准，是人们对自己职业、收入、住房、休闲、家庭生活等生活各方面的满意度高低的评估。根据 CSS 问卷中"总体来说，您对生活满意度"的回答，将生活满意度由"非常不满意"到"非常满意"分为 1～4 个等级，数值越高说明生活满意度越高。采用有序 Logit 模型将因变量换为生活满意度进行回归分析，结果见表 5-22。控制性别、年龄等 8 个变量不变的情况下，在 10% 显著水平下，社会阶层认同、非农收入、社会公平感均对幸福感产生正向影响。

（2）换取模型法：以有序 Probit 模型替代有序 Logistic 模型加以检验，结果见表5-22。在 5% 显著水平下，社会阶层认同、非农收入、社会公平感均对幸福感产生正向影响。两种稳健性检验结果表明，社会阶层认同、非农收入、社会公平感与女性农民工幸福感的关系是稳健的。

四、结论与建议

本研究基于社会阶层认同理论，运用三期中国社会状况综合调查数据，构建有调节的中介效应模型检验社会阶层认同对女性农民工幸福感的影响及其作用机制。结果表明：①社会阶层认同对女性农民工幸福感存在显著正向影响，拥有中共党员身份、受教育程度越高、有社会保障、有自有住房的女性农民工幸福感更高；②作用机制检验表明：非农收入促进幸福感提升，强化了社会阶层认同对女性农民工幸福感的正向

效应；社会公平感促进幸福感提升，在主观阶层认同通过非农收入影响幸福感的过程中起到正向调节作用；③异质性检验表明，社会阶层认同对女性农民工幸福感的影响存在代际差异与务工区域差异。

根据研究发现，提出以下持续提升女性农民工幸福感的政策建议。

（1）构建女性农民工向上流动的社会机制。重视女性在生育、抚育和照顾家庭的社会价值，缓解妇女生育与就业冲突的支持不足，引导女性农民工积极地感知社会地位，融通社会阶层上升的渠道，提高阶层定位。

（2）健全女性农民工可持续增收机制。建设城乡统一的劳动力市场，消除不平等的就业限制及性别歧视。打破女性发展中的城乡、行业、性别分工区隔，提升非农就业的幸福促进效应。加强就业、创业服务体系建设，提高女性农民工的素质和技能，拓展职业发展空间，增加工作稳定性，推动职业结构升级。

（3）关注农民工基于社会比较的心理机制演变，重视农民工的政治参与和意见表达，增加向上流动的机会公平。兼顾女性农民工内部的异质特征，避免其陷入频繁流动和收入不增的恶性循环。政府、社区和企业应该注重对女性群体的保障及心理疏导，提供心理社会服务。促进女性农民工的社会认同，提高其收入与阶层定位比较的幸福效应，增进社会融合。

（4）关注居住、婚姻、子女教育、劳动保障等因素对女性农民工福利变化的影响，促进共享社会发展成果。

第六章

农业转移人口相对贫困与共同富裕

第一节　相对贫困与共同富裕的逻辑关系

一、共同富裕思想内涵

共同富裕是既具世界意义又具中国特色的重要理论与实践问题，目前尚无对共同富裕内涵的统一理解。中国的共同富裕即中国共产党领导中国人民在推进社会主义现代化的进程中，通过发展生产力、完善生产关系促进社会财富增长及在不同成员间的相对均等地分配，[①] 实现全体人民生活和精神水平上的普遍富裕，最终实现人的全面发展。[②]

（一）共同富裕的学理支撑

共同富裕思想与马克思主义反贫困理论具有内在统一性，是对马克思恩格斯共同富裕思想的继承创新。马克思恩格斯以唯物史观为方法指导，以"物质利益难题"为基点，从物质基础、关键前提、实践历程等方面为实现共同富裕提供了学理支撑。[③]

（1）共同富裕的制度前提论：造成人类贫富两极分化的根本原因在于资本主义制度和生产资料私有制，实现共同富裕必须对资本主义生产资料所有制进行调整和改变。

（2）共同富裕的物质基础论：人类社会的形态、结构和性质归根结底取决于生产力的发展水平，高度发达的生产力是建成共同富裕社会"绝对必需的实际前提"。

---

① 高帆. 共同富裕测度的基本准则和指标框架［J］. 国家治理，2023，389（5）：14-20.
② 李实. 共同富裕的目标和实现路径选择［J］. 经济研究，2021，56（11）：4-13.
③ 邓海林，韩敏. 中国式现代化视域中共同富裕的理论根基与实现路径［J］. 江苏社会科学，2023（7）：1-9.

（3）共同富裕的阶段论：马克思主义理论把实现人类的共同富裕理解为一个历史发展的过程和趋势，将共同富裕的实践历程分为社会主义和共产主义两个阶段，实现全社会的共同富裕必须开辟新的发展道路和建立社会主义制度。共同富裕的根本目的是实现人的全面发展，而人的全面发展和物的全面丰富、社会的全面进步三者高度统一。

（二）共同富裕思想的传承与创新

共同富裕思想是对中国传统共同富裕思想的传承与创新。

（1）"均贫富""均平""富民"以及"公平"等中国传统道德哲学的思想理念，为新时代共同富裕思想的形成和发展提供了重要的文化滋养和理念支撑。[①]

（2）人本思想和民本思想彰显了共同富裕的人民立场，天下大同思想蕴含了共同富裕的人类情怀。孔子在《论语·季氏》提出"不患寡而患不均，不患贫而患不安"的思想。1851—1864年，太平天国运动的基本纲领《天朝田亩制度》提出"凡天下田，天下人同耕"的原则。孙中山领导的辛亥革命提出"平均地权"的基本纲领。

（3）古代朴素的生态文明思想拓展了共同富裕的人与自然维度。

共同富裕思想是中国共产党人努力奋斗的目标和使命要求。共同富裕思想大致经历了新民主主义革命时期的萌芽——社会主义革命和建设时期的初步探索——改革开放和社会主义现代化时期的创新发展——中国特色社会主义新时代的系统完善四个阶段，呈现出从"先富后富"到"共享共富"，从"强调计划分配"到"追求公平效率"，从"脱贫致富"到"全面共富"，从"人的学历化"到"人的全面化"的逻辑嬗变，[②] 初步形成了科学的中国特色社会主义共同富裕理论体系。

共同富裕作为社会主义的本质要求，丰富了新发展阶段的目标内涵。新发展阶段是全面建设社会主义现代化国家、向第二个百年奋斗目标进军的阶段。新发展阶段，必须深刻把握我国社会主要矛盾的变化，不断满足人民日益增长的美好生活需要。在中国式现代化道路上实现的共同富裕，必须依靠全体人民共同奋斗，遵循经济社会发展规律循序渐进，脚踏实地、久久为功。

二、中国共同富裕面临的问题

改革开放40年来，我国实施了"以经济建设为中心""让一部分人先富符合起

---

① 柯艺伟，张振．论新时代共同富裕思想的理论渊源与核心要义［J］．社会主义研究，2022，264（4）：86-92.

② 李强．中国特色社会主义"共同富裕"：演进逻辑与推进举措——基于1978—2022年党代会报告的文本分析［J］．昆明理工大学学报（社会科学版），2023（9）1-10.

来，先富带动后富，最终实现共同富裕"的非均衡发展战略。我国社会主义初级阶段，生产力发展不充分，城镇化进程带来区域发展不平衡、贫富差距扩大、相对贫困等"负外部性"问题已成为阻碍社会经济发展的关键要素。缩小收入、城乡、区域三大差距成为推动共同富裕最艰巨的任务。

（一）收入差距

1. 收入差距与财富不平等

改革前，我国国家实行生产资料公有化，收入分配上采取了高度平均主义，居民除了少量储蓄存款的利息收入以外，几乎没有财产收入。1953 年，全国收入基尼系数为 0.558，1964 年下降到 0.305，1970 年进一步降至 0.279，到 1978 年为 0.317。[①] 2000 年，基尼系数达到了 0.417，已超过了 0.4 的警戒线。2008 年达到峰值 0.491。自 2009 年开始下降，近年来，受二元经济结构，城乡发展和收入分配差距影响，基尼系数维持在 0.46 ~ 0.47 区间，详见表 6-1。2020 年中国农村和城镇持久性低收入人口规模分别为 2.53 亿人和 1.38 亿人，分别相当于农村和城镇常住人口的 49.57% 和 15.26%。[②] 用基尼系数对影响中国收入差距的因素进行分解，发现城乡差距可以解释总体差距 40% 以上的原因，除城乡差距之外，地区差距是最重要的影响因素，而且经济越不发达的地区，城乡差距也越大。[③]

表 6-1　1953—2021 年中国收入基尼系数

年份	1953	1964	1970	1978	1994	1995	1996	1997	1998	1999	2000
基尼系数	0.558	0.305	0.279	0.317	0.436	0.445	0.458	0.403	0.403	0.397	0.417
年份	2001	2002	2003	2004	2005	2006	2007	2008	2009	2010	2011
基尼系数	0.49	0.454	0.479	0.473	0.485	0.487	0.484	0.491	0.490	0.481	0.477
年份	2012	2013	2014	2015	2016	2017	2018	2019	2020	2021	
基尼系数	0.474	0.473	0.469	0.462	0.465	0.467	0.468	0.465	0.468	0.466	

资料来源：国家统计局，历年《中国住户调查年鉴》

---

① 汪三贵. 在发展中战胜贫困——对中国 30 年大规模减贫经验的总结与评价 [J]. 管理世界，2008（11）：78-88.

北京市习近平新时代中国特色社会主义思想研究中心. 中国减贫成就的世界意义 [N]. 经济日报，2020-07-07（1）.

② 谭清香，檀学文，左茜. 共同富裕视角下低收入人口界定、测算及特征分析 [J]. 农业经济问题，2023（9）：1-14-30.

③ 李实. 中国居民收入分配研究 [M]. 北京：北京师范大学出版社，2008：17-18.

根据瑞信《2021 年全球财富报告》，2020 年中国人均资产总增长 14.6%，人均净资产增长 5.4%，其中金融资产增长 9.6%，非金融资产增长 3.7%。财富排名前 1% 居民占总财富的比例达到 30.6%，财富分化程度显著高于收入分化。房产和金融资产在家庭资产配置不均衡成为财富积累分化的主要推手。房价上涨成为推动持有产权住房的城镇居民财产增加的重要原因，其结果扩大了城市居民收入与城乡居民收入双重差距。根据李实等（2023）对 2002—2018 年我国居民财产构成及其变化的分析可知，2002—2013 年和 2013—2018 年，房产对居民财产积累率分别达到了 78.15% 和 76.88%，且对城镇家庭净财产积累的贡献大于农村家庭。金融资产对居民财产积累率分别达到了 12.06% 和 13.81%，金融资产对农村家庭净财产积累的贡献大于城镇家庭，其中储蓄是农村家庭较为重要的财产存储形式，详见表 6-2。越富有的家庭收入增长的速度越快、越贫穷的家庭收入增收越困难。中国社会存在着收入差距和财富分配不均的问题，单纯依靠扶贫并不能有效降低基尼系数。高度的城乡差异、行业不平衡以及不同社会阶层之间的收入差距，都给实现共同富裕目标带来了挑战。

表 6-2　2002—2018 年居民财产构成及其变化

单位：%

区域	财产类型	财产构成			年均增长率		对净财产增长的贡献率	
		2002 年	2013 年	2018 年	2002—2013 年	2013—2018 年	2002—2013 年	2013—2018 年
全国	净财产	100.00	100.00	100.00	14.09	9.91	100.00	100.00
	金融资产	21.55	14.29	14.11	9.91	9.64	12.06	13.81
	净房产	57.77	73.37	74.69	16.60	10.31	78.15	76.88
城镇	净财产	100.00	100.00	100.00	11.30	9.13	100.00	100.00
	金融资产	26.06	13.06	13.27	4.53	9.48	7.28	13.64
	净房产	64.62	77.88	77.53	13.21	9.03	83.78	76.88
农村	净财产	100.00	100.00	100.00	12.80	4.10	100.00	100.00
	金融资产	12.30	19.12	19.72	17.42	4.75	21.60	22.42
	净房产	43.71	55.60	55.76	15.29	4.16	59.90	56.50

资料来源：李实、詹鹏、陶彦君，《财富积累与共同富裕：中国居民财产积累机制（2002—2018）》

2. 收入差距的原因

1955 年，美国经济学家西蒙·库兹涅茨（Simon Kuznets）认为在工业化和城市化的过程中经济发展与收入差距变化关系的呈现倒 U 形字曲线，即"库兹涅茨曲线"。

学界对于中国收入不平等发展趋势是否符合"库兹涅茨曲线"形成以下观点：①中国已经越过了收入不平等的拐点；②中国收入不平等的变动存在不符合库兹涅茨假说之处，如中国农村地区的不平等程度更高；③质疑识别的拐点是否正确，认为中国的富人收入可能存在低报。除结构转型外，政策影响也可以解释中国收入不平等。[①] 中国收入不均等原因在于城乡二元分割、劳动占比过低、教育差距过大和社会保障不足。[②]

改革前，我国国家实行生产资料公有化，收入分配上采取了高度平均主义，居民除了少量储蓄存款的利息收入以外，几乎没有财产收入。改革开放以来，影响收入分配变化的因素如下：①经济增长因素，主要有城市非国有经济的较快发展、农村非农产业的较快发展、农业生产的发展；②经济体制变化因素，主要有农村价格改革、农村家庭联产承包责任制、农村劳动力的流动及城市住房制度的改革，此外还包括寻租活动、内部人控制、垄断、腐败等隐性收入影响；③经济政策及其变化因素，主要有农产品低价收购、农业税、个人所得税、城市补贴的减少、城市居民福利转化为个人财产等。[③]

在投资机会与财富水平不均衡的双重作用下，城乡居民之间的机会不平等、权利不平等问题较为突出，导致城乡家庭财产严重分化。资本缺乏是阻碍农业转移家庭发展的关键因素。由于缺乏投资本金、购房资格等资源，农业转移人口无法通过债券、股市、房产市场去分享资本回报，缺乏获取财产性收入的机会，更多地只能依赖劳动收入。他们收入来源单一、收入低下无法进行家庭积累，经济资源的缺乏制约子女人力资本的形成与发展。人力资本低的孩子缺乏找到好工作的能力，向上流动机会较小，形成"低收入—低资本形成—低收入"的恶性循环。[④]

（二）城乡差距

1.城乡差距现状

中华人民共和国成立以来，国家通过制度设计与政策实施以城市为本位的国家战略。在此影响下，教育、医疗、财政等方面资源配置上优先照顾城市，城乡差距逐渐

　　① Ravallion M, Chen S. Is that Really a Kuznets Curve? Turning Points for Income Inequality in China [N]. NBER Working Papers 29199, 2021.

　　② 万广华, 江葳蕤, 张杰皓. 百年变局下的共同富裕：收入差距的视角 [J]. 学术月刊, 2022, 54 (8): 32-44.

　　③ 赵人伟, 李实. 中国居民收入差距的扩大及其原因 [J]. 经济研究, 1997 (9): 19-28.

　　④ Becke, Gary S, Nigel Tomes. Human Capital and Rise and Fall of Families [J]. Journal of Labor Economics, 1986, 4 (3): 1-47.

拉大。据世界银行的计算，1979 年，中国城乡居民人均收入的比率是 2.5，高于亚洲其他低收入国家（平均约为 1.5）与中等收入的国家（平均约为 2.2）水平。1978—1995 年，农村居民收入的基尼系数从 0.21 上升到 0.34；城镇居民收入的基尼系数从 0.16 上升到 0.28。1992—2011 年，城乡居民收入比由 2.3 : 1 扩大至 3.13 : 1，城乡间的贫富差距迅速扩大。2012 年以来，政府在就业、社保、扶贫攻坚等方面实施了一系列积极举措，逐步强调公平，农村社保体制、城乡社会救济制度不断完善，农村可支配收入快速上涨，城乡之间收入差距收窄，2022 年城乡居民收入比为 2.45 : 1，比2011 年下降 0.68，详见表 6-3。城乡收入分配差距引起消费结构失衡、社会有效需求不足，缩小城乡收入差距对于总体收入差距变化发挥着决定性作用，农民工进城务工成为缩小城乡差距最主要的力量。

表 6-3　1992—2022 年中国城乡居民收入比变化

单位：元

年份	农村居民纯收入（可支配收入）	城镇居民可支配收入	城乡绝对差距	城乡居民收入比
1992	784	1826	1042	2.3 : 1
1997	2090	5160	3070	2.47 : 1
1998	2162	5425	3263	2.5 : 1
1999	2210	5454	3244	2.6 : 1
2000	2253	6280	4027	2.79 : 1
2001	2366	6860	4493	2.9 : 1
2002	2476	7703	5227	3.11 : 1
2003	2622	8472	5850	3.23 : 1
2004	2936	9422	6486	3.21 : 1
2005	3255	10493	7238	3.22 : 1
2006	3587	11759	8172	3.28 : 1
2007	4140	13786	9646	3.33 : 1
2008	4761	15781	11020	3.31 : 1
2009	5153	17175	12022	3.33 : 1
2010	5919	19109	13190	3.23 : 1
2011	6977	21810	14833	3.13 : 1
2012	7917	24565	16648	3.10 : 1
2013	8896	26955	18059	3.03 : 1
2014	10489	28844	18355	2.75 : 1
2015	11422	31195	19773	2.73 : 1

续表

年份	农村居民纯收入（可支配收入）	城镇居民可支配收入	城乡绝对差距	城乡居民收入比
2016	12363	33616	21253	2.72：1
2017	13432	36396	22964	2.71：1
2018	14617	39251	24634	2.69：1
2019	16021	42359	26338	2.64：1
2020	17131	43834	26703	2.56：1
2021	18931	47421	28540	2.50：1
2022	20133	49283	29105	2.45：1

数据来源：历年《中国统计年鉴》

2. 城乡差距的原因分析

中国城乡差距体现在政府宏观调控与政策导向及财政支出水平差异、城乡居民公共资源占有数量与质量失衡；城乡产业、环境治理及公共服务不匹配；城乡要素空间聚集及交通、通讯往来的配置不合理；城乡社会金融化的效率和公平等方面。产生城乡差距的原因有如下解释。

（1）经济结构理论认为，经济结构不同是引起城乡差距的主要原因，城乡差距是由于农村和城市的经济结构不同所导致的。①农业占比：农村以农业为主，主要依靠土地、人力和传统农业技术，劳动生产率较低。城市以工业和服务业为主，具有较高的劳动生产率和创造价值能力。②产业结构：农村地区以农业为主导，经济结构相对单一、缺乏多样化的产业支撑。城市以制造业、高技术产业、金融业、文化创意业等为主，能够提供更多的就业机会，促进经济增长。③技术进步：城市通常拥有更先进的技术和生产方式，劳动生产率相对较高。由于投入限制和技术滞后，农村地区劳动生产率相对较低。④资金和投资：城市更容易地吸引外来投资和资金，经济发展较快。由于缺乏足够的资金和投资，农村地区难以实现有效的经济增长。⑤人力资本差异：韩海燕，任保平（2017）研究发现，中国城镇居民收入差距日益扩大的原因在于低收入阶层由于过低的收入和教育的不平等而无法提升人力资本，劳动力要素呈现阶层代际固化现象。[①] 李实等（2023）研究结果表明，1988—2018 年中国城镇劳动力工资收入差距不断扩大，受教育程度在工资收入分配中作用不断加强，地区差异影响不

[①] 韩海燕，任保平. 供给侧改革推进城镇劳动力要素分配合理格局的构建［J］. 经济问题，2017（2）：24–29.

断弱化。[①]

（2）城乡差距是由城市化进程中的资源配置不均衡所引起的。①经济推动理论认为，城市具有经济中心的功能和优势，城市提供更多的就业机会和经济发展机会，才能吸引农村居民到城市。②资本积累理论认为，城市作为资本的集聚地，能够提供更多的投资机会和市场规模，促进经济增长和社会进步。③社会流动理论认为，城市化为个人和家庭提供了更多的社会流动机会。人们可以通过教育、就业和社交网络等途径改善自身的社会地位和经济条件。④环境适应理论强调，城市化是人类社会对自然环境适应的结果。随着科技进步和城市规划的改善，城市可以更好地提供基础设施、公共服务和生活条件，满足居民的需求。但城市化也面临城市贫困、土地利用问题、交通拥堵、环境污染等一系列挑战，需要在城市发展中平衡经济增长、社会公平和环境保护的关系。

（3）基础设施与公共服务理论认为，城市拥有更完善的基础设施和公共服务，而农村地区在这些方面的投入相对较少，从而加大了城乡差距。①基础设施影响经济增长：良好的基础设施，如道路、桥梁、港口、机场、电力供应等，可以促进经济增长和产业发展，提高生产效率和竞争力，吸引投资和企业，创造就业机会。②公共服务提高生活质量：优质的教育和医疗资源、稳定可靠的水电供应、有效的环境卫生管理等，能够提高人们的生活水平和社会福利。③基础设施和公共服务的平衡发展：在城市发展中，需要合理规划和投资，确保基础设施和公共服务的供需平衡，满足居民的实际需求。④提高社会公平性：在城市规划和政策制定中，应该关注弱势群体和边缘地区的需求，使所有居民都能享受到基本的公共服务和设施，减少社会不平等现象。

收入分配与社会保障理论认为，收入分配不平等和社会保障制度的缺失是导致城乡差距扩大的主要原因之一。缩小城乡差距需要权衡收入再分配对经济激励和创造力的影响，以及社会不平等对社会稳定和社会凝聚力的负面影响。

（三）区域发展差异

1. 区域发展现状

中国贫困地区依据距离城镇的远近呈现出分层的格局，部分地区地理资本低劣，要素资源紧张，生存条件较差，交通、通讯、水利等基础设施和教育、医疗等基本公

---

① 李实，吴珊珊，邢春冰. 中国城镇劳动力工资收入差距的长期演变［J］. 财经问题研究，2023（7）：16-30.

共服务也难以覆盖进一步固化了贫困群体。尽管中国在减贫方面取得了显著进展，但仍有大量人口生活在农村地区，特别是深度贫困地区。这些地区面临着经济机会不足、基础设施薄弱以及教育和健康资源不平等等问题。中国宏观经济研究院课题组（2023）研究证明，2010 年以来，我国共同富裕水平呈稳步提升态势，共同富裕指数从 2010 年的 0.269 上升到 2020 年的 0.591。富裕性指数从 2010 年的 0.02 提高至 2020 年的 0.424；共同性指数表现为总体平稳态势。[①] 高帆（2023）对 2019 年我国各个省（自治区、直辖市）共同富裕的程度进行测算，发现各省（自治区、直辖市）共同富裕指数总体差异较大。北京、浙江、上海、江苏和广东等东部地区共同富裕指数相对较高，而西藏、新疆、云南、青海等中西部地区共同富裕指数相对较低。市场化程度、经济发展水平，社会保障及文化发展水平是影响地区共同富裕的主要因素。[②] 李瑞，寇玉婷（2023）研究结果表明沿海地区共同富裕水平显著高于其他地区，科技、文化和社会保障是影响共同富裕水平的关键因素。[③]

由于经济发展的区域性影响，拥有战略、位置或基础设施优势的区域，发展利益高于其他区域，导致收入分配随地理位置而改变。近年来，城乡差距持续缩小，但人群和区域差距不容乐观。推动共同富裕的主要路径是完善"先富带后富"的区域帮扶机制，缩小城乡之间、省际之间、同省内不同区域之间的发展差距，实现共同富裕。

2. 区域差距的原因分析

中国的区域发展不平衡，东部地区相对富裕，而西部、中部和农村地区相对贫困。影响地区发展差异的因素可归纳为以下几个方面。

（1）地理位置：地理位置优越的地区，如沿海城市、交通枢纽等，通常会有更快的经济发展速度。中国东西部城市收入差距大，地区人均收入与地理位置之间存在相关性。弱势群体主要集中经武陵山区、六盘山区、秦巴山区等为代表的集中连片特殊困难地区。

（2）自然条件差异：如地形、气候、土壤、水资源等不同地区的自然条件影响地区经济。

（3）历史文化差异：不同地区的历史文化背景也会影响其经济发展。

① 中国宏观经济研究院课题组，杨宜勇，王明姬，等. 新时代共同富裕评价指标体系设计构想——兼述对全国及分省共同富裕程度的测算 [J]. 国家治理，2023，389（5）：27-32.

② 高帆. 共同富裕测度的基本准则和指标框架 [J]. 国家治理，2023，389（5）：14-20.

③ 李瑞，寇玉婷. 中国共同富裕水平动态演进与障碍因子分析 [J]. 统计与决策，2023，39（15）：5-10.

（4）政策制度差异：例如，政府可能会通过税收优惠、补贴等方式来鼓励某些产业的发展，从而对区域经济的分布产生影响。中国养老金、医疗保险、失业保险、低保和教育补助等社会保护政策在各省市之间、城乡之间存在较大差异。

（5）人口因素：人口数量、人口结构、人口素质等都会影响区域经济的发展。

（6）技术进步：科技进步是推动经济发展的重要动力，不同地区的科技水平和发展速度直接影响其经济发展。

（7）国际环境：国际经济环境的变化，如国际贸易政策、外资流入等也会对区域经济发展产生影响。

（四）可持续发展问题

可持续发展强调贫困治理应该注重长远效益和可持续性，提倡在扶贫过程中兼顾经济、社会和环境的可持续发展，避免短期行为对生态环境和社会关系造成不可逆转的损害。中国面临着如下可持续发展问题。

（1）环境污染：空气、水和土壤污染问题。

（2）资源消耗：随着经济增长和城市化进程加快，能源、水资源和土地等资源供给面临压力。

（3）城市化与土地利用：中国正面临快速的城市化进程，导致土地过度利用和环境破坏。

（4）温室气体减排：中国是全球最大的温室气体排放国之一，需要采取积极的措施推动低碳发展。

（5）生态保护与物种多样性：许多物种正面临濒危或灭绝的风险。共同富裕需要考虑到可持续发展的因素，可持续发展追求社会公平和包容性，可能导致资源分配不均衡、贫富差距扩大等问题。因此，需要通过科技创新、政策引导和社会参与，促进经济增长与环境保护的协同发展，确保共同富裕的目标实现。

三、相对贫困治理与推进共同富裕密切关联

（一）相对贫困治理是推进共同富裕的内在要求

消除绝对贫困侧重的是解决贫困人群基本的生存所需，相对贫困则解决贫困人群发展机会和可行能力。相对贫困是指相对于整个社会的平均水平，某些人在经济、社会和文化方面处于相对落后或欠缺的状态。相对贫困作为社会财富分配不平等的一种状态，与共同富裕之间存在一种对立关系。相对贫困治理需要关注城乡差距、区域

差距和城乡内部不同群体的差距等三个维度。[①] 只有不断缩小区域间、城乡间、居民间的收入差距，有效防范易致贫、易返贫人口的返贫，才能扎实推进实现共同富裕目标。

相对贫困治理是扎实推进共同富裕的底线任务和重要保障，实现全体人民共同富裕则是相对贫困治理的目标引领和价值指归。[②] 相对贫困治理是全面建成小康社会的底线任务，是推进中国式现代化进程的重要环节。贫困不仅影响着贫困群体的生存与发展，还影响社会公平以及共同富裕目标的实现。现阶段中国的相对贫困问题表现为：①由自然原因引发的不同地区发展水平差距；②由于体制和政策原因产生的不同阶层的贫富差距；③由权利不公平导致的过高收入，主要包括权力寻租和垄断收入；④行业间的收入悬殊。[③] 相对贫困的潜在对象包括进城农民工、城市低收入者、高杠杆率家庭、隐形贫困人口以及能力贫困人群、因病因灾人群等。相对贫困治理的重点对象是易返贫群体与边缘群体、因突发自然灾害或重大事故，生活无固定收入来源等的返贫人群。[④]

相对贫困治理是以普惠性政策助推社会进步变革的方式，是维护和实现社会公平正义的重要前提，实现全体人民物质和精神层面同时富裕的系统工程。[⑤]

（1）相对贫困治理目标是实现每个人的富裕，体现中央实现全体人民富裕，保证不让每个人掉队的决心。[⑥]

（2）通过相对贫困治理保障人的全面发展。相对贫困治理不仅是解决人民的温饱问题，而更多的是要满足人民在社会、心理、自我尊重等多方面的发展性需求，以保障人的全面发展。

（3）相对贫困治理体现了共享的理念。相对贫困治理体现了国家在追求稳定发展的基础上重视维护社会公平公正，采取了完善多层次社会保障体系、推进基本公共服

① 邢成举. 城乡融进程中的相对贫困及其差异化治理机制研究［J］. 贵州社会科学，2020（10）：156-162.

② 张等文，陶苞朵. 以相对贫困治理推进共同富裕的作用机理与现实进路［J］. 求实，2023（5）：59-71+111.

③ 洪银兴. 区域共同富裕和包容性发展［J］. 经济学动态，2022（6）：3-10.

④ 白增博，汪三贵，周园翔. 相对贫困视域下农村老年贫困治理［J］. 南京农业大学学报（社会科学版），2020，20（4）：68-77.

⑤ 谢小芹，王孝晴，廖丽华. 共同富裕背景下相对贫困的实践类型及其治理机制［J/OL］. 公共管理学报：1-19［2023-08-29］. https://doi.org/10.16149/j.cnki.23-1523.20230802.004.

⑥ 周云波，王辉. 共同富裕目标下相对贫困治理长效机制构建研究［J］. 长白学刊，2022，228（6）：20-32+2.

务均等化、调整收入分配制度等一系列措施缩小居民之间的贫富差距，让全体人民共享改革发展成果，坚持缩小贫富差距与实现共同富裕同步推进，最终实现全体人民的共同富裕。

（4）解决相对贫困问题是现阶段推进共同富裕的底线。李实（2021）将共同富裕目标归纳为收入水平高、财产水平高、公共服务水平高以及收入差距小、财产差距小、公共服务差距小。[①] 张等文，陶苞朵（2023）提出相对贫困治理通过缩小贫富差距、以先富带动后富、吸纳社会力量广泛参与等方式，助推全民富裕、全面富裕、渐进富裕和共建共富。[②] 曾静，杨成虎（2023）建立流动人口"相对贫困—收入分配—共同富裕"理论分析框架，提出提升人力资本、破除户籍限制、强化社会支持等建议，以实现共同富裕。[③]

（二）实现共同富裕是相对贫困治理的目标

治理相对贫困是实现共同富裕的重要内容和手段，实现共同富裕则是缓解相对贫困的最终目标。1955 年，毛泽东在《关于农业合作化问题》的报告中首次提出共同富裕的概念，并对实现共同富裕的制度基础、实现条件、具体途径进行了创造性的探索。[④] 1984 年，党的十二届三中全会通过了《中共中央关于经济体制改革的决定》要求贯彻按劳分配原则，充分体现"多劳多得、少劳少得"，强调指出"鼓励一部分人先富起来的政策，是符合社会主义发展规律的，是整个社会走向富裕的必由之路"。[⑤] 1992 年，邓小平同志在南方谈话中指出社会主义的本质是解放生产力，发展生产力，消灭剥削，消除两极分化，最终达到共同富裕。[⑥] 2002 年党的十六大报告重申"效率优先、兼顾公平"原则，提出"鼓励一部分人通过诚实劳动、合法经营先富起来。以共同富裕为目标，扩大中等收入者比重，提高低收入者收入水平。[⑦] 2020 年 10 月，党的十九届五中全会提出，到 2035 年要让"人民生活更加美好，人的全面

① 李实. 共同富裕的目标和实现路径选择 [J]. 经济研究，2021，56（11）：4-13.

② 张等文，陶苞朵. 以相对贫困治理推进共同富裕的作用机理与现实进路 [J]. 求实，2023（5）：59-71+111.

③ 曾静，杨成虎. 相对贫困、收入分配与共同富裕——以对流动人口的分析为框架 [J]. 江汉学术，2023（4）：46-54.

④ 邹宇春. 时代之力：我国中等收入群体阶层认同偏差的趋势分析 [J]. 社会学研究，2023，38（3）：180-202+230.

⑤ 中共中央党校教材审查委员会. 中共中央文献选编 [M]. 北京：中共中央党校出版社，1992：201.

⑥ 《邓小平文选》第 3 卷 [M]. 北京：人民出版社，1993：25-28.

⑦ 中共中央党史和文献研究院. 习近平扶贫开发论述摘编 [M]. 北京：中央文献出版社，2018.

发展、全体人民共同富裕取得更为明显的实质性进展"。2021 年 2 月，习近平总书记在全国脱贫攻坚总结表彰大会上指出："解决发展不平衡不充分问题、缩小城乡区域发展差距、实现人的全面发展和全体人民共同富裕仍然任重道远。"2021 年 8 月 17日，习近平总书记在中央财经委员会召开第十次会议发表重要讲话强调，共同富裕是社会主义的本质要求，是中国式现代化的重要特征，要坚持以人民为中心的发展思想，在高质量发展中促进共同富裕。《中华人民共和国国民经济和社会发展第十四个五年规划和 2035 年远景目标纲要》将实现"全体人民共同富裕取得更为明显的实质性进展"列为 2035 年远景目标。按照 2025 年、2035 年、2050 年三个时间节点，解决相对贫困与实现共同富裕目标比较，详见表 6-4。2022 年，我国国内生产总值超过 120 万亿元，人均国内生产总值达到 1.27 万美元，扎实推进共同富裕的条件更加成熟。

表 6-4　2025—2050 年解决相对贫困与实现共同富裕的目标比较

目标	2025	2035	2050
解决相对贫困	梯次推进有条件地区率先基本实现农业农村现代化，脱贫地区实现巩固拓展脱贫攻坚成果同乡村振兴有效衔接。农业基础更加稳固，乡村振兴战略全面推进，农业农村现代化取得重要进展	相对贫困人口的收入及福祉水平与社会平均收入水平差距有一定程度缩小；最困难人群获得接近于平均发展速度的生活保障。乡村全面振兴取得决定性进展，城乡区域发展差距显著缩小；居民生活水平差距显著缩小；基本公共服务均等基本实现	相对贫困人口的收入及福祉水平与社会平均收入水平差距缩小到合理水平；最困难人群获得的生活保障达到社会可接受水平。乡村全面振兴，农业现代化全面实现。生产力水平充分发展，物质财富极大丰富，人的自由全面发展，基本实现共同富裕
实现共同富裕	以人为核心的新型城镇化加快推进，人民生活更为宽裕，中等收入群体比例明显提高	农村新型基础设施和公共服务的投入力度不断加大，农业农村现代化和基本公共服务均等化基本实现，居民生活水平差距显著缩小，共同富裕迈出坚实步伐	城乡全面融合发展，人民享有更加幸福安康的生活，达到物质与精神兼顾的更高层次的富裕

实现共同富裕是相对贫困治理的目标追求。共同富裕反映了社会对财富的拥有与社会成员对财富的占有方式，是社会生产力发展与社会生产关系的集中体现。共同富裕是一个财富持续增长和财富共享程度不断优化的过程。富裕程度的提升会促使相对贫困的发生，共同富裕的进程会使相对贫困的底线不断被提高。共同富裕的目标是通过减少这种差距来实现社会公平和持续发展，相对贫困的底线标准提高到一定的水平以后，就基本实现共同富裕。

第二节　城乡融合发展与推进共同富裕

一、城乡融合发展与推动共同富裕的联系

（一）城乡融合发展的科学内涵

城乡融合发展是指促进城市和农村的互动与融合，实现经济、社会和生态的协调发展。城市与乡村是一个互促互进、共生共存的有机整体。协调城乡关系是世界各国城市化进程中必须面对的共性问题，随着经济社会发展和城镇化的推进，城乡关系演变大体经历了从二元分割到城乡融合，从"农业支持工业、农村支持城市"到"工业反哺农业、城市支持农村"的重要转变，城乡差距则出现了从扩大到稳定，再到逐步缩小的"倒 U 型"变化过程。国外学者对城乡关系的研究形成了"二元结构""城市偏向""以城哺乡""城乡共同发展""城乡等值化""去中心化"等理论，研究证明，社会、经济、文化要素对城乡相互作用具有扰动影响，空间生产结构性失衡、城乡对立与差距、城乡分工演进及市场发展等推动城乡关系的变迁。

新中国成立 70 多年来，中国城乡关系历经了"二元分割""统筹发展""一体化发展"到"融合发展"的不断演变，体现了马克思主义城乡关系理论的中国化实践与创新。

2013 年，中共十八届三中全会通过的《中共中央关于全面深化改革若干重大问题的决定》指出："必须健全体制机制，形成以工促农、以城带乡、工农互惠、城乡一体的新型工农城乡关系。" 2017 年 12 月召开的中央农村工作会议进一步强调，要坚持以工补农、以城带乡，推动形成工农互促、城乡互补、全面融合、共同繁荣的新型工农城乡关系。2019 年 4 月，中共中央、国务院出台《关于建立健全城乡融合发展体制机制和政策体系的意见》要求重塑新型城乡关系，走城乡融合发展之路，促进乡村振兴和农业农村现代化。党的十九届五中全会、2021 年"中央一号文件"提出了"以县域为基本单元推进城乡融合发展""统筹县域空间布局""实现县乡村功能衔接""壮大县域经济"等政策安排。《中华人民共和国乡村振兴促进法》提出，建立健全城乡融合发展的体制机制和政策体系，推动城乡要素有序流动、平等交换和公共资源均衡配置，加快县域城乡融合发展。《中华人民共和国国民经济和社会发展第十四个五年规划和 2035 年远景目标纲要》明确指出，以县域为基本单元推进城乡融合发展，强

化县城综合服务能力和乡镇服务农民功能。《人力资源和社会保障事业发展"十四五"规划》强调，"推动在县域就业的农民工就地市民化，促进农民工平等享受基本公共服务"。

城镇化是消除城乡差异、解决"三农"问题的根本出路。[1] 城乡一体化和土地城镇化建设是防止贫困边缘家庭返贫致贫的重要战略举措。[2] 城乡融合发展成为破除城乡间空间、经济、社会、基础设施、公共服务、生态环境等方面二元对立关系，助推乡村振兴、实现高质量城镇化的重要制度安排。

（二）城乡融合发展是实现共同富裕的必由之路

1. 城乡融合发展面临的问题

《中国农村发展报告（2022）》指出，农民农村共同富裕是实现全体人民共同富裕的重点、难点所在。当前城乡之间、农村不同群体之间、不同地区的农村之间依然存在明显的以收入水平为核心的发展差距。[3] 城乡融合发展面临如下问题。

（1）城乡居民收入绝对差距持续扩大，共同富裕实现难度持续提升。尽管我国城乡居民收入的相对差距不断缩小，但二者间的收入绝对差额仍在不断扩大，同时农村居民内部收入分化趋势更加显著。

（2）农村基础设施建设落后于城市。农村地区在水电路气讯等传统基础设施基本实现了全覆盖，但新型生产基础设施（农产品质量安全物联网应用、农村互联网金融、数字农业）发展滞后成为制约农村产业调整升级的主要因素，影响城乡共同富裕实现。

（3）城乡基本公共服务制度尚未完全接轨，存在"二元"困局。农业生产性服务供给不足，农民养老、医疗、教育保险水平较市民差距大，城乡公共服务均等化程度不高。

（4）城乡分割体制机制尚未从根本上消除。如一些超大特大城市仍存在就业户籍限制，城乡居民在面对养老、就业、医疗、子女就学、购房、购车等问题时依然难以避开户籍划分的影响。土地市场城乡分割，土地要素公平交换还存在诸多制度性障碍。

---

① 万广华，江葳蕤，赵梦雪. 城镇化的共同富裕效应［J］. 中国农村经济，2022（4）：2-22.

② 于新亮，孙峥岫，上官熠文，等. 相对贫困潜在增量治理：贫困边缘人群的识别路径和演化机制分析［J］. 农业技术经济，2022（10）：53-68.

③ 叶兴庆. 以提高乡村振兴的包容性促进农民农村共同富裕［J］. 中国农村经济. 2022（2）：2-14.

2.城乡融合发展为共同富裕和积极作用

城乡融合发展最终目标是促进城乡要素自由流动、平等交换和均衡配置，推动形成城乡良性互动、深度融合、协调发展、共同繁荣的新格局。城乡融合发展可以为共同富裕提供重要支撑。

（1）城乡融合发展能够推动资源要素在城乡之间的均衡配置，可以促进农村地区的经济发展，提高农民的收入水平，从而缩小城乡差距。

（2）城乡融合发展也能够提升农村地区的基础设施和公共服务水平，可以加大对农村地区的投资力度，改善基础设施建设，提供更好的教育、医疗、养老等公共服务，使农村地区的发展更加均衡和可持续。

（3）城乡融合发展能够促进农村产业转型升级和农民就业创业。

（4）城乡融合发展可以促进经济社会的可持续发展，增强社会公平，提升人民群众的获得感和幸福感。

通过城乡融合发展，可以实现资源配置的均衡、基础设施和公共服务的改善、农村产业转型升级以及农民就业创业的促进，最终达到共同富裕的目标。

（三）实现共同富裕是城乡融合发展的最终成果

2013 年 11 月，习近平总书记在《关于〈中共中央关于全面深化改革若干重大问题的决定〉的说明》中指出要"让广大农民平等参与现代化进程、共同分享现代化成果"；2015 年 4 月，他在中共十八届中央政治局第二十二次集体学习时又强调，要"让广大农民平等参与改革发展进程、共同享受改革发展成果"；同年 12 月 20 日，他在中央城市工作会议上进一步强调，"要坚持工业反哺农业、城市支持农村和多予少取放活方针，推动城乡规划、基础设施、基本公共服务等一体化发展，增强城市对农村的反哺能力、带动能力，形成城乡发展一体化的新格局"。为了推动城乡融合发展，中国政府采取了农村土地制度改革、农村产业结构调整、推动城乡劳动力流动和就业、加强农村金融服务等一系列政策和措施。以打破城乡二元经济结构，提高农民的收入水平，改善农村居民的生活条件。推进城乡融合发展和一体化，就是要在坚持城乡地位平等的基础上，通过资源共享、发展机会共享、公共服务共享和发展成果共享，逐步缩小城乡差距，实现城乡的共同富裕与繁荣。

二、城乡融合发展的影响因素

破解城乡二元结构壁垒的核心任务是科学评价城乡融合发展水平，分析城乡人才、土地、资金、产业、科技、数据等要素投入差异对城乡融合发展的影响，找出制约城乡要素自由流动、城乡功能耦合、产业协同发展、公共服务体系衔接、城乡居民权利机会平等方面的因素。余菊（2013）研究证明教育投入与城乡收入差距具有倒 U 型关系，加大农村教育投入、农业科技投入可缩小城乡差距。[①] 宋晓东，陈能军（2017）认为对外贸易、外商直接投资的增加、人力资本、金融发展水平的提高可缩小城乡居民收入差距。[②] 张改素等（2017）认为城乡人均可支配收入、城乡人均消费和恩格尔系数影响长江经济带城乡差距。[③] 刘融融等（2019）指出经济总量、空间聚集、城乡往来及投资生产的提高促进西北地区城乡融合发展。[④] 车冰清等（2020）证明经济发展水平、城乡规模、产业关联、生态环境等因素驱动淮海经济区城乡空间融合发展。[⑤] 刘荣增等（2020）指出财政分权、财政支出、金融发展程度、产业结构影响着城乡高质量融合。[⑥] 谢守红等（2020）研究证明人均 GDP、非农就业比、城乡固定资产投资比、路网密度及地形起伏度影响长江三角洲城乡融合。[⑦] 郭海红等（2020）证明二、三产业发展、城乡固定资产投资、财政分权、财政支出、金融发展程度、产业结构等是中国城乡融合区域差异的主要因素。[⑧] 张海朋等（2020）研究环首都地区城乡融合系统耦合协调度的时空演变特征，发现人均 GDP、非农就业比、城乡固定资产投资比、路网密度及地形起伏度影响因素城乡融合。[⑨]

　　城乡融合由乡村内生力、城镇辐射力与规划约束力共同驱动，目标在于实现城乡要素自由流动、功能耦合、优势互补、权利机会平等及产业协同发展。国外学者建

① 余菊. 教育投入水平与城乡收入差距关系的研究——基于我国不同省市面板数据的实证分析 [J]. 价格理论与实践，2013（10）：54-55.

② 宋晓东，陈能军. 我国对外开放红利与城乡收入分配效应研究——我国对外贸易与城乡居民收入差距关系的实证研究 [J]. 价格理论与实践，2017（1）：157-160.

③ 张改素，王发曾，康珈瑜，等. 长江经济带县域城乡收入差距的空间格局及其影响因素 [J]. 经济地理，2017（4）：42-51.

④ 刘融融，胡佳欣，王星. 西北地区城乡融合发展时空特征与影响因素研究 [J]. 兰州大学学报（社会科学版），2019，47（6）：106-118.

⑤ 车冰清，朱传耿，仇方道. 淮海经济区城乡空间融合格局及形成机制 [J]. 自然资源学报，2020，35（8）：1897-1907.

⑥ 刘荣增，赵亮，陈娜，等. 中国城乡高质量融合的水平测度 [J]. 区域经济评论，2020（5）：94-1-4.

⑦ 谢守红，周芳冰，吴天灵，等. 长江三角洲城乡融合发展评价与空间格局演化 [J]. 城市发展研究，2020，27（3）：28-32.

⑧ 郭海红，刘新民，刘录敬. 中国城乡融合发展的区域差距及动态演化 [J]. 经济问题探索，2020（10）：1-14.

⑨ 张海朋，何仁伟，李光勤，等. 大都市区城乡融合系统耦合协调度时空演化及其影响因素——以环首都地区为例 [J]. 经济地理，2020（11）：1-12.

议，加大乡村人力资本的开发、城乡产业结构的协调和优化、建立要素自由流动的机制、挖掘乡村优势产业、加强农村系统规划建设。国内学者提出建立逆城镇化对接机制，理顺地方府际关系，明确地方府际权责，农业农村优先发展，提高乡村综合价值；实现城乡等值化发展、调整产业结构、完善社会服务体系，城乡居民权利机会平等；乡村振兴、发展都市农业、改善农业部门的要素错配、集体土地与国有土地同等赋权、创新发展农村金融、发挥特色小镇联结城乡功能等。

三、城乡融合发展评价及影响因素实证

（一）研究背景

城乡融合发展成为破除城乡间空间、经济、社会、基础设施、公共服务、生态环境等方面二元对立关系，助推乡村振兴、实现高质量城镇化的重要制度安排。科学评价城乡融合发展水平，找出制约城乡要素自由流动、城乡功能耦合、产业协同发展、公共服务体系衔接、城乡居民权利机会平等方面的因素，提出推进城乡融合发展的体制机制与政策体系建议，对于实施乡村振兴战略、推进新型城镇化战略、加速城乡共同富裕具有重要意义。

国内学界对城乡融合发展的概念与内涵、理论依据与实现条件、要素驱动力、驱动模式及驱动机制、城乡协调水平影响机制等进行了研究，形成"城乡发展同轨""城乡一体同构"及"城乡愿景一致"等理论成果。

国内学者运用两步全局主成分分析法、时空跃迁嵌套分位数回归模型、动态耦合协调度模型、横纵向拉开档次法、全局主成分分析（GPCA）和空间自相关分析、TOPSIS模型、网络层次分析法等方法，从城乡人口、空间、经济、社会、生态环境等多维度构建指标体系，对环首都地区、西北地区、长江三角洲、淮海经济区等区域进行了研究。周佳宁（2019）运用空间计量模型对1999—2016年全国各省份城乡融合水平进行实证检验。[①] 杨飞虎等（2020）运用熵权法和均值标准化法测度了2004—2017年30个省份的城乡融合发展水平并揭示出地区差异。[②] 钱力等（2021）运用熵值法测度了大别山连片特困地区城乡融合度并揭示其障碍因素。[③]

① 周佳宁，秦富仓，刘佳，等. 多维视域下中国城乡融合水平测度、时空演变与影响机制 [J]. 中国人口·资源与环境，2019，29（09）：166-176.

② 杨飞虎，杨洋，林尧. 城乡融合发展水平测度及区域差异分析 [J]. 价格月刊，2020（9）：70-77.

③ 钱力，耿林玲，宋俊秀. 大别山连片特困地区城乡融合水平时空差异及障碍因素分析 [J]. 合肥工业大学学报（社会科学版），2021，35（1）：9-17.

通过文献梳理发现，学界对城乡融合发展评价指标选取的理论推导和关系阐释有待深化；对城乡融合发展的区域异质性、时空演化的研究方法有待创新。本研究通过建立城乡融合发展评价指标体系，运用时序全局主成分法测度城乡融合发展水平，采用空间自相关分析城乡融合发展的空间分布特征，运用地理探测器模型从要素投入的角度探究城乡融合发展的驱动因素，揭示驱动机制。

（二）研究区域与数据来源

广东省位于中国大陆最南部，省域面积约 17.97 万平方千米，下辖 21 个地级市，由于地理区位、资源禀赋、经济发展阶段、产业结构、政策制度等因素叠加影响，珠三角与粤东、粤西两翼在产业错位发展、交通互联互通、生态环境共治等方面发展差距极大。2020 年，广东省实现地区生产总值 110 760.94 亿元，其中珠三角核心区地区占比 80.8%，粤东西北地区分别占 6.4%、7.0%、5.8%，区域发展差异系数高达 0.68。广东省县域经济具有差距跨度大、县域条件复杂多样的特点，县域发展不平衡、农村发展不充分仍是广东最大的短板和"潜力板"，破解城乡二元结构是广东的重要政治任务。

2020 年 5 月，广东省委省政府出台《广东省建立健全城乡融合发展体制机制和政策体系的若干措施》提出贯彻落实"一核一带一区"区域发展新格局，推动差异化城乡融合发展。2020 年 11 月，广东省人民政府办公厅印发广东省城乡融合发展省级试点地区名单（包括珠海、江门、梅州等 7 个市县试点及其 39 个中心镇试点地区），要求 2025 年试点地区建立更加完善的城乡融合发展体制机制，在全省范围内全面有序推广试点成功经验。《2021 年广东省政府工作报告》强调持续用力推进区域城乡协调发展，全面推进乡村振兴。《广东省推进农业农村现代化"十四五"规划》提出，推动县域内城乡产业一体发展、基础设施互联互通、基本公共服务均等化。促进农村深化改革先行探索等内容。

本研究以广东省 21 个地市的市域为研究单元，选取 2009、2012、2015、2020 年四个截面数据为研究基点，数据来源于相应年度的《中国城市统计年鉴》《广东省统计年鉴》《广东省农村年鉴》及各地市统计年鉴。

（三）城乡融合发展评价指标体系

城乡融合发展的目标在于实现城乡要素（人才、土地、资金、技术、信息和管理等要素）自由流动、城乡功能耦合、产业协同发展、公共服务体系衔接、城乡居民权利机会平等。基于城乡等值化理念，结合数据可得性，本研究从城乡经济融合、城乡生活融合、城乡设施联通、城乡公共服务均等四个维度构建对城乡融合发展综合指数（CI）（表6-5），进行城乡融合发展水平评价。

表6-5　城乡融合发展综合评价指标

目标层	要素层	指标层	变量	指标计算	属性	单位
城乡融合发展综合指数 CI	A 城乡经济融合	年末户籍人口	A_1	年末户籍人口数	正向	万人
		产业结构	A_2	二、三产业占 GDP 比重	正向	%
		农业人口	A_3	第一产业从业人数	负向	万人
		农村规模	A_4	耕地面积	负向	万公顷
		城市规模	A_5	建成区面积	正向	平方千米
		区域经济实力	A_6	人均 GDP	正向	万元／人
城乡融合发展综合指数 CI	B 城乡生活融合	城乡居民可支配收入比	B_1	城镇居民家庭人均可支配收入／农村居民家庭人均可支配收入	负向	%
		城乡居民恩格尔系数比	B_2	城市恩格尔系数／农村恩格尔系数	负向	%
		城乡居民人均消费支出比	B_3	城市居民人均消费支出／农村居民人均消费支出	负向	%
	C 城乡设施联通	城乡通讯联系	C_1	互联网接入用户数量	正向	万户
		城乡交通联结	C_2	公路客运量	正向	万人次
	D 城乡公共服务均等	基础教育	D_1	小学初中高学生人数	正向	万人
		公共文化	D_2	每百人公共图书藏书	正向	本
		医疗	D_3	医院及卫生院床位数	正向	万张
		社会保障	D_4	城镇基本养老保险人数	正向	万人

（四）研究方法

1. 时序全局主成分分析法

时序全局主成分分析以主成分分析为原理，结合时间序列分析法，将面板数据进行全局主成分变换，以描述样本时序动态特性。运用时序全局主成分分析法，计算城乡融合综合评价指数。具体步骤如下：①基于指标、时间、空间三个维度，建立时序立体数据表；②对原始样本数据标准化，判断主成分分析的适用性；③依据标准化矩阵的协方差矩阵，计算各主成分得分（式7.1），选取主成分因子 F。根据各主成分的特征值及其得分，计算各样本的综合指数 CI（式7.2）；④将研究期内各年度的 CI 按时间排列，得到 CI 随时间变化趋势。

$$C_k = \sum_{m=1}^{n} \alpha_j X_j \tag{7.1}$$

式（7.1）中，C_k 为第 k 个主成分得分，α_j 为第 j 个指标对应得分，X_j 为第 j 个指标对应数据。

$$CI = \sum_{k=1}^{p} \lambda_k C_k \tag{7.2}$$

式（7.2）中，CI 为综合指数，λ_k 为第 k 个主成分对应的特征值，C_k 为第 k 个主成分得分。

2. 探索性空间数据分析（ESDA）

依据地理学第一定理，借助 GeoDa 软件，计算城乡融合发展水平的全局自相关 Moran's I 指数（式 7.3），探索城乡融合发展水平是否存在空间上整体关联性。计算局部自相关 Local Moran's I 指数（式 7.4），分析城乡融合发展水平在"邻域空间"的分布特征及关联模式。

$$I = \frac{n}{\sum\limits_{i=1}^{n}\sum\limits_{j=1}^{n} w_{ij}} \frac{\sum\limits_{i=1}^{n}\sum\limits_{j=1}^{n} w_{ij}(x_i - \bar{x})(x_j - \bar{x})}{\sum\limits_{i=1}^{n}(x_i - \bar{x})^2} \tag{7.3}$$

式（7.3）中，n 为空间单元数，空间单元 i 与 j 的观测值为 x_i 与 x_j；$\bar{x}$ 为区域全部样本均值；w_{ij} 为空间邻接矩阵，如果 i 与 j 相邻权重取值为 1，不相邻权重取值 0。

$$I_i = \frac{(x_i - \bar{x})}{\sum\limits_{i=1}^{n}(x_i - \bar{x})^2} \sum_{j=1}^{n} w_{ij}(x_j - \bar{x}) \tag{7.4}$$

3. 地理探测器

地理探测器是基于自变量和因变量的空间分布相似性，探测自变量对因变量的空间异质性的解释程度，揭示主要驱动因子的统计学方法。基于地理探测器的因子探测功能，以城乡融合发展综合指数作为被解释变量 Y，城乡融合发展驱动因子 X 作为解释变量，运用地理探测器模型（式 7.5）提取城乡融合发展空间分异的主导因素并进行量化分析。

$$q = 1 - \frac{1}{N\sigma^2} \sum_{h=1}^{L} N_h \sigma_h^2 \tag{7.5}$$

式（7.5）中，q 为因子 X 对 Y 的空间分异的解释程度，q 在 [0，1] 取值，q 值越大说明因子 X 对 Y 的空间分异的解释能力越强。h=1…L 为因子 X 的分层；N 与 N_h 为研究区和探测区的样本数，σ_h^2 与 σ^2 分别变量 Y 在层 h 和全区的方差。

（五）结果与分析

1. 城乡融合发展评价

运用 SPSS20.0 软件，检验样本的 KMO 值为 0.791，Bartlett 球形度检验 P 值小于 0.01，表明变量间有一定的相关性。根据累计贡献率大于 85% 标准，提取出 6 个主成分因子 $F_1 \sim F_6$，6 个主成分因子累积方差贡献率达到 87.82%。提取旋转成分矩阵中载荷大于 0.7 的指标作为主成分构成指标，其中 F_1 主要由建成区面积（A_5）、人均 GDP（A_6）、互联网接入用户数量（C_1）、公路客运量（C_2）、每百人公共图书藏书（D_2）、城镇基本养老保险人数（D_4）构成；F_2 主要为第一产业从业人数（A_3）；F_3 主要由城乡居民人均消费支出比值（B_3）构成；F_4 主要由小中高学生人数（D_1）构成；F_5 主要由城乡居民恩格尔系数比值（B_2）构成；F_6 主要由医院及卫生院床位数（D_3）构成。依据式（7.1）和式（7.2）分别计算出 2009、2012、2015 及 2020 年各地市城乡融合发展综合指数 CI 并进行排序，如表 6-6 所示。

表 6-6　2009—2020 年广东省 21 个地级市城乡融合发展综合指数及排序

序号	地区	城市	2009	排名	2012	排名	2015	排名	2020	排名	综合	排名
1	珠三角	深圳	4.29	1	6.11	1	7.44	1	9.20	1	6.76	1
2		广州	3.62	2	4.24	2	6.19	2	7.92	2	5.49	2
3		东莞	2.13	5	2.59	4	4.66	3	4.83	3	3.55	3
4		佛山	1.53	12	2.07	6	2.97	5	4.13	4	2.68	5
5		肇庆	1.68	8	1.74	11	2.20	13	3.07	7	2.17	7
6		江门	1.48	13	1.84	8	2.35	9	2.75	11	2.11	8
7		惠州	1.22	18	1.54	13	2.40	7	3.14	6	2.08	10
8		珠海	0.77	21	1.46	16	2.37	8	2.77	10	1.84	14
9		中山	1.00	20	1.30	20	2.23	12	2.80	10	1.83	16
10	粤东	汕头	1.75	7	1.59	12	2.24	11	2.73	12	2.08	9
11		潮州	1.05	19	3.13	3	1.57	20	2.24	17	2.00	13
12		揭阳	1.67	9	1.81	9	2.19	14	2.46	13	2.03	12
13		汕尾	1.38	15	1.24	21	1.44	21	1.78	21	1.46	21
14	粤西	湛江	2.62	3	2.34	5	3.07	4	3.33	5	2.84	4
15		茂名	2.43	4	2.02	7	2.79	6	3.04	8	2.57	6
16		阳江	1.40	14	1.43	18	1.64	19	1.95	20	1.61	20

续表

序号	地区	城市	2009	排名	2012	排名	2015	排名	2020	排名	综合	排名
17	粤北	清远	1.88	6	1.75	10	2.27	10	2.38	15	2.07	11
18		梅州	1.55	10	1.51	14	1.96	16	2.29	16	1.83	15
19		韶关	1.30	17	1.38	19	1.99	15	2.40	14	1.77	17
20		河源	1.54	11	1.45	17	1.89	17	2.15	18	1.76	18
21		云浮	1.32	16	1.51	15	1.85	18	2.14	19	1.71	19

2009—2019 年，广东省城乡融合发展水平的时序特征为：①全省城乡融合发展整体水平逐年上升。2009、2012、2015 及 2020 年全省城乡融合发展水平的平均值分别为 1.79、2.11、2.75 及 3.31，呈现逐年上升趋势。说明城市对乡村的涓滴效应凸现，城乡经济发展、人民生活、基础设施及基本公共服务的融合度逐年提高；②城乡融合发展水平内部差异持续扩大。城乡融合发展综合指数的极差值与变异系数由 2009 年的 3.52 与 0.47 增加至 2019 年的 7.42 与 2.53，城乡融合发展差距显著且偏大的格局尚未转变；③城乡融合发展水平在城市间明显分化。佛山、珠海、中山、惠州 4 个城市因受益于"广佛同城""深惠同城"战略推进及粤港澳大湾区建设，在城乡基础设施、产业布局、城乡规划、公共服务和环境保护等方面协同成效明显，城乡融合发展水平提升较快。河源、梅州、湛江、茂名、阳江、清远、汕尾 7 个城市受环境脆弱、资源禀赋等制约，城市化滞后，中心城市的辐射带动力不强、乡村发展潜力难以释放，城乡融合发展长期处于低值锁定。

计算 2009、2012、2015、2020 年城乡融合发展水平的全局自相关 Moran's I 指数（表 6-7），描述广东省城乡融合发展水平的空间趋同性。结果显示，2012 年和 2020 年 Moran's I 指数通过了 5% 显著性水平检验，说明广东省城乡融合发展水平整体具有正空间相关性，随时间推移聚集程度呈现出先增长后逐步弱化趋势，表现为中低程度的空间聚集性。

表 6-7　广东省城乡融合发展水平全局自相关检验

	2009	2012	2015	2020
Moran's I	0.06	0.24	0.02	0.19
Z 值	0.74	2.09	0.53	2.07
P 值	0.22	0.029	0.266	0.035

计算 2012、2020 年城乡融合发展水平的局部自相关 Local Moran's I 指数，描述局部范围内城乡融合发展水平空间局部关联模式（表6-8）。结果显示：广东省城乡融合发展水平存在局部空间自相关性，空间集聚特征表现为高—高、低—高、低—低聚集型。

（1）高—高聚集型：深圳、广州、东莞、佛山四市城乡融合发展水平均较高，且对相邻的惠州、清远、中山、韶关具有扩散、溢出效应，属于强强合作型。

（2）低—高聚集型，惠州、清远、中山、韶关 4 个城市自身城乡融合发展水平低而周围城市的较高。

（3）低—低聚集型：东西两翼和粤北地区城市自身城乡融合发展水平均较低，且受相邻城市城乡融合发展溢出效应的影响较小，属于弱弱合作型，应该立足于自身发展突破，加强相邻城市间相互促进。

表 6-8　广东省城乡融合发展水平空间局部关联格局

时间	第一象限（高 - 高）	第二象限（低 - 高）	第三象限（低 - 低）	第四象限（高 - 低）
2012	深圳、广州、东莞、佛山、湛江	惠州、清远、中山、韶关	汕头、揭阳、江门、珠海、河源、梅州、汕尾、潮州、阳江、肇庆、云浮	茂名
2020	深圳、广州、东莞、佛山	惠州、清远、中山、韶关	汕头、揭阳、江门、珠海、河源、梅州、汕尾、潮州、阳江、肇庆、云浮、湛江、茂名	无

2. 城乡融合发展驱动因素

借鉴相关研究，从城乡人才、土地、资金、产业、科教等要素投入差异方面找出城乡融合发展空间分异的主导因素，探索广东省城乡融合发展的驱动模式。运用地理探测器模型（式 7.5），以城乡融合发展综合指数 CI 作为被解释变量 Y，以 21 个地市第一产业人数（X_1）、建成区面积（X_2）、人均 GDP（X_3）、第三产业占 GDP 比重（X_4）、城乡人均消费支出比值（X_5）、地形起伏度（X_6）、交通设施投资（X_7）、固定资产投资（X_8）、环境治理投资（X_9）、外商投资（X_{10}）、科技投入（X_{11}）、教育投入（X_{12}）12 个指标作为解释变量，探测 2009、2020 两个年度解释变量对城乡融合发展综合指数 CI 的解释程度大小，探测结果见表6-9。

表 6-9　城乡融合发展驱动因素地理探测结果

年份	X_1	X_2	X_3	X_4	X_5	X_6	X_7	X_8	X_9	X_{10}	X_{11}	X_{12}
2009	0.22	0.34	0.24	0.79***	0.33	0.17	0.11	0.48	0.19	0.63*	0.75	0.79***
2020	0.34	0.28	0.42	0.34	0.58	0.14	0.54**	0.75***	0.26	0.6048*	0.92***	0.9704***

注：***、**、* 分别表示在 1%、5%、10% 的置信水平上显著

如表 7-9 所示，在 10% 的置信水平下，2009—2020 年期间，教育投入、第三产业占 GDP 比重、外商投资、科技投入、固定资产投资、交通设施投资 6 个因素在缩小城乡发展差距，提升城乡融合水平方面发挥重要作用。

2009—2020 年期间，广东省城乡融合发展的驱动模式呈现出由产业驱动、投资驱动转向创新驱动模式。

（1）产业驱动：2008 年起，广东省实施了现代服务业与先进制造业"双轮驱动"的产业政策，促进珠三角与粤东西北市县合作共建产业转移园。2011—2014 年，省级产业转移工业园的扩能增效成为欠发达地区经济发展的加速器，粤东西北经济发展增速快于珠三角地区及全省平均水平，产业发展成为城乡融合的主要推力。

（2）投资驱动：十二五期间，广东省应对经济下行压力，实施了"扩投资、促消费、稳外需"政策，持续投资增强了粤东西北中心城区带动力，全省区域发展差异系数降低、人口城镇化差距不断缩小。全面深化粤港澳紧密合作，加大多元市场开拓和重大外资项目引进力度，外商投资水平提升。推进重大基础设施、重大产业项目及重大民生工程建设，新建成一批机场、铁路、公路、港口、能源、环保、水利等项目，交通设施投资、全社会固定资产投资持续增长。省级财政用于改善民生、均衡区域公共服务水平、帮助市县基础设施投资、生态保护和环境治理投资、铁路运输业投资均有大幅增长。实施粤东西北地区振兴战略，粤东西北地区的交通基础设施建设、产业园区扩能增效、中心城区扩容提质取得成效。

（3）创新驱动：2013 年始，广东省实施创新驱动战略，推动科技创新强省建设，各地市不断加大对科技、教育的财政支持力度，科技投入强度稳步提高，企业创新能力与绩效极大增强。但受各地市财政投资能力差距，科教投入存在明显分化。珠三角地区专利授权量、工业企业 R&D 人员、经费投入占全省九成以上，创新要素高度聚集，已经进入以创新引领经济发展的新阶段。粤东西北地区科教投入严重不足，处于技术和产业价值链的低端，先进制造业和高技术制造业发展滞后，规模以上服务业相对薄弱。

（六）结论与建议

基于城乡等值发展理论，构建城乡融合发展评价指标体系，运用时序全局主成分分析、空间分析及地理探测器模型，研究 2009—2020 年广东省 21 个地级市城乡融合发展时空演化特征及其驱动因素。研究发现有如下特征。

（1）城乡融合发展的时序演变特征：呈现逐年上升趋势，但省域内部差异显著且持续扩大，城市分化明显。

（2）城乡融合空间差异特征：以广州、深圳为核心向西、东、北三个方向梯度递减，依次为"珠三角—西翼—东翼—粤北山区"。城乡融合发展水平存在正向空间自相关性且逐渐趋于弱化，表现为高—高、低—高、低—低聚集型，低水平区分布在粤北地区，低值锁定现象明显；

（3）教育投入、科技投入、外商投资、固定资产投资、交通设施投资、第三产业占 GDP 比重为影响广东省城乡融合发展的主要驱动因素，驱动模式由要素驱动、投资驱动转向创新驱动。

结合实证结果，提出促进城乡融合发展建议：①统筹城乡国土空间规划，推动城乡空间融合发展；统筹城乡规划布局、要素配置、产业发展、基础设施与公共服务建设，提升公共服务在推动城乡融合中的承载力；②构建农业创新发展体系，推动要素配置制度改革；加大农业科技创新平台建设，建立工商资本下乡、科技人才入乡、教育下乡、科技成果入乡转化的激励机制；③促进城乡产业融合，实现乡村经济多元化；优化生产力布局和产业链对接，大力发展现代都市农业，推进乡村休闲旅游业、休闲农业、滨海农业等富民兴村产业发展；④健全农民增收机制，缩小城乡居民收入差距；搭建农村资源资产流转交易平台，推进农村集体经营性建设用地入市制度、完善农村基本经营制度，多渠道促进农民可持续增收；建立区际利益补偿机制，以提高粤东西北地区城乡发展的平衡性和协调性。

第三节　扩大中等收入群体与推进共同富裕

一、扩大中等收入群体与推进共同富裕逻辑关系

（一）中等收入群体标准

2002 年，党的十六大报告首次提出，要"以共同富裕为目标，扩大中等收入者比重，提高低收入者收入水平"。2013 年，党的十八届三中全会提出"努力缩小城乡、区域、行业收入分配差距，逐步形成橄榄型分配格局"。党的十六大提出的"以共同富裕为目标，扩大中等收入者比重，提高低收入者收入水平"。党的十九大报告提出，从 2020 年到 2035 年，要使"中等收入群体比例明显提高"，使"全体人民共同富裕迈出坚实步伐"。2020 年，习近平在《国家中长期经济社会发展战略若干重大问题》

中提出，"要把扩大中等收入群体规模作为重要政策目标"。2021 年，党的二十大报告明确指出，扎实推进共同富裕需要"扩大中等收入群体"，到 2035 年基本实现社会主义现代化国家的总目标之一是"中等收入群体比重明显提高"。

国际上中等收入群体（the Middle Income Group）与中产阶层（Middle Class）是同等概念。[①] 在经济学视域，中等收入群体是指个人或家庭收入达到全社会中等水平或平均水平的居民群体。在社会学视域，中等收入群体是指处于全社会中间位置职业、财产相对富有、文化层次道德素养相对较高、生活相对宽裕的居民群体。中等收入阶层标准是一个相对概念，根据国家、地区和时代的差异而有所变化，随着经济发展和社会变迁，中等收入阶层的标准也在不断提高。国际上对中等收入群体边界划分有"绝对标准"和"相对标准"。

（1）"绝对标准"是指采用收入或支出等客观指标，通过界定一定的收入水平或消费支出水平，来界定中等收入群体。在不同发展水平和收入结构的国家以绝对标准来测量中等收入群体会遇到一些问题，因为部分发达国家可能 80% 甚至 90% 以上的居民都是中等收入群体。

（2）"相对标准"是以中位数收入为中心，通过设定上下浮动的一定比例，对中等收入群体边界进行界定。经合组织（OECD）大多数成员国都以人均收入或中间收入作为基线，以中间收入的 50% 为中等收入的低值，150% 为最高限值。美国国家统计局曾以家庭人均收入中位数的 75% 为下限、以 125% 为上限定义"收入中产"。[②] 根据 2019 年世界银行统计标准，中等收入为成年人年均收入 3650 美元至 36500 美元，折合人民币 2.44 万元至 24.45 万元。

在中国，学界多以家庭的年收入来界定个体的社会经济地位，对中等收入群体的划分至今尚无统一标准。国家发改委课题组（2010）以家庭人均年收入 2.2 万到 6.5 万为区间界定中等收入群体，估算出中国 2010 年城镇居民中中等收入群体比例为 37%。[③] 李强等（2017）将 2012 年家庭人均年收入在 3.5 万至 12 万元的群体界定为中等收入群体，估算出全国、城镇及农村的中等收入群体占总人口比重分别为 17.9%、

---

①　李强. 当代中国社会分层［M］. 北京：三联书店，2020：32-40.

②　Kacapyr, Elia, Peter Francese, et al. Are You Middle Class? –Definitions and Trends of US Middle-Class Households［J］. American Demographics, 1996.

③　国家发改委社会发展研究所课题组：扩大中等收入者比重的实证分析和政策建议［J］. 经济学动态，2012（5）：12-17.

27.9% 和 6%。① 国家统计局（2018）以一个标准家庭年收入在 10 万到 50 万之间的群体定义为中等收入群体，测算出 2018 年中等收入群体约占总人口的 28%。2019 年，习近平主席指出"我国形成了世界上规模最大的中等收入群体，如以家庭年收入十万元至五十万元作为标准，已超过 4 亿人"。② 李强（2020）提出以城市人均收入的 60%—70% 为中等收入的最低值，以城市人均收入的 250%~400% 为高限值。③ 李培林（2020）建议中国按全国居民收入中位数的 75% 至 200% 定义为中等收入群体。④ 王祖强（2022）指出 2020 年我国达到该收入的家庭数量为 1.4 万亿户，中等收入群体超过 4 亿人口，占总人口 30%。⑤

（二）扩大中等收入群体是实现共同富裕的必然要求

持续扩大"中等收入群体"是实现共同富裕的前提条件。中等收入阶层是经济建设的推手，是维系社会稳定和谐的基石，是民主政治建设的推动力量，是正面价值观的践行者。⑥ 中等收入群体是现代社会主流价值观的基础，起到提高社会消费力、防止各种极端主义、维护社会稳定等作用。⑦ 扩大中等收入群体属于正向的社会人口变迁，是提高居民收入和消费水平、提高基本公共服务水平和均等化程度，促进安定团结、提高社会凝聚力的重要途径。⑧ 如果没有中等收入群体作为支撑，难以形成有效需求，无法实现国民经济良性循环，甚至可能会诱发多重经济风险和社会矛盾。

中国正处于跨越"中等收入陷阱"⑨ 的关键时期，若无法顺利完成转变，持续较大的收入差距会阻碍经济增长，使得我国可能陷入部分拉美国家所经历的"收入差距困境"。⑩ "中等收入陷阱"会引发农村劳动力大量转移、农村劳动力受教育动力不足、

---

① 李强、徐玲. 怎样界定中等收入群体？[J]. 北京社会科学，2017（7）：4-10.

② 习近平. 论把握新发展阶段、贯彻新发展理念、构建新发展格局 [M]. 北京：人民出版社，2021：312.

③ 李强. 当代中国社会分层 [M]. 北京：三联书店，2020：280-281.

④ 李培林. 我国改革开放以来社会平等与公正的变化 [J]. 东岳论丛，2020，41（9）：5-14+191.

⑤ 王祖强. 培育壮大中等收入群体　加快形成橄榄型社会结构 [J]. 政策瞭望，2022（3）：40-43.

⑥ 史为磊. 践行"中国梦"与中等收入阶层的现实境遇 [J]. 重庆社会科学，2013（7）：12-18.

⑦ 邹宇春. 时代之力：我国中等收入群体阶层认同偏差的趋势分析 [J]. 社会学研究，2023，38（3）：180-202+230.

⑧ 蔡昉. 实现共同富裕必须努力扩大中等收入群体 [J]. 山东经济战略研究，2020（12）：2.

⑨ 中等收入陷阱：本质是一国经济增长与人口增长几乎同步，即人均国民收入没有实质性增长。

⑩ 李威. 共同富裕背景下收入分配调节机制研究：基于国际比较视角 [J]. 当代经济管理，2023，45（5）：1-9.

农村产业发展受阻、城乡收入差距缩小困难、阻碍乡村振兴战略实施等系列问题。[①] 扩大中等收入群体是跨越"中等收入陷阱"的重要条件。郭金兴等（2020）发现增速下滑、收敛乏力、增长分化是判定"中等收入陷阱"的标准；教育、收入分配及制度是造成落入"中等收入陷阱"的根本因素。[②] 朱玉成（2020）指出中国跨越"中等收入陷阱"面临全要素生产率、城镇化、资源环境、国际竞争力、包容性增长五大挑战，需要鼓励创新、优化结构、保护环境、扩大开放、改善分配。[③] 毛盛志，张一林（2020）揭示出跨越"中等收入陷阱"是一个产业升级、金融发展和制度完善"三位一体"的转型过程。[④] 戚聿东，褚席（2021）研究表明数字经济与实体经济深度融合所带来的发展方式转变、产业结构优化、增长动能转换是跨越"中等收入陷阱"的关键。[⑤] 杨海珍，李昌萌（2021）证明一国的人力资本、出口结构、制度、开放程度和收入分配五方面因素对跨越"中等收入陷阱"具有重要作用。[⑥] 赵昕东，吴宇（2022）指出教育将对我国顺利跨越中等收入阶段发挥重要作用。[⑦]

共同富裕指社会结构由低收入群体占比高、中高收入群体占比低的"金字塔型"向"橄榄型"转化。"橄榄型"社会结构就是中等收入群体占绝大多数、收入极高者和低收入者都相对较少的社会阶层结构。[⑧] 需要从产业升级、城镇化转型、农民工社会地位提升、收入分配调整、社会保障制度建设、教育发展、市场准入门槛降低七个方面推进橄榄型社会的建设。

（1）促进多元参与：橄榄型社会结构强调多元参与，包括不同社会群体、利益相关方和民间组织等的广泛参与。政府和相关机构应积极引导和推动各个社会群体的参与，提供平等、公正和开放的参与机会。

① 薛敏. 跨越中等收入陷阱与乡村振兴的互动关系 [J]. 西北农林科技大学学报（社会科学版），2022，22（6）：45-51.

② 郭金兴，包彤，曹亚明. 中等收入陷阱有关争论及其对中国经济的启示 [J]. 江淮论坛，2020（2）：92-102.

③ 朱玉成. 中国跨越"中等收入陷阱"和预防"高收入之墙"的政策创新研究 [J]. 社会科学，2020（4）：58-67.

④ 毛盛志，张一林. 金融发展、产业升级与跨越中等收入陷阱——基于新结构经济学的视角 [J]. 金融研究，2020（12）：1-19.

⑤ 戚聿东，褚席. 数字经济发展、经济结构转型与跨越中等收入陷阱 [J]. 财经研究，2021，47（7）：18-32+168.

⑥ 杨海珍，李昌萌. "中等收入陷阱"存在与否及其影响因素 [J]. 管理评论，2021，33（4）：40-46.

⑦ 赵昕东，吴宇. 提高教育水平是否有助于跨越中等收入陷阱——对不同收入水平国家的比较研究 [J]. 中国软科学，2022（7）：129-139.

⑧ 李军鹏. 以共同富裕政策推动形成"橄榄型"社会结构 [J]. 行政管理改革，2022（6）：22-29.

（2）提倡包容文化：政府和教育机构可以通过教育和宣传活动，促进社会和文化多样性的认知和尊重，促进包容性价值观的形成。

（3）加强社区建设：加强社区基础设施建设，提供优质的公共服务和设施，为不同群体提供平等的发展机会。鼓励社区居民积极参与社区事务，促进社区自治和发展。

（4）促进教育公平：推动公平的教育机会，消除教育资源差距，确保每个人都能够接受良好的教育。

（5）促进公平就业：政府应该制定公正的就业政策，防止职场歧视，推动公平的薪酬体系，并提供职业培训和转换支持，确保每个人都有平等的就业机会和发展空间。

培育和扩大中等收入群体是新发展阶段"扎实推动共同富裕"的关键领域。只有坚持以人民为中心的发展思想，畅通低收入人群向上流动通道，扩大中等收入群体比重，形成"橄榄型"分配结构，才能扎实推动共同富裕。

（三）共同富裕是持续扩大"中等收入群体"的目标

由于城乡差别鸿沟和户籍身份障碍、农村人口数量大，进入中等收入群体固然存在较大增量空间，但增长速度不快。大量低产阶层缺乏流动和上升通道进入中等收入群体，部分已属于中等收入群体也仅处于中等收入群体的下层位置。现共同富裕必须解决中国社会阶层的流动性、优化社会结构、缩小庞大的底层人口。需要加快农民工市民化步伐、发挥教育的功能、调整产业结构优化职业结构、完善收入分配政策，以培育潜在的中等收入者。

我国扩大中等收入者比重、形成"橄榄型"社会结构的各种措施是以实现共同富裕为目标的；共同富裕政策在我国中等收入群体的扩大中起到了决定性的作用。实现共同富裕目标需要经济、社会领域高质量发展的共同推动，社会保护、社会服务和社会流动是共同富裕的社会支柱。[①] 共同富裕的核心思想是通过持续扩大中等收入群体，实现社会经济的公平和可持续发展。共同富裕的目标是让更多人分享经济增长的红利，提高人民的生活质量，并减少贫富差距。近年来，政府采取了推动就业增长、提高工资水平、改善社会保障体系、推进教育、医疗和住房等方面的改革来提高中等收入阶层的生活水平和消费能力，以实现共同富裕的目标。市场也通过提高劳动力参与

---

① 顾昕. 共同富裕的社会治理之道——一个初步分析框架［J］. 社会学研究，2023，38（1）：45-67+227.

率、加强职业培训、提高薪资水平等方式促进了中等收入阶层的增长。

二、中国中等收入阶层现状与问题

中国的中等收入阶层是指在经济发展中相对富裕的群体，通常具有稳定的收入和一定程度的社会保障。中国中产阶层由专业技术阶层、各类管理人员及干部、25～35岁年轻人、效益好的单位职工、中小产业、工商业主（农民占有主导地位）五个集团构成。中产阶级形成的渠道主要有以下三条：①正规教育，教育历来是社会地位筛选的主要渠道，通过高考、接受正规大学教育是实现中产阶层的重要渠道；②专业技术，通过取得专业职称、专业技术证书实现工资收入提高，进入中产阶层；③市场渠道，通过市场进行商品经营等方式获取利润，进而实现经济地位、职业地位上升。20世纪 90 年代后期以来，财富差距促进了社会阶层固化。我国社会阶层呈现为大量低产阶层、较少中产阶层和极少富裕阶层并存的"金字塔"结构，中产阶层发展滞后。[①]近年来，农民工进城务工能够明显地抑制城乡收入差距的扩大，甚至缩小城乡收入差距。

根据国际货币基金组织（IMF）公布的数据，2010—2020 年，我国人均 GDP 由4430 美元攀升到 1.13 万美元。按照世界银行的划分标准，中国已属于中等偏上收入国家。根据中国社会科学院社会学研究所的社会状况综合调查（CSS）数据，从 2008年到 2019 年，低收入群体占比由 41.12% 降低至 32.55%，贫困人口减少；中等收入群体占比由 43.64% 提高至 43.65%，基本没有变化；高收入群体占比由 15.24% 提高至 23.8%，大幅增加，详见表 6-10。

表 6-10　2008—2019 年中国不同收入群体的比例

收入群体		收入标准（中位值 %）	2008	2015	2019
低收入群体	贫困群体	中位值的 25% 及以下	10.52	12.57	11.74
	脆弱群体	中位值的 26%—75%	30.60	26.88	20.81
中等收入群体	中低收入群体	中位值的 76%—125%	23.33	20.22	22.54
	中高收入群体	中位值的 126%—200%	20.31	18.05	21.11
高收入群体	富裕群体	中位值的 201%—400%	10.96	16.37	16.35
	高富裕群体	中位值的 401% 及以上	4.28	5.91	7.45

资料来源：中国社会科学院社会学研究所 2008 年、2015 年、2019 年社会状况综合调查（CSS）

---

① 何玉长. 当前我国居民财富基尼系数分析 [J]. 社会科学辑刊，2017（1）：50-57.

中国收入结构呈现高收入群体比例上升、低收入群体和相对贫困群体同时存在的特点。2010—2018 年中国中等收入群体占比总体呈下降趋势，低、高收入群体总体呈波动性上升趋势。农村中等收入群体下降趋势比城镇更明显；中部地区中等收入群体下降趋势比西部、东部地区明显。[①] 中等收入群体主要分布在城市和东部地区，中等收入群体比重持续提升面临空间错配、收入不平等、人口老化等因素的挑战。[②]

中国中产阶层规模偏小，比例低的原因如下。

（1）居民家庭收入水平偏低。在类似经济发展阶段，中国居民家庭收入水平仅为美国居民家庭的 1/3。从收入流动的视角看，中等收入群体的扩大主要来自低收入阶层的向上流动。如果农民、农业转移人口、新市民能成为中等收入群体，则能有效阻断机会不均等的代际传递。

（2）居民可支配收入占 GDP 的比例偏低。1960—2015 年间，美国居民可支配收入占 GDP 的比重从 69% 增长至 72%。从 1978 年到 2022 年，我国居民人均可支配收入从 171 元增长到 36883 元，2022 年居民可支配收入占人均 GDP（85689 元）的比重约为 43.04%。

（3）初次分配中居民所得偏少，企业所得偏多。改革开放以来，我国国民收入分配先向居民倾斜，随后向企业倾斜。

（4）行业间分配失衡对我国国民收入分配产生了重要影响，垄断行业获得了较多收益，但提供的劳动报酬较少，导致居民收入份额偏低。[③]高科技、金融和房地产等行业的从业人员通常享有更高的收入水平，而制造业和农业等传统行业的收入相对较低。

（5）教育资源与机会不平等影响中等收入群体持续扩大。教育是推动社会流动的重要机制和渠道。国民的平均受教育年限与中等收入群体扩大呈正相关，国民平均受教育年限达到 12 年以上，中等收入群体比重将显著增加。

（6）体制机制性壁垒。由于社会流动中机会公平的缺失，导致了潜在中等收入群体无法公平享有教育等公共资源（如随迁子女难以享受城市普惠性优质中小学教育），直接降低了低收入群体进入中等收入群体的可能性。[④]

① 蒋波，黄应绘，易欣，等. 共同富裕目标下中等收入群体的界定标准与测度 [J]. 统计与决策，2023，39（10）：5-9.

② 李逸飞. 面向共同富裕的我国中等收入群体提质扩容探究 [J]. 改革，2021（12）：16-29.

③ 李实，陈基平. 中国国民收入分配格局的长期变动趋势 [J]. 社会科学战线，2023（9）：50-62.

④ 薛一飞. 良性社会流动机制建构与共同富裕的实现 [J]. 人民论坛，2023（4）：54-57.

第四节　农业转移人口迈向共同富裕路径

一、农业转移人口成长为中等收入阶层面临障碍

《第十四个五年规划和 2035 年远景目标纲要》提出实施扩大中等收入群体行动计划，明确将小微创业者、个体工商户、灵活就业人员、技能型劳动者、农民工等群体作为持续增加收入的重点人群。进城农民工是中等收入群体的重要来源[①]，是中产阶层储备军。农业转移人口中的技术工人增收潜力大、带动能力强，是重要的潜在中产阶层。农业转移人口成长为中等收入阶层面临以下问题：

（一）社会流动性约束

社会流动性指的是一个人在社会阶层中的上升或下降程度。社会流动性约束是当制度性、先赋性因素超过后致性因素的影响，个体难以凭借自身能力或努力实现社会阶层的垂直上升。农业转移人口面临社会流动性约束，主要源于社会发展转型过程中的体制机制性障碍所带来的机会不公平。

农民工群体是城市贫困高发群体，他们在教育水平、职业身份、收入分组等各方面的平等向上的通道还不够畅通，他们中低技能阶层面临阶层固化风险。[②]长期陷入贫困的农民工群体将逐渐形成社会中的一个阶层或下层阶级。

（二）社会地位和个体认可度低

农民工的农村户口、有限的教育背景和职业技能认可度较低，导致他们在竞争激烈的城市就业市场中面临更大的困难。社会个体的低位认同宏观层面表现为结构因素和历史文化的事实性压力（如 GNP、收入不平等、社会保障不足、藏拙文化等）等，微观层面表现为社会个体的过去或当前的人力资本及结构资源（收入、教育、职业、住房、户籍、声望等）与自我预期的错位。[③]教育水平、家庭中就业人口的比例、体制内就业及城镇户籍等因素都对低收入家庭向上流动起到积极的促进作用。[④]

[①] 习近平. 扎实推动共同富裕 [J]. 求是，2021（20）：4-8.

[②] 齐明珠，王亚. 中国农业转移人口社会分层研究——"土"字型结构及其制度性构因 [J]. 人口与经济，2023，258（3）：117-131.

[③] 邹宇春. 时代之力：我国中等收入群体阶层认同偏差的趋势分析 [J]. 社会学研究，2023，38（3）：180-202+230.

[④] 刘志国，刘慧哲. 收入流动与扩大中等收入群体的路径：基于 CFPS 数据的分析 [J]. 经济学家，2021（11）：100-109.

（三）教育水平和技能低下

教育是引导人们进入社会网络上不同位置的渠道，高等教育是影响社会流动和社会分层的重要机制。进入中等阶层需要更高的教育水平和职业技能，以适应城市经济的需求。城乡教育差距仍然存在，精英教育资源主要集中在大城市和发达地区，一些农村地区的教育资源不足，限制了农村居民和社会底层群体提升社会地位的机会。由于年龄、经济负担和职业压力等原因，许多农民工缺乏良好的教育和培训机会，他们多数没有接受过高等教育或专业技能培训。农民工群体中有许多人已经进入技术阶层，但由于缺乏相应的技术认证体系，使得他们难以获得应有的收入并成为中产阶层的一员。

教育因素和工作因素是中等收入群体"滑落"的关键。家庭中成员教育水平越高，家庭中非农业工作者和体制内工作者越多，"滑落"概率越低。[①] 教育投资不足制约人力水平提高，教育水平低下直接制约了其增收能力，靠他们自身努力很难摆脱贫困状态。

（四）就业歧视与缺乏发展机会

获取更高的职位和更好的职业发展机会是农民工进入中等阶层的关键。随着经济转型和城市化进程，某些行业和企业更倾向于招聘有城市背景、高学历和相关工作经验的人员，他们对农民工持有刻板印象或歧视态度，不愿意给其提供平等的就业机会。由于教育和技能水平的限制，农民工往往只能从事体力劳动密集型的低薪酬工作，难以获得职业晋升和发展的机会。

（五）福利待遇差，缺乏财富积累

农民工在就业保障、社会保险和福利方面也可能面临不公平待遇。户籍制度将人口分为城市户籍和农村户籍，城市户籍享受更多的福利和机会，而农村户籍则面临各种限制。根据户籍政策，农村居民在迁往城市并获得城市居民身份的过程中面临住房购买、子女教育、医疗保险等诸多限制和福利待遇障碍。进入中等阶层的一项重要条件是拥有良好的住房和生活环境，这对农民工来说是一个挑战和障碍。农民工在工资和收入方面往往处于较低水平，他们通常需要支付住房、交通和其他生活费用，导致他们无法进行财富积累。相当一部分在城市里无法安家，难以积累财富和提升生活水平，加大了他们提升到中等收入阶层的难度。

部分农民工对创业缺乏意识，没有积极的创业动力。同时，由于缺乏资金、技术

---

① 蔡宏波，郑涵茜. 中等收入群体"滑落"的特征、影响因素与防范路径 [J]. 人口与经济，2023（5）：57–70.

或市场等方面的支持，他们很难寻找到合适的创业机会。

二、农业转移人口迈入中等收入阶层路径

（一）深化户籍制度改革、解决社会流动性约束

在中国的社会结构中，农业人口、农民在比较意义上属于社会低收入群体。农业人口向工业产业工人转移是实现地位上升的一种社会结构变迁。从社会变迁视角来看，持续扩大中等收入群体规模，需要畅通良性社会流动的途径和通道，增强社会流动性对于扩大中等收入群体比重具有典型意义。在保障城乡、区域、群体间基本公共服务均等化和可及化前提下，提高农民工向上流动、适应劳动力市场竞争以及抵御风险的能力。

（1）推动户籍市民化转向常住市民化，弱化以户籍为载体的城镇公共服务配置功能，推动基本公共服务和公共资源按常住人口分配，实现农民工同城镇户籍居民在住房、社会保障和教育等维度的待遇平等。

（2）消除户籍制度以及其他的就业歧视性制度，实现劳动力市场的公平竞争，并消除教育歧视，实现择学自由，从根本上解决农民工子女异地高考的问题。

（3）深化城乡就业和劳动报酬制度改革，促进农民工在就业服务、技能培训、劳动报酬、福利待遇等方面享有同城镇职工同等的劳动报酬权益。

（4）农业转移家庭自身摆脱住房贫困的主导性不足，政府贫困治理政策应立足"赋权提能""扶贫必扶住"。坚持优质共享理念，完善政府提供的基本住房需求保障，将进城务工人员纳入城镇住房保障体系，享受公共租赁住房分配，推动保障性住房向农业转移家庭全覆盖。

（二）促进创业和就业机会

加快技术创新与产业转型，推动职业结构升级，是扩大中产阶层规模的基本路径。实施就业优先战略，通过提高农民工的薪资水平、加强职业培训、完善社会保障体系等方式来促进农民工的收入增长。

（1）建设城乡统一的劳动力市场及就业创业服务体系，打破劳动力要素的市场化配置中的体制，促进劳动力在城乡和地区间流动；提供良好的基础设施吸引更多的投资和就业机会到农村地区，减少农民工流入城市的需求。

（2）健全就业服务体系，为相对贫困人口提供标准化、高质量的就业创业指导服务，使其能够灵活运用大数据平台、移动互联网、智能化服务等新业态，帮助更多中

青年农民工群体实现更充分就业；通过增加就业机会、提高收入水平，以减少贫困代际传递的可能性。

（3）搭建创业平台，鼓励低收入群体就业、创业、教育、投资机会均等，提升就业质量；扶持农村转移劳动力返乡创业，发挥返乡人才在产业转移中的牵头作用；通过落实好减税降费、稳岗返还、就业补助、社保补贴等政策，加大对中小微企业、个体工商户、劳动密集型制造业等主体的支持力度。

（4）健全农民工劳动权益保障机制，保障农民工的合法权益，防止劳动权益被侵犯；完善基层工会组织建设，提高工会组织与服务对农民工的有效覆盖；实施职业技能提升行动，完善劳动保护机制、引导企业与农民工建立平等稳定的劳资关系。

（三）提供职业培训和技能提升

加大对农业转移人口人力资本投入是缩小城乡收入差距、扩大中等收入群体的重要途径。人力资本投资能丰富农民工知识储备，夯实农民工技术积累，强化农民工工作能力，提高农业转移人口综合文化素质，实现"高素质—高收入—高创造价值"的良性循环。

（1）构建农民工人力资本多元化投资格局，提升农民工人力资本投资增量。鼓励公共财政向农村教育、农民工职业技能培训等领域倾斜，完善投资激励、约束等配套机制，引导社会参与农民工人力资本投资。

（2）建立劳动力的终身学习培训制度，优化农民工人力资本投资存量。聚焦智能制造、现代服务等重点行业，推广企校合作、工学一体化、"互联网＋职业培训"、职业培训包、多媒体资源培训等新兴方式，开展农民工岗前培训、岗位技能提升培训、高技能人才培训等。

（3）拓宽高素质技能劳动者上升通道，提高薪酬待遇，保障其政治待遇和社会地位，为农民工转变为高素质技能劳动者赋能，提高农民工群体工资性收入，为进入中等收入群体提供基本前提、奠定基础条件。

（4）开展农民工职业认证，让部分农民工进入中间阶层或中产阶层，以改善我国社会阶层结构，维持社会长期稳定发展。

（四）"赋权提能"，增强可行能力

消除贫困的根本途径是向穷人赋权，赋权的实质是指"赋予权利、使有能力"，[①]

---

① 罗必良，洪炜杰，耿鹏鹏，等. 赋权、强能、包容：在相对贫困治理中增进农民幸感［J］. 管理世界，2021，37（10）：166–181+240+182.

即赋予人们经济自由，完善社会保障，获得公共资源、公共服务和参与社会事务的权利。共同富裕目标下，必须充分保障中等收入群体核心权利的权益（包括财产利益、教育利益、安全利益、人格利益等），[①]提高贫弱群体政治参与权利、拓展合法利益表达渠道、培育政治意识与表达能力。[②]"赋权提能"是指通过赋予农民工群体更多的权利和能力，来增强他们的发展潜力和可行性，促进其在城市社会中的融入和发展，并提高整个社会的公平与稳定。

农民工需要通过提高自身素质等方式来提高自己的竞争力和收入水平。

（1）提升教育水平：人力资本投资可以提供更多的就业机会帮助贫困群体提高收入水平，改善相对贫困群体的生活质量。农民工可以通过参加成人教育、技能培训或职业学校等方式提升自己的教育水平和专业技能，以增加就业市场中的竞争力，打开进入中等阶层的机会。

（2）积累工作经验：农民工可以通过在工作岗位上不断学习和积累经验，提高自己的职业能力和技术水平，以便于获得更好的职位和晋升机会。政府应以新生代农民工、低技能农民工为重点，创新灵活教育培训渠道，增强技术技能培训针对性，提高劳动力供需匹配质量，提高农民技能素质，不断提升农民致富能力。

（3）就业与自主创业：政府应鼓励创新思维和创业精神，鼓励他们寻找稳定的职业，以获取更好的薪资待遇、福利和职业发展机会。农民工可以尝试自主创业，通过开设小型企业或者个体经营来实现财务独立和社会地位的提升，同时通过积极参加社会保险、养老金计划和其他福利制度来提高自己的社会保障水平。

（4）积极参与社会组织和公共事务：农民工应积极参与社区和社会活动，与城市居民建立联系和网络，以便获得更多的资源和支持；通过参与社区活动、志愿服务等方式，提升自己在社会中的地位和影响力。政府应关注农民工基于社会比较的心理机制演变，重视农民工的政治参与和意见表达，增加向上流动的机会公平。[③]

（5）切断贫困代际传递，形成可持续脱贫能力：政府可以通过宣传、引导、科普等形式提升农民思想文化水平，让农民树立改变命运的信心和锐意进取意识，消融贫

①　王少. 共同富裕视域下扩大中等收入群体的新思考——以核心权利保障为中心［J］. 当代经济管理，2023（9）：1-10.

②　张汝立等. 中国城市贫弱群体政策研究［M］. 北京：社会科学文献出版社，2018：100-130.

③　贺坤，周云波，成前. 共同富裕视域下的农民工多维相对贫困研究——基于城-城流动人口的比较分析［J］. 现代财经（天津财经大学学报），2022，42（7）：94-113.

困文化的相互复制。[①]

综上，健全农业转移人口市民化机制，缩小农业转移人口与城市户籍人口的收入差距是缩小城乡整体收入差距、扩大中等收入群体的关键与核心内容。政府可通过产业扶贫政策、公共教育政策、就业帮扶、住房公共政策等方面"赋权提能"增加人力资本，使农业转移人口摆脱贫困陷阱。

（五）城乡融合发展，促进可持续经济增长

城乡融合进程加快，为培育壮大中等收入群体提供了更多有利条件。

（1）统筹城乡国土空间规划，推动城乡空间融合发展。统筹城乡规划布局、要素配置、产业发展、基础设施与公共服务建设，提升公共服务在推动城乡融合中的承载力。遵循市场经济规律，加快建立市场化的要素价格形成机制，取消各种不合理的行政干预和限制性规定，切实保障农民在劳动、土地、资金、技术等要素交换上获得平等权益，实现城乡居民权益平等和要素报酬均等。

（2）破除城乡分割的二元结构，加快建立城乡统一的土地市场。①统筹城镇国有和农村集体建设用地管理，确定和规范集体经营性建设用地入市程序和收益分配，建立城乡统一的建设用地征收补偿办法，完善城乡建设用地使用权出让、转让、出租、抵押交易规则，探索多元化的农村集体经营性建设用地入市模式。②切实保障农民宅基地用益物权。深化农村宅基地改革试点，完善宅基地各项权能，赋予宅基地使用权和农房所有权完整的用益物权，在继承、流转、抵押、交易等方面拓展产权权能。③建立城乡统一的土地交易平台。在确权登记发证的基础上，将农民承包地、集体经营性建设用地、宅基地、林地使用权等纳入全国统一的土地管理信息系统和交易平台，规范交易程序，促进农村集体土地合理有序流转。

（3）构建城乡要素双向合理流动的新格局，推动要素配置制度改革。在要素双向流动方面，实行城乡开放，畅通城乡人口、资金和技术流动渠道，强化科技助农、商贸物流助农、金融助农三大保障措施，建立工商资本下乡，科技人才入乡、教育下乡、科技成果入乡转化的激励机制。加大农业科技创新的平台建设，提升农业产业化水平和农业全要素生产率，提升农业全产业链现代化水平，形成以创新驱动的县域经济发展模式。

（4）健全小城镇发展机制，构建县域城乡产业融合体系。优化生产力布局和产业

---

① 赵迪，罗慧娟. 欧美国家农村相对贫困治理的经验与启示 [J]. 世界农业，2021，509（9）：12-23+67+122.

链对接，促进现代种业、精准农业、乡村信息产业及乡村新型服务业等新兴产业发展；大力发展现代都市农业，推进乡村休闲旅游业、休闲农业、滨海农业等富民兴村产业发展。

（5）加快发展新型农村集体经济，健全农民持续增收机制。搭建农村资源资产流转交易平台，完善农村基本经营制度，推进农村集体经营性建设用地入市制度、完善农村产权抵押担保权能，多渠道促进农民可持续增收。

（6）建立生态产品实现机制。推进农业碳达峰、碳中和工作，推广生态循环、节能降耗低碳农业技术，提高生态承载能力，促进推进农业绿色发展。建立区际利益补偿机制，以提高城乡发展的平衡性和协调性。

综上，通过采取正向激励政策、提供就业机会和职业培训、增加公共服务和基础设施投资、建立社会保障体系、提高教育水平和促进可持续经济增长等多种措施，缓解农业转移人口相对贫困。加强城乡一体化发展战略，促进可持续经济增长，为农业转移人口提供更多的就业机会和经济发展机会，帮助他们迈入中等收入阶层。

第七章

农业转移人口相对贫困治理长效机制

第一节　包容性社会政策体系

一、包容性社会政策支持

对贫困问题的关注是世界各国社会政策研究的起点与重点内容[①]，社会政策核心内容包括社会保障、医疗和健康、社会福利等方面。包容性社会政策体系是指一种旨在确保社会公平、促进社会融合和提高弱势群体福祉的政策框架。实施包容性社会政策有利于确保每个公民平等享有基本权利和机会，消除不平等，实现社会的包容性发展。

相对贫困治理是解决缩小差距、改善状况和共治共享的问题，需要构建系统性、完备性和可行性的相对贫困治理长效机制。梁辉、郑婷婷（2019）提出打破劳动力就业市场"双轨制"、减少人力资本流动的障碍、赋予社会的机会平等，促进阶层结构优化、建设和睦的亲邻关系建议。[②] 吴振磊，王莉等（2020）指出构建防止返贫机制、解决多维贫困、常规化扶贫机制、农村贫困与城市贫困兼重治理等相对贫困治理建议。[③] 范和生，武政宇（2020）提出制度保障、产业培育、能力建设、人文发展、心

① 张新文. 我国农村反贫困战略中的社会政策转型研究——发展型社会政策的视角 [J]. 公共管理学报，2010（4）：93-99.

② 梁辉，郑婷婷. 农户贫困代际传递阻断研究——基于家庭发展能力的视角 [J]. 人口与社会，2019，35（1）：74-4.

③ 吴振磊，王莉. 我国相对贫困的内涵特点、现状研判与治理重点 [J]. 西北大学学报（哲学社会科学版），2020，50（4）：16-25.

理服务五大相对贫困治理机制。[①] 白永秀等（2020）提出相对贫困治理的动态识别机制、代际阻断机制、就业提升机制、收入分配机制、兜底保障机制及联动协作。[②] 罗必良（2020）提出构建"机会—能力—保障"的治理逻辑架构[③]，建立遏制返贫的长效兜底机制、激发活力的长效动力机制、化解约束的长效支持机制、阻断代际贫困的长效培育机制、广义福利的长效诱导机制等。[④] 李飞，曾福生（2020）提出"赋权—可行能力—减贫"框架，以政府、市场和社会为赋权主体向贫困个体和集体组织的赋权。[⑤] 李强（2020）指出建立基层组织、传统单位体制、政治身份、家庭互助等"缓冲机制"以缓解社会矛盾。[⑥] 李棉管，岳经纶（2020）提出构建"物质贫困治理、多维贫困治理、保障性政策和发展性政策"四类相对贫困治理机制。[⑦] 李小云等（2020）指出2020年后中国应从"扶贫"向"防贫"转变，通过逐步实现城乡社会公共服务均等化，缓解不平等。[⑧] 曾福生（2021）提出按照"监测识别—制度管理—贯彻落实—反馈完善"的思路，从动态监测机制、制度保障机制、政策执行机制、评价反馈机制方面构建相对贫困治理的长效机制。[⑨] 李军鹏（2022）建议综合运用市场主体发展政策、充分就业政策、公共服务与社会分配政策、公共教育政策促进共同富裕。[⑩]

李梦娜（2019）提出构建多元化社会支持网络，增加农民工的社会资本存量；建立公平公正的社会制度，以增强资本回报能力。[⑪] 左停，苏武峥（2020）指出依赖市场配置资源，培育激发贫困人口和贫困社区的内生动力。[⑫] 李振刚，张建宝（2020）提出从完善劳动力市场政策与完善家庭儿童照料和养老保障相关政策方面分类施策

① 范和生，武政宇. 相对贫困治理长效机制构建研究［J］. 中国特色社会主义研究，2020（1）：63-69.
② 白永秀，吴杨，辰浩论. 建立解决相对贫困的长效机制［J］. 福建论坛（人文社会科学版），2020（3）：19-31.
③ 罗必良. 相对贫困治理：性质、策略与长效机制［J］. 求索，2020（6）：18-27.
④ 罗必良. 构建相对贫困治理长效机制的理论逻辑与实践路径［J］. 国家治理，2020（39）：40-44.
⑤ 李飞，曾福生. 基于赋权视角的相对贫困治理长效机制研究［J］. 湖南农业科学，2020（11）：85-90.
⑥ 李强. 当代中国社会分层［M］. 北京：三联书店，2020：56-57.
⑦ 李棉管，岳经纶. 相对贫困与治理的长效机制：从理论到政策［J］. 社会学研究，2020，35（6）：67-90+243.
⑧ 李小云，苑军军，于乐荣. 论2020年后农村减贫战略与政策：从"扶贫"向"防贫"的转变［J］. 农业经济问题，2020（2）：15-22.
⑨ 曾福生. 后扶贫时代相对贫困治理的长效机制构建［J］. 求索，2021（1）：116-121.
⑩ 李军鹏. 以共同富裕政策推动形成"橄榄型"社会结构［J］. 行政管理改革，2022（6）：22-29.
⑪ 李梦娜. 社会资本视角下城市农民工反贫困治理研究［J］. 农村经济，2019（5）：121-127.
⑫ 左停，苏武峥. 乡村振兴背景下中国相对贫困治理的略指向与策选择［J］. 新疆师范大学学报（哲学社会科学版），2020，41（4）：65-73.

治理农民工贫困。[①] 李振刚等（2021）提出将完善学前儿童正规照料服务作为解决学前儿童随迁的农民工相对贫困的一项长效机制。[②] 詹智俊等（2022）提出注重农民工社会资本的提升，通过心理援助等方式提高其自我效能感，增强减贫信心。[③] 赵卫华（2022）建议通过发展性社会政策支持农民工家庭发展需求，以缓解相对贫困。[④] 刘海霞，周亚金（2023）提出通过多维发掘生产力、维护公平正义、坚持志智双扶来治理相对机会贫困、相对分配贫困、相对精神贫困。[⑤] 顾昕（2023）从收入分配公平、贫困治理、社会保障强化、公共服务均等化、城乡均衡发展及社会流动畅通等领域探讨共同富裕的实现路径。[⑥]

综上，由于人力资本与社会资本的缺乏，农民工群体难以形成内生的发展能力，丧失了脱贫的原动力，必须依赖社会政策及社会力量的资助与扶持。社会政策的制定应该从保生存向提高发展能力转变，注重提高贫困人口可行能力、社会参与与权利保护。

二、完善的社会保障体系

社会保障是相对贫困治理和实现共同富裕的重要基础，社会保障制度对持续减贫脱贫发挥着重要的保障和支撑作用。[⑦] 社会保障包括社会保险、养老金、医疗保险、失业救济等制度和政策，目的在于保护弱势群体的福利，减少贫困和社会不平等。

打破社会保障城乡分割、地区分割、人群分割、管理分割的碎片化状态，按照应保尽保原则，面向农民工群体建立涉及养老、医疗、住房、失业、工伤、生育等领域的社会保障体系。

（1）养老保险方面：健全农民工等重点群体《城镇职工养老保险》参保机制，适

---

① 李振刚，张建宝. 正规与非正规：就业模式对农民工工作贫困的影响——来自八个城市的经验证据 [J]. 北京工业大学学报（社会科学版），2020，20（6）：29-44.

② 李振刚，张建宝，黄璜. 学前儿童正规照料是否有助于缓解青年农民工工作贫困——来自50个大中城市的经验证据 [J]. 中国青年研究，2021（12）：72-80.

③ 詹智俊、钟雅琦、马铭，等. 社会资本会缓解进城农民工的相对贫困吗？——基于自我效能感的中介检验 [J]. 深圳社会科学，2022，5（1）：34-44.

④ 赵卫华. 农民工家庭消费结构及对相对贫困治理的启示 [J]. 甘肃社会科学，2022（3）：188-197.

⑤ 刘海霞，周亚金. 后脱贫时代中国相对贫困治理研究——基于马克思相对贫困理论的视角 [J]. 北京航空航天大学学报（社会科学版）：2023（9）：1-9.

⑥ 顾昕. 共同富裕的社会治理之道——一个初步分析框架 [J]. 社会学研究，2023，38（1）：45-67+227.

⑦ 周扬，李寻欢，童春阳，等. 中国村域贫困地理格局及其分异机理 [J]. 地理学报，2021，76（4）903-920.

度弥合不同养老保险制度的福利差距。监督用人单位为符合条件的农民工缴纳基本养老保险保费，加快推广个人养老金制度。统一《城镇职工养老保险》与《城乡居民养老保险》两类养老保险个人账户记账利率。推动农民工社会保障在全国范围内的转移接续和高效统筹。

（2）医疗保险方面：建立普惠性的医疗保健体系，拓宽农民工异地就医办理渠道，增设农民工异地就医备案窗口，提供预约延时、优先办理、简化备案等服务满足农民工流动群体需求。

（3）住房保障方面：建立多主体，多渠道保障，全方位关注城乡无收入来源、无劳动力人口及外来务工人员的帮扶。增加农民工保障性住房供给，以减轻农民工家庭的支出负担。针对农业转移家庭住房需求，建立价格、面积、档次、类型梯度化的多层次住房供应，加大可支付房源的市场供给与保障性供给。以公租房、保障性租赁住房和共有产权住房为主体，促进农业转移人口住有所居、职住平衡。

（4）失业保障方面：通过建立失业保险制度或提供就业援助，提高农民工参保率，降低参保门槛，确保他们在失业时能够享受到失业保险金和相应的福利待遇。

三、均等化基本公共服务提供机制

均等化基本公共服务提供机制目标是消除地区间、群体间的差距，实现基本公共服务的普惠性和公平性，推动社会的均衡发展。按照《国家基本公共服务标准（2021年版）》基本公共服务包含幼有所育、学有所教、劳有所得、病有所医、老有所养、住有所居、弱有所扶等方面，覆盖了人的全生命周期。

在共同富裕目标下，政府需要"赋权—强能—包容"，实施以基本公共服务均等化为基础的防贫政策。

（1）完善农民工共享城市基本公共服务相关政策。明确教育、医疗、住房、交通、环境等领域基本公共服务提供的标准和指导原则。放宽城市户籍限制，用居住证替代户口，降低人口迁移门槛，使农业人口可以自由流向城镇生活，西部贫困地区人口可以自由流入中东部经济发达地区。解决好重点人群落户问题，着力做好在城镇就业、居住5年以上和举家迁徙的农业转移人口以及新生代农民工的落户问题，创造更好的条件推动举家迁移，实现农业转移人口的家庭团聚。特别关注女性和老年农业转移人口的就业和公共服务供给。为家庭有未成年孩子、随迁老人的劳动力提供儿童照管、入学、养老等配套服务。

（2）资源均衡配置，推动城乡基本公共服务内容和标准统一衔接。通过提高欠发达地区基本公共服务质量带动地区结构升级，减少区域发展不平衡对农民工依靠自身努力摆脱贫困的不利影响。使公共资源向包括进城务工人员集中的贫困集聚区域倾斜。

（3）完善财政成本分担机制，按照常住人口覆盖范围增加基本公共服务供给。流入地政府应继续推动医疗卫生服务的均等化，加强对农民工家庭教育负担、医疗负担、养老负担、劳动权益保护、住房保障等问题的关注，提高农民工公共服务可及性来增强其社会融入感，避免农民工劳动时间过长造成自愿性隔离。提升基本公共卫生服务效能、数字赋能流动人口健康管理以及完善财政资金保障机制等方面推进基本公共卫生服务现代化。①

（4）建立公众服务评价监督机制。加强对基本公共服务提供的监督和管理，确保服务的质量和公正性。创新公共服务的考核机制，加大公众满意度的考核比重。同时，要加强对服务提供者的培训和监督，提高他们的服务能力和责任意识。

（5）加强信息公开和公众参与：政府应积极推动信息公开，引导社会力量提升公共服务。同时，鼓励公众参与服务提供的评价和监督，促进公众对服务的满意度和公正性的提升。

综上，基本公共服务均等化是解决收入分配不公、实现社会公平的一种主要再分配方式。② 政府应该不断扩大城镇基本公共服务覆盖面，有效缩小不同收入群体间的实际福利差别，为低收入群体构筑起公平市场竞争、良性社会流动、走向共同富裕的公平底线。

四、包容性社会参与

社会福利是指提供教育、医疗、就业、住房和其他社会保障措施，保障社会中弱势群体的基本权益。包容性参与是指所有人都有平等的机会参与社会事务和决策过程。

健全经济、社会、文化、生态等方面的包容性发展制度，完善就业政策、教育政

---

① 张楠，杨琳，林志建等. 基本公共卫生服务均衡可及与流动人口相对贫困治理［J］. 财政研究，2023（7）：64-81.

② 王大哲，朱红根，钱龙. 基本公共服务均等化能缓解农民工相对贫困吗？［J］. 中国农村经济，2022（8）：16-34.

策、加强健康保护以促进城镇居民在城镇安家落户。

（1）教育机会均等：政府应该建立并完善教育体系，提供高质量的教育资源和公平的教育机会，通过提供免费教育、奖学金、补贴等政策，确保所有人都能获得良好的教育机会，消除教育上的不平等。推动区域之间和城乡之间的初等教育均等化，提高贫困家庭儿童接受教育和医疗服务的可获得性与质量，降低房产与优质教育资源的捆绑关系。建立对弱势农村随迁儿童的教育补偿机制，完善教育支出的成本分担机制，提高中央政府分担比例。加大对农业转移人口子女高中及以上学历教育的扶持力度，推动教育水平的整体提高。[①] 推动区域之间和城乡之间的教育均等化，形成可持续脱贫能力。[②]

（2）就业机会平等：推动平等就业机会，反对歧视和不公平待遇，为弱势群体提供更多的培训和就业支持。向农民工提供及时、准确的就业信息和劳动权益保障的相关信息。放宽就业准入限制，降低专业技能要求，为更多农民工提供公平的就业机会。加大对劳动合同的监管力度，确保农民工能够签订规范且有效的劳动合同，维护其合法权益。

（3）加强健康保护：将农民工群体完整纳入包括应急救助、困难救助、法律援助在内的城市社会救助体系。构建农民工家庭与心理问题帮扶救助体系，助力农民工家庭稳定和睦与精神生活健康丰富。

综上，包容性参与有助于减少贫困和不平等现象，提升整体社会福祉，并促进社会和谐。政府应鼓励弱势群体积极参与社会活动、政治决策和公共事务，拓展合法利益表达渠道，培育政治意识与表达能力；[③]营造公正、包容的社会环境，更好地帮助农民工群体融入城市、扎根城市。

---

① 袁冬梅，金京，魏后凯. 人力资本积累如何提高农业转移人口的收入？——基于农业转移人口收入相对剥夺的视角［J］. 中国软科学，2021，371（11）：45–56.

② 罗连发，吴成强，刘沛瑶. 提高脱贫质量的理论、政策与测算框架［J］. 宏观质量研究，2021，9（1）：1–14.

③ 张汝立等. 中国城市贫弱群体政策研究［M］. 北京：社会科学文献出版社，2018：105–108.

第二节　农业转移人口内生动能培育机制

一、发展益贫性产业、实现高质量就业

发展内生动力是指在发展责任和发展意识反作用下，低收入者本身产生的驱使其主动采取发展行动，发挥发展潜力，实现自我提升和全面发展的力量。[①] 构建农业转移人口贫困治理长效机制，应遵循"需要—动机—行为"逻辑，刺激农业转移人口发展需要、将提升其自我发展能力和自我发展动力作为治理的重心。

发展经济是减少贫困、提高生产力及降低失业率最重要的方式。地方政府结合区域性相对贫困人口特征，积极开展就业促进和扶持项目，提高农业转移人口就业层次和待遇。

（1）增强县域经济自主发展能力，鼓励农村劳动力就地城镇化。适度建设产业园区、产业基地和帮扶车间等平台，提升对本地农民工的就业承载力。依托地区特色优势产业，引导产业在地区间、城乡间有序转移与合作，提高贫困农户自我积累。[②]

（2）探索适合相对贫困的产业发展方式，突出"农文旅"特色产业融合。支持家庭农场、合作社等新型农业经营主体，发展多种形式的适度规模经营。通过吸引投资、扶持中小企业和创业项目，为农业转移人口创造更多的就业机会。

（3）推动劳动力就业与乡村振兴融合发展。加强农村地区的经济发展，鼓励农民工回乡创业就业。结合乡村治理、乡村建设、农村人居环境整治提升等重点工作，合理设置岗位，确保有就业意愿的劳动力充分就业。依托农村基础设施建设等项目，赋予农民工更多就业选择。鼓励相对贫困户以土地、资金、劳动等入股参与产业扶贫，推动村级集体经济发展。[③]

（4）健全就业服务体系，搭建创业平台，鼓励自主创业。加强职业培训和再就业支持：建立完善的职业培训体系，提升其就业竞争力。

（5）建立健全劳动权益保障体系：健全工资支付制度，严厉打击拖欠工资等违法

---

① 王卓，董贝贝. 相对贫困治理的内生动力机制与运行逻辑［J］. 社会科学研究，2021（4）：110-117.

② 檀学文. 走向共同富裕的解决相对贫困思路研究［J］. 中国农村经济，2020（6）：21-36.

③ 董帅兵，郝亚光. 后扶贫时代的相对贫困及其治理［J］. 西北农林科技大学学报（社会科学版），2020，20（6）：1-11.

行为。推行工资集体协商制度，允许农民工通过工会争取工资待遇。鼓励用人单位与农民工签订劳动合同，明确工资、工作时间、休假等权益保障。完善劳动争议解决机制，保障合法权益。

二、健全可持续财富增长机制

（一）深化集体土地制度改革，提高农村居民财产收益

习近平主席在党的二十大报告中提出"规范财富积累机制"。政府应缩小农民工和城镇工人在经济收入与社会地位差距，减少经济剥夺感和社会剥夺感；拓宽财产性收入的渠道，增加农业转移家庭的财产性收入，缩小与城镇家庭的财产性收入差距，提高劳动生产率。

建立城乡统一的经营性建设用地有偿出让（转让）制度，通过宅基地流转和置换方式创新。

（1）完善宅基地集体所有权行使机制，强化农村集体经济组织（所有权人）在宅基地使用权活化、出租、抵押、有限流转的过程中的处分和收益权能。

（2）宅基地资格权：宅基地资格权是认定农民工能否享有宅基地权益的核心要素，[①]明确"一户一宅"认定标准，明确细化分户条件，控制面积指标，界定资格权多元认定标准、实现形式及退出机制。

（3）规范流转行为，盘活农民工家庭闲置资产资源。引导农民工家庭以土地为资本纽带，通过土地入股、土地流转、土地托管、联耕联种等经营方式获取分红与租金。

（4）建立进城农业转移人口自愿有偿退出农村权益保障机制。通过购房补贴、建房补助等形式鼓励进城落户农民退出宅基地，鼓励倡导农民工"带资"进城、尽快落户，提高其城镇定居生活能力。

（5）探索"宅基地资格权换城镇住房，土地承包权换城镇社会保障"等模式，保障进城落户农民工公平分享土地增值收益。

（二）提升住房财富获取与积累的可及性

住房是我国居民家庭财富的主要载体，住房制度的优化调整，将对规范财富积累机制起到关键性作用。政府可以综合运用多种政策手段，以多样化的途径来扩大农业

---

① 李玲玲，周宗熙，崔彩贤. 新生代农民工宅基地资格权保障的法理逻辑与优化路径 [J]. 西北农林科技大学学报（社会科学版），2023，23（1）：77-85.

转移家庭对住房财富获取与积累的可及性；将住房福利改善与农业转移人口经济收入提升、社会阶层提升相统一，打破住房阶层固化；针对流动青年住房可支付能力，采取人才补贴、低息租房贷款等租房支持与降低首套房首付比、延长还款期限、低息贷款、利息抵税等购房支持政策，保障流动青年群体"住有所居"。

政府应建立房地产平稳健康发展的长效机制，使更多居民可以参与到财富性收入的分配环节；通过规划、税收、金融等多种手段相结合的方式，促进住房资产增值机制更加合理，促进家庭住房财富均等，增值收益分配机制更加公平。

（三）鼓励创业和自主就业

政府可以提供创业培训、资金支持、市场开拓等方面的支持，鼓励农民工自主创业；完善农村金融服务体系，提供贷款、保险等金融服务，帮助农民工开展农业经营；改善融资环境并实施科学的信贷政策瞄准机制扶持新生代农民工创业。[①] 此外，加强金融监管，确保市场的公平、透明和有序运行以建立农民工资金互助机制，为农民工提供一定的风险保障。

（四）投资理财和资产积累

农民工可以通过理性投资和理财规划，选择购置住房、购买保险、投资股票、基金等方式来增加个人财富。投资始终存在风险，在进行任何投资之前需要学习理财知识、选择投资策略、寻求专业帮助并谨慎评估风险与回报。

三、瞄准不同群体精准施策

（一）女性农民工相对贫困治理

需要政府、社会组织、企业等多方共同努力改善女性农民工的工作条件和生活质量，促进性别平等和社会公正。

（1）完善劳动保护措施，改善工作条件。加强对女性农民工的劳动条件监管，确保她们的工作环境安全，获得公平合理的工资待遇。

（2）改善教育和技能培训：提供有针对性的职业培训和技能提升机会，帮助她们更好地适应市场需求，提高就业竞争力和收入水平。

（3）促进女性创业和自主就业：通过提供创业培训、创业指导和贷款支持等方式，鼓励女性农民工积极参与创业和自主就业，以增加收入。

---

① 李长生，黄季焜. 信贷约束和新生代农民工创业［J］. 农业技术经济，2020，（1）：4-16.

（4）加强社会保障制度：加强对女性农民工的社会保险和福利覆盖，提高其社会保障水平。政府还可以加强妇女权益保护，打击侵犯女性农民工劳动权益行为。

（5）建立妇女发展支持服务体系。为女性农民工提供法律援助、心理咨询、职业规划等服务，帮助她们应对生活和工作中的压力和困扰。加强婚姻家庭教育和婚姻法律援助，帮助女性农民工解决婚姻和家庭问题。

（6）宣传和意识形态改变：加强社会宣传和媒体报道，倡导公众关注并尊重女性农民工的权益，改变公众性别歧视观念。

（二）老年农民工相对贫困治理

政府各部门应加强协作，整合社会资源，共同致力于解决老年农民工相对贫困问题，以确保他们能够享受到应有的福利和待遇，过上安定、幸福的晚年生活。

（1）完善社会保障制度，完善相应的医保体系。改革和完善高龄农民工养老保障制度和管理体制。提高农民工的养老金水平，扩大保障覆盖范围。提供老年农民工专属的医疗保障和补贴措施，做好老年农民工的健康服务，保障务工型老年农民工享有本地医保的权利。提升高龄农民工参保意识，提高净收入低的农民工养老保险缴费基数，既要弹性延迟农民工退休年龄，又要鼓励退休农民工加入社工机构实现二次就业。[①]

（2）建立健全关爱机制，支持农村养老服务发展。加大对农村养老服务设施的投入和建设，建立老年照护服务体系，提供日间托养、社区护理等服务，建立养老院、日间照料中心和医疗服务，满足老年农民工的基本养老需求。关注老年农民工身心健康，促进其政治、社会和文化参与。同时增强社会对留守老人养老问题的经济支持，减少农民工被动返乡。

（3）重视农民工老龄化问题，加大对其劳动就业服务、基本医疗卫生服务的投资，缩小他们与城镇居民的收入差距。[②]为老年农民工提供适应市场需求的培训课程，帮助他们获得新技能和就业机会，提高收入水平和生活质量。

（4）加强城乡社会融合，为老年农民工提供亲情关怀、邻里互助、志愿者服务等精神支持和社区资源共享的渠道，促进他们与城市居民的交流和互动。

---

① 胡海鹰，金丹.农民工进入中等收入群体的进路选择［J］.哈尔滨工业大学学报（社会科学版），2023，25（3）：75-81.

② 王大哲，朱红根，钱龙.基本公共服务均等化能缓解农民工相对贫困吗？［J］.中国农村经济，2022，452（8）：16-34.

（三）新生代农民工相对贫困问题治理

解决青年农民工相对贫困问题，可以采取以下措施。

（1）提高工资水平与改善工作条件：加强对农民工劳动权益的保护，建立健全的劳动监管机制，加大对用工单位违法行为的处罚力度。保障农民工的合法权益，确保农民工能够在安全、卫生的环境下工作。政府可以通过提高最低工资标准，确保农民工能够获得公平合理的报酬。

（2）加强职业培训和技能提升：提供更多的职业培训机会，帮助青年农民工提高职业技能，增加就业机会和收入水平。地方政府加强协调，推动各地区之间的就业信息互通和技能认证互认。鼓励用人单位提供更好的职业发展和培训机会，帮助农民工提升自身的就业竞争力。

（3）扩大社会保障范围：加大力度推动农民工纳入城镇社会保障体系，包括医疗保险、养老保险等，提高他们的社会保障水平。

（4）加强教育支持：提供贫困青年农民工的教育援助，包括提供奖学金、免费职业技能培训等，帮助他们获得更好的教育机会和职业发展。通过高等院校继续教育管理模式、优化继续教育专业课程设置等途径充分提升新生代农民工就业能力。[①]

（5）政策支持：制定相关政策，鼓励和支持农村地区的经济发展和就业机会增加，减少农民工流动到城市的需求，提高农村居民的收入水平。

（6）宣传教育：加强对农民工权益保护政策的宣传，提高农民工的法律意识和维权意识，帮助他们了解自己的合法权益并主动维护。

（四）农民工子女相对贫困治理

1. 留守儿童相对贫困治理

相关部门和社会组织应加强合作，提供留守儿童全方位的关怀，包括身心健康、教育、安全等，改善留守儿童的教育、心理和社交问题，帮助他们获得更好的发展和健康成长。

（1）家庭支持：加强对留守家庭的经济扶持和社会支持，鼓励父母或监护人与孩子保持良好的沟通和联系，提供情感上的支持。加强对贫困家庭的扶持，提供职业培训、就业机会等支持措施，帮助他们改善经济状况，减轻家庭贫困压力。

（2）教育支持：提供贫困留守儿童接受教育的机会，包括提供学费、书籍、课

---

① 金峰，李国正. 高校继续教育提升新生代农民工就业能力的路径优化研究 [J]. 中国高等教育，2023，（12）：54-56.

外辅导等资助。提供个性化的教育服务和支持，包括心理辅导和学习辅导等。政府可以通过建设农村寄宿制学校、提供学习资源和改善校园环境等方式，改善他们的学习条件。

（3）建立社区合作网络：加强政府、学校、社会组织、志愿者等各方力量间的合作，组织各种活动，为留守儿童提供社交机会和支持网络，帮助他们建立健康的人际关系。

（4）心理健康支持：留守儿童常常面临情感上的困扰和孤独感，需要建立心理健康服务体系，为他们提供定期的心理咨询和支持，帮助他们处理情绪问题，建立积极的人际关系，增强适应能力。

（5）乡村发展：鼓励乡村经济发展，提供更多就业机会和创业机会，减少农村人口的流动，使留守儿童得以与父母团聚。

2. 随迁儿童相对贫困治理

通过对教育、健康、福利和经济等方面的综合治理，为随迁儿童提供更好的生活条件，促进全面发展和健康成长。

（1）父母支持：政府可以通过提供就业机会、培训计划、微贷款等方式加强对随迁父母的培训和职业发展支持，提高家庭收入和稳定性，提高儿童的生活质量。

（2）教育支持：政府和非政府组织可以通过提供教育补助金、奖学金，改善教育设施等方式加强对随迁儿童的教育援助。提供预备教育、学业辅导和职业技能培训等支持，帮助他们顺利完成学业。

（3）社会融入与社会参与：加强社区支持与互助网络建设，促进随迁儿童与当地儿童的交流和互动，减少社会融入障碍。

（4）健康保障与心理健康支持：政府可以建立健康保险计划，提供心理咨询和支持服务，关注随迁儿童的心理健康需求，帮助他们调适情绪，缓解压力。

第三节　共同富裕的收入分配机制

收入是民生之源，也是消费之基。收入属于生产者行为，分配属于政府行为。收入分配研究关注个人、家庭或社会中不同成员之间财富和收入的分配方式，探究如何实现经济效益和社会公平的平衡。新中国成立70年来，我国经济发展质量效益稳步提升，人民生活持续改善，收入分配格局不断优化。党的十九届四中全会首次提出社会财富的分配有初次分配、再分配和第三次分配三种途径。构建初次分配、再分配、三次分配协调配套的基础性制度安排，充分发挥收入分配的功能，构建以财政分配为核心的分配机制，加大税收、社保、转移支付等调节力度并提高精准性，以保证社会收入分配的效率与公平。[①]

农民工是中国收入分配中的一个特殊群体。他们常常处于低技能、低收入和缺乏社会保障的境地，面临着劳动权益不公和社会保障不完善等问题。政府需要统筹构建以初次分配为基础、再分配为重要补充、鼓励发展三次分配，健全四次分配的收入分配制度，以消除农业转移人口相对贫困，为推进共同富裕提供制度保障。[②]

一、提高初次分配的包容性

中国政府采用的收入分配减贫政策包括提高就业机会、推动农村劳动力转移就业、加强农村社会保障体系建设、改善教育医疗条件等。中国还实施了最低工资制度、社会救助制度以及特殊困难群体救助政策等，以确保收入分配的公平和可持续性。

初次分配环节需要充分尊重市场规律，以市场为主体，按照"多劳多得""效率优先、公平竞争"原则进行社会财富的分配。进一步提高居民可支配收入和劳动报酬在初次分配中的份额，继续缩小行业收入差距、城乡收入差距，深化分配体制改革。[③]

（1）建立公平的用工机制：加强对用人单位的监管，确保招聘过程公开透明、公平合法，避免农民工因为信息不对称而被剥削。提供工资收入均等化的制度性保障，促进同工同酬、同人同权、机会平等。

（2）提高劳动报酬在初次分配中的比重。提倡合同制就业：鼓励企业与农民工签订劳动合同，并严格执行合同中的工资待遇、工作时间、福利待遇等规定，保障农民工的权益。

（3）健全工资合理增长与支付保障机制。完善最低工资标准和工资指导线形成机制，确保农民工的基本工资达到一定水平，从而提高他们的初次分配收入。积极推行工资集体协商制度，要求雇主按时足额支付农民工的工资，并建立相关的投诉举报渠

---

① 孙健夫. 推进共同富裕的分配机制研究［J］. 河北民族师范学院学报，2023，43（2）：60-67.

② 李威. 共同富裕背景下收入分配调节机制研究：基于国际比较视角［J］. 当代经济管理，2023，45（5）：1-9.

③ 黄群慧. 共同富裕是中国式现代化的重要特征［B］. 光明日报，2021-09-07（11）.

道，确保农民工能够及时维权。

（4）破除企业部门存在的垄断壁垒，减少政府经济干预。加强对初次分配的调控，改革工资制度，收入分配向第一线劳动者倾斜，实行高管限薪、行业工资差距限制、阳光工资制和提升最低工资标准。

二、发挥再分配的公平公正

收入再分配是指政府通过税收和社会福利措施，在收入分配中进行再分配，以实现社会公平和经济调节。通过再分配环节的制度建设和相应的改革，能够纠正在初次分配环节中形成的收入差距。收入再分配政策的设计涉及税收制度、福利补贴、最低工资标准等，旨在减少贫困和贫富差距，提高整体社会福利。财政转移支付转移支付与税收是调节再分配的基本手段。公共服务和社会保障的均等化是重要的再分配的机制。

政府应发挥再分配对农业转移人口收入的调节作用，实现社会公平和经济发展的目标。政府在制定政策时，应综合考虑城乡发展差距和劳动力市场需求，注重均衡发展，避免城市居民和农民工之间的收入差距过大。

（1）完善税收政策：提高税收的调节力度（实行阶梯式的个人所得税征收体系，在财产性收入方面，推进房产税和遗产税等改革），注重发展成果在不同成员之间的合理分配，尤其注重对低收入人口、贫困边缘群体的倾斜与支持。通过税收政策的调整，对高收入人群进行适当的纳税，对劳动密集型行业减税降费，保证居民收入份额稳定回升。

（2）完善财政转移支付，加大对农业转移人口市民化支持。财政转移支付包括对弱势群体的抚恤、救济、救援、补贴及对欠发达地区的专项资金支持。2022年，中共中央、国务院发布了《关于加快建设全国统一大市场的意见》，强调要"健全统一规范的人力资源市场体系，促进劳动力、人才跨地区顺畅流动。完善财政转移支付和城镇新增建设用地规模与农业转移人口市民化挂钩政策"。通过转移支付制度改善贫困人群的内部条件和外部环境，为农村转移人口提供必要帮扶，减少他们的各项支出，从而实现减贫。

（3）充分发挥基本公共服务均等化体系重要作用。积极做好城乡收入分配、教育、就业、医疗、住房、养老、扶幼等各方面工作。提供职业培训和技能提升机会，使农民工具备更多的就业竞争力和更好的收入来源。同时，为农民工子女提供平等的教育机会，打破贫困代际传递。

（4）充分发挥社保再分配功能，促进共享共富。社会保障作为典型的再分配制度，对于调节收入分配差距具有显著的功能。我国现行社会保障发展不平衡，制度公平性、互济性明显不足，城乡之间、地区之间、群体之间差距过大，特别是为幼儿、妇女及残疾人三大群体提供服务供给滞后。应该持续提高社会保障共享份额，加大公共投入力度，同时拓宽资金来源。通过制度内再分配、制度间再分配及区域间再分配，健全城乡居民医疗、养老保险制度，不断提升农民工等群体保障待遇，以缩小城乡居民收入差距。

三、强化三次分配辅助性功能

"十四五"规划提出发挥三次分配作用、发展慈善事业以及改善收入和财富分配格局。第三次分配以非营利组织、企业、家庭和个人等社会力量为主体，依照习惯体系与道德责任调节，通过财富的自愿转移促进社会公平与和谐进步。[1] 第三次分配推动共同富裕的主要路径包括发展慈善捐赠、社会企业、志愿服务和文化艺术等。[2]

建立慈善资源与救助需求的信息对接平台，在受助人群和慈善主体间架起桥梁，畅通信息沟通渠道，提升救助效率。发挥三次分配辅助性功能，加强社会组织、公益慈善机构的力量，通过提供经济援助、教育助学、医疗服务等形式对农民工及其家庭进行帮扶，帮助农民工脱离贫困的困境。建设农民工服务体系：建立完善的农民工服务体系，提供就业指导、法律咨询、心理健康等方面的支持，帮助他们更好地适应城市生活。

此外，充分发挥四次分配是在缩小收入差距、实现共同富裕作用，借助社会力量对农业转移人口中的特殊人群实行物质保障、生活照料、精神慰藉、心理疏导、能力提升和社会融入相结合的综合援助，增强他们自身积极性、行动可能性以及参与感、获得感。[3]

综上，构建初次分配、再分配、三次分配协调配套的收入分配体制，加大税收、

---

① 王轲，马兵. 以第三次分配助力共同富裕：内在逻辑及实现路径 [J]. 社会政策研究，2023（2）：43-59.

② 江亚洲，郁建兴. 第三次分配推动共同富裕的作用与机制 [J]. 浙江社会科学，2021（9）：76-83，157-158.

③ 雷明. 共同富裕愿景下四次分配的总体目标、制度安排与作用机制 [J]. 武汉大学学报（哲学社会科学版），2023，76（5）：17-27.

社保、转移支付等调节力度，促进农业转移人口收入增长、劳动报酬提高，有利于扩大中等收入群体，促进共同富裕。

第四节 联动协作机制

一、多元治理主体

相对贫困的本质在于城乡、区域、人群发展的不平衡、不充分，发展成果不能由人民共享所造成。与绝对贫困治理不同，相对贫困治理是一项以普惠性政策助推和社会进步变革，实现全体人民物质和精神层面同时富裕的系统工程。[①] 基于相对贫困治理的政策目标多元化、贫困治理政策手段多样性，受政策影响群体的复杂性，需要建立联动协同机制。相对贫困治理的联动协作机制是指各相关部门、组织和社会各界主体之间的资源调动和分配关系，[②] 旨在共同推动相对贫困问题的解决。

在治理主体上，坚持政府主导、农业转移家庭为主体、社会组织为依托，多元主体参与。从政策、组织、人力资源、经费、信息保障等方面构建多元治理主体之间的成本分担与收益分享、协调激励、信息联动、监督问责机制等协同机制。

（1）政府主导：各级政府应当加强对农民工贫困治理工作的领导和组织，从顶层设计、政策执行、考核监督等方面加以引导，把准主攻方向，提高脱贫成效。确保各级政府部门的合作与协调。充分调动社会力量参与相对贫困治理的积极性。

（2）政企合作：政府与企业之间建立合作机制，通过引导和支持企业参与相对贫困治理工作，发挥企业在就业、技能培训、产业发展等方面的优势，为贫困人口提供更多的就业机会和增收渠道。

（3）社会组织参与：加强社会组织、公益慈善机构的力量，鼓励社会组织（如非政府组织、慈善机构、志愿者组织等）参与相对贫困治理工作，提供经济援助、教育助学、医疗服务等专业化的服务和帮助，帮助农民工脱离贫困的困境。

---

① 谢小芹，王孝晴，廖丽华. 共同富裕背景下相对贫困的实践类型及其治理机制 [J]. 公共管理学报，2023（10）：1–19.

② 郑宇. 贫困治理的渐进平衡模式：基于中国经验的理论建构与检验 [J]. 中国社会科学，2022（2）：141–161+207.

二、优化政府部门联动机制

发挥市场在资源配置中的核心作用，优化整合各种扶贫资源，提高相对贫困治理的效率和效益。优化政府部门联动机制，促进政府各部门之间加强协调与合作，形成整体推进农业转移人口相对贫困治理的合力。

（1）建立跨部门合作机制：构建由扶贫、教育、医疗、卫生、民政等多部门协同治理的反贫困体系，破解治理资源分散化、贫困治理碎片化的困境。将涉及相对贫困治理的就业、住房、环境保护等部门与其他相关部门进行协同合作。

（2）跨区域合作：建立发达地区和相对贫困地区之间的合作。通过跨区域合作，共享成功经验、技术和资源，促进相对贫困地区的发展和减贫。

（3）提高扶贫数据共享和互联互通能力：构建省、市、县（市、区）三级联网的信息共享机制，实现数据的互通互联。建立居民家庭经济状况核对信息平台，完善个人信息系统，实现家庭人口结构、劳动力就业状态、收入等信息可查询。建立统一的对象认定体系，实现救助对象信息化比对，为相关部门数据查询和动态管理提供依据。

（4）完善扶贫责任分工机制：明确各级政府部门在扶贫工作中的职责和权限，避免职责不清、重复劳动或缺乏协调。同时，要加强对各级政府部门的考核和评估，确保扶贫责任的履行和各项政策的落实。

三、引导和规范社会资本参与

（一）社会资本的参与

社会资本指的是社会中各个组织和个体的力量、资源和能力，包括企业、非营利组织、志愿者、专业人士等。社会资本参与相对贫困治理有利于促进形成政府、企业、社会组织和公众的合力，共同解决社会问题，提高治理效能。

（1）资金支持：社会资本可以提供资金支持，通过捐款、投资等方式为扶贫项目提供经济支持。

（2）技术和资源支持：社会资本具有丰富的专业知识和技术资源，可以提供培训、技术支持以及就业机会，专业人士可以提供咨询服务，非营利组织可以提供社会工作和公益服务。

（3）社会参与和意识提升：社会资本的参与可以增强公众对贫困问题的认识和关

注度，激发更多人参与到扶贫工作中来。

（4）增加治理的公正和透明度。社会资本的多元参与可以确保决策更加客观、广泛代表各方意见，并提高治理的合法性和可信度。

（5）增强社区的凝聚力和动力。社会资本的投入和参与可以促进社区居民之间的互动和合作，激发社区成员的积极性和责任感，形成共同承担责任的氛围，推动社区的发展和治理。

（二）激励与约束机制

政府需要制定激励与约束机制，引导和规范社会资本参与，以提升相对贫困治理效果和可持续性。

（1）制定相关政策和法规，通过投资、捐赠、设立扶贫基金等多种形式，提供相关的优惠政策、税收减免和项目资助，吸引更多的社会资本投入到扶贫领域。

（2）建立合作机制和伙伴关系，通过建立联合工作组、合作项目等形式，实现资源共享、信息交流和协同行动。

（3）加强宣传和教育，开展培训等方式，增强社会资本参与扶贫的意识和责任感。

（4）强化监督和评估，加强对社会资本扶贫项目的审批、评估和监督管理，确保社会资本的参与合规、有序。政府还加强对扶贫项目资金的监管，防止资金滥用和浪费，确保资金的有效利用。

四、建立城乡一体化的扶贫体制

建立城乡一体化的扶贫体制是减少城乡差距、实现全面脱贫的关键一步。改变城乡分治的方式，城乡两套扶贫体系在政策对象、政策标准、政策目标、政策措施等方面差异，使农业转移人口享受到与城市困难群体同等水平的救助标准。

（1）整合资源：政府应整合资金、人力资源和社会服务的各种资源，确保这些资源能够在城乡间平衡分配。建立收入、财产和消费的跨部门综合数据库，建立低收入人群主动瞄准机制，精准地识别贫困人口及其需求。在统一城乡最低生活保障标准的基础上，试点推广城乡全民较低水平的基本收入政策，以避开户籍、社保缴费等制度的排他性，实现对城乡贫困人群同等权利的财税支持。①

---

① 邵俊霖，翟天豪，罗茜. 城市贫困集聚治理的国际经验及其启示——以美国、日本、巴西、印度、墨西哥五国为例［J］. 社会治理，2021（3）：47-56.

（2）优化产业布局：通过支持农村产业的发展，创造更多就业机会，吸引农民工回到家乡就业，减少他们外出务工的需求。同时，引导城市居民和企业到农村地区投资和创业，促进农村经济的发展。

（3）加强基础设施建设：改善农村地区的交通、供水、电力等基础设施，提高农民生活水平和生产条件。同时，鼓励城市居民和企业参与到农村基础设施建设中来。

（4）加强农村地区治理能力：提高农村地区乡村治理水平，促进农村社会组织的发展，提升基层政府服务能力，更好地满足农民工的需求。

（5）推动城乡公共服务均等化：加大对农村地区基础设施建设和公共服务供给的投入，提高农村地区的基本公共服务水平，使农民工在家乡享受到与城市相当的公共服务。

（6）积极推动农村土地制度改革：推动农村土地承包制度和流转制度改革，确保农民的土地权益得到有效保障，提高农民的土地收益。

五、健全广泛参与的社会动员机制

广泛参与的扶贫社会动员是指调动和组织社会各界力量，广泛参与到农业转移人口相对贫困治理工作中，是解决农民工贫困问题的一项重要举措。

（1）加强扶贫意识和教育：通过加大对农民工权益保护和脱贫政策的宣传力度，增强公众对扶贫工作的认识和理解，提高扶贫意识，激发社会各界的参与热情。

（2）建立协作机制：建立政府、企业、社会组织和公众之间的合作机制，加强各方之间的沟通和协调，形成合力，共同推动扶贫工作。

（3）激励参与者：通过奖励、荣誉和激励政策，鼓励社会组织、非营利组织和志愿者积极参与农民工贫困治理工作，将其作为一种社会责任和义务，形成普遍参与扶贫的氛围。

（4）提供信息和资源支持：建立农民工信息共享平台，包括就业信息、技能培训、法律援助等方面的信息，为参与者提供必要的信息和资源支持，提高其在扶贫工作中的能力和效率。

综上，通过以上措施的实施，可以实现广泛参与的扶贫社会动员，广泛调动社会各界的力量，形成全社会合力，共同推动农业转移人口相对贫困治理工作，实现共同富裕目标。

参考文献

［1］张新文. 我国农村反贫困战略中的社会政策转型研究——发展型社会政策的视角［J］. 公共管理学报，2010（4）：93–99.

［2］李培林，田丰. 中国农民工社会融入的代际比较［J］. 社会，2012，32（05）：1–24.

［3］姚德超. 共生视域下农业转移人口市民化问题治理研究［M］. 北京，中国社会科学出版社，2018.

［4］周宗社. 中国农村贫困家庭代际传递研究 1978—2012［M］. 北京：经济科学出版社，2018，25–26.

［5］王小林. 新中国成立 70 年减贫经验及其对 2020 后缓解相对贫困的价值［J］. 劳动经济研究，2019，7：3–10.

［6］罗必良. 相对贫困治理：性质、策略与长效机制［J］. 探索，2020（06）：18–27.

［7］唐丽霞，张一珂，陈枫. 贫困问题的国际测量方法及对中国的启示［J］. 国外社会科学，2020（06）：66–79.

［8］阿马蒂亚·森. 贫困与饥荒［M］. 北京：商务印书馆，2006.

［9］汪三贵，刘明月. 从绝对贫困到相对贫困：理论关系、战略转变与政策重点［J］. 华南师范大学学报（社会科学版），2020（06）：18–29+189.

［10］王学文. 市场经济与农业农村农民问题［M］. 北京：中共中央学校出版社，1996.

［11］檀学文. 走向共同富裕的解决相对贫困思路研究［J］. 中国农村经济，2020（06）：21–36.

［12］左常升主编. 包容性发展与减贫［M］. 北京：社会科学文献出版社，2013.

［13］汪三贵. 中国 40 年大规模减贫：推动力量与制度基础［J］. 中国人民大学学报，2018，32（06）：1–11.

［14］中共中央文献研究室. 十八大以来重要文献选编（中）［M］. 北京：中央文献出版社，2016.

［15］徐法寅. 中国农民工研究的四种范式及评析——作为移民、准市民、工人和劳动者的农民工［J］. 南方人口，2015，30（02）：31–42.

［16］郭君平，谭清香，曲颂. 进城务工家庭贫困的测量与分析——基于"收入 - 消费 - 多维"

视角［J］. 中国农村经济，2018（9）：94–109.

［17］贺坤，周云波. 精准扶贫视角下中国农民工收入贫困与多维贫困比较研究［J］. 经济与管理研究，2018，39（02）：42–54.

［18］何水. 农民工城市贫困测量指标体系构建——基于多维度视角的探索［J］. 中国政管理，2018（08）：107–112.

［19］王磊，李聪. 陕西易地扶贫搬安置区多维贫困测度与致贫因素分析［J］. 统计与信息论坛，2019，34（03）：119–128.

［20］王青，刘烁. 进城农民工多维贫困测度及不平等程度分析——基于社会融合视角［J］. 数量经济技术经济研［15］究，2020，37（1）：83–101.

［21］贺坤，周云波，成前. 共同富裕视域下的农民工多维相对贫困研究——基于城 – 城流动人口的比较分析［J］. 现代财经（天津财大学学报），2022，42（07）：94–113.

［22］陈丽华，张卫国，于连超. 农民工代际收入流动性的迁移效应研究［J］. 农村经济，2019（12）：114–121.

［23］李周. 农民流动：70年历史变迁与未来30年展望［J］. 中国农村观察，2019（05）：2–16.

［24］张瑞敏. 中国共产党反贫困实践研究（1978–2018）［M］. 北京：人民出版社，2019.

［25］魏后凯，苏红键等著. 中国城市贫困状况研究 – 聚焦外来务工人员 M］. 北京：中国社会科学文献出版社，2016.

［26］刘小年. 农民工政策研究［M］. 长沙：湖南人民出版社，2010.

［27］张汝立等著. 中国城市贫弱群体政策研究［M］. 北京：社会科学文献出版社，2018.

［28］钱文荣，朱嘉晔. 农民工的发展与转型：回顾、评述与前瞻——"中国改革开放十年：农民工的贡献与发展学术研讨会"综述［J］. 中国农村经济，2018（09）：11–135.

［29］李庆瑞. "制度 – 话语"视角下农业转移人口的治理变迁［J］. 华南农业大学学报（社会科学版），2022，21（05）：34–47.

［30］张车伟，赵文，李冰冰. 农民工现象及其经济学逻辑［J］. 经济研究，2022，57（03）：9–20.

［31］罗振. 财政转移支付推进农业转移人口市民化策略研究［J］. 农业经济，2022，No.427（11）：74–77.

［32］胡伦，陆迁，杜为公. 社会资本对农民工多维贫困影响分析［J］. 社会科学，2018（12）：25–38.

［33］王小林. 贫困测量：理论与方法［M］. 北京：社会科学文献出版社，2017.

［34］李实，詹鹏，陶彦君. 财富积累与共同富裕：中国居民财产积累机制（2002—2018）［J］. 社会学研究，2023，38（04）：1–26+226.

［35］王春超，叶琴. 中国农民工多维贫困的演进——基于收入与教育维度的考察［J］. 经济研究，2014，49（12）：159–174.

［36］王美艳. 农民工的贫困状况与影响因素——兼与城市居民比较［J］. 宏观经济研究，2014（09）：3–16+26.

［37］李瑞，寇玉婷．中国共同富裕水平动态演进与障碍因子分析［J］．统计与决策，2023，39（15）：5–10．

［38］罗必良，洪炜杰，耿鹏鹏，郑沃林．赋权、强能、包容：在相对贫困治理中增进农民幸福感［J］．管理世界，2021，37（10）：166–181+240+182．

［39］周力，沈坤荣．相对贫困与主观幸福感［J］．农业经济问题，2021（11）：102–114．

［40］陈爱丽，王小林．中国城乡居民多维就业脆弱性测度与分析［J］．劳动经济研究，2021，9（06）：19–39．

［41］罗必良，洪炜杰．城镇化路径选择：福利维度的考察［J］．农业经济问题，2021（09）：5–17．

［42］汪三贵．在发展中战胜贫困——对中国30年大规模减贫经验的总结与评价［J］．管理世界，2008（11）：

［43］谭清香，檀学文，左茜．共同富裕视角下低收入人口界定、测算及特征分析［J］．农业经济问题，2023（9）：1–14–30．

［44］李实．中国居民收入分配研究［M］．北京：北京师范大学出版社，2008．

［45］中共中央党史和文献研究院．习近平扶贫开发论述摘编［M］．北京：中央文献出版社，2018．

［46］李强．当代中国社会分层［M］．北京：三联书店 2020．

［47］王轲，马兵．以第三次分配助力共同富裕：内在逻辑及实现路径［J］．社会政策研究，2023，（2）：43–59．

［48］江亚洲，郁建兴．第三次分配推动共同富裕的作用与机制［J］．浙江社会科学，2021，（9）：76–83，157–158．

［49］谢小芹，王孝晴，廖丽华．共同富裕背景下相对贫困的实践类型及其治理机制［J］．公共管理学报，2023（10）：1–19．

［50］郑宇．贫困治理的渐进平衡模式：基于中国经验的理论建构与检验［J］．中国社会科学，2022（02）：141–161+207．

索 引